大概念单元作业设计

原理、模式和技术

李学书 著

华东师范大学出版社
·上海·

图书在版编目(CIP)数据

大概念单元作业设计:原理、模式和技术/李学书著.—上海:华东师范大学出版社,2024
ISBN 978-7-5760-5008-0

Ⅰ.①大… Ⅱ.①李… Ⅲ.①学生作业-教学设计-中小学 Ⅳ.①G632.46

中国国家版本馆 CIP 数据核字(2024)第 101524 号

大概念单元作业设计:原理、模式和技术

著　者　李学书
责任编辑　刘　佳
特约审读　马　洁
责任校对　王丽平
装帧设计　刘怡霖

出版发行　华东师范大学出版社
社　　址　上海市中山北路 3663 号　邮编 200062
网　　址　www.ecnupress.com.cn
电　　话　021-60821666　行政传真 021-62572105
客服电话　021-62865537　门市(邮购)电话 021-62869887
地　　址　上海市中山北路 3663 号华东师范大学校内先锋路口
网　　店　http://hdsdcbs.tmall.com

印 刷 者　上海展强印刷有限公司
开　　本　787 毫米×1092 毫米　1/16
印　　张　16.5
字　　数　241 千字
版　　次　2024 年 7 月第 1 版
印　　次　2024 年 7 月第 1 次
书　　号　ISBN 978-7-5760-5008-0
定　　价　68.00 元

出 版 人　王　焰

(如发现本版图书有印订质量问题,请寄回本社客服中心调换或电话 021-62865537 联系)

目 录

第一部分 基本原理

第一章 作业的本质：能动学习任务 / 2
一、国内作业思想和研究的发展 / 2
二、国外作业内涵理解的演进 / 6
三、核心素养时代作业观的重建 / 9

第二章 单元作业设计锚点：大概念 / 15
一、大概念的意涵 / 15
二、大概念解读和分类 / 21
三、大概念之于单元作业设计的价值 / 28

第三章 单元作业成效的衡量：表现性评价 / 32
一、表现性评价的内涵和特点 / 32
二、素养导向的单元作业评价观 / 38
三、单元作业表现性评价的认识澄清 / 43

第四章 作业结构：单元整体设计 / 48
一、从课时作业走向单元设计 / 48
二、大概念单元作业的理解 / 52

三、大概念单元作业设计思路和框架 / 58

第二部分 典型模式

第五章　大概念单元作业逆向设计模式 / 72
　　一、逆向设计基本概念 / 72
　　二、逆向设计模板 / 76
　　三、大概念单元作业的逆向设计实践案例 / 81
　　四、逆向设计实践的问题与思考 / 87

第六章　项目式作业设计模式 / 90
　　一、项目式作业设计的相关概念 / 90
　　二、项目式作业设计指导框架 / 93
　　三、项目式作业设计实践路径 / 96
　　四、点评与反思 / 107

第七章　基于问题解决的单元作业设计模式 / 108
　　一、大概念单元作业和复杂问题的同构性 / 108
　　二、基于问题解决的大概念单元作业设计流程 / 109
　　三、聚焦真实问题解决的单元作业设计实践探索 / 114
　　四、总结与建议 / 122

第三部分　设计技术

第八章　大概念的判断、表述和提炼 / 126
　　一、大概念的特征和判断 / 126
　　二、大概念的表现和表述形式 / 131
　　三、大概念的发现和提炼 / 133

第九章　单元作业目标开发 / 152
　　一、UbD 作为课程目标开发框架的借鉴 / 152
　　二、大概念单元作业目标设计原则 / 156
　　三、围绕大概念撰写单元作业目标 / 160

第十章　单元作业问题设计 / 172
　　一、问题和练习题的区别 / 172
　　二、基本问题开发 / 174
　　三、驱动性问题开发 / 184
　　四、几类问题联系和转化 / 189

第十一章　单元作业学习任务设计 / 192
　　一、核心任务内涵和功能 / 192
　　二、核心任务设计中的主要问题 / 194
　　三、核心任务的设计原则 / 196
　　四、学习任务设计程序 / 202

  五、任务群设计 / 206

第十二章　单元作业情境设计 / 211
  一、作业情境内涵、分类和功能 / 211
  二、情境创设常见问题 / 219
  三、情境创设原则 / 221

第十三章　单元作业表现性评价方案设计 / 227
  一、单元作业评价方案特点 / 227
  二、表现性评价方案设计思路 / 230
  三、表现性评价实施 / 236

参考文献 / 245

后记 / 252

前　言

　　从国内外教育发展历程可以看出，作业作为学校教育的重要组成部分，一直都是各国课程与教学改革和发展的重要领域。它从来都不是一件小事。今天，优质的作业设计成为"撬动教学改革的支点"，且已经受到广泛认同。但长期以来，在狭隘作业观的指导下，尤其在应试教育的加持下，作业被视为巩固或补充教学的一个环节，成为"刷题"和"练习"的代名词，弱化或遮蔽了作业作为能动学习任务的育人价值和独立品格，进而成为学生学业负担的重要来源。因此，如何通过提高作业设计质量，将作业从被遗忘的角落中推至前台，从源头减负，这一问题受到社会各界的广泛关注。

　　在国内，作业问题一直受到党和国家的高度重视，将其视为减轻学生学业负担、推动基础教育高质量发展的重要战略。为此，近年来出台了一系列政策文件。2019年，中共中央、国务院颁布的《关于深化教育教学改革全面提高义务教育质量的意见》指出："统筹调控不同年级、不同学科作业数量和作业时间，促进学生完成好基础性作业，强化实践性作业，探索弹性作业和跨学科作业，不断提高作业设计质量。"《国务院办公厅关于新时代推进普通高中育人方式改革的指导意见》指出："提高作业设计质量，精心设计基础性作业，适当增加探究性、实践性、综合性作业。"2021年，中共中央办公厅、国务院办公厅发布的《关于进一步减轻义务教育阶段学生作业负担和校外培训负担的意见》提出："发挥作业诊断、巩固、学情分析等功能，将作业纳入教研体系，系统设计符合学生年龄特征和学习规律、体现素质教育导向的基础性作业。鼓励布置分层、弹性和个性化作业，坚决克服机械、无效作业，杜绝重复性、惩罚性作业。"教育部发布的《义务教育课程方案（2022年版）》提出："提高作业设计质量，增强针对性，丰富类型，合理安排难度，有效减轻学生过重学业负担。"

通过梳理发现，这些政策文件共同指向通过高质量的作业设计，杜绝无效和低效练习，严格控制学生作业数量和时间，改变作业革新持续但突破不足的境况；开展符合学生生活经验和知识基础的作业设计，促进作业活动契合学生年龄特征和学习规律，增强学生完成作业的能动性，使之不再成为负担，而是生活中的乐事；创新作业内容、类型和方式，强化作业的基础性、探究性、实践性、综合性和跨学科性，提高作业完成的个性化，实现从教为趋向的小环节到学为主导的大任务设计的转变，促进作业和育人方式有效对接，拓展作业设计和实施的功能价值。

基于上述政策文件对作业的价值定位和相应的要求，结合中小学作业改革实践困境，我们撰写了《大概念单元作业设计：原理、模式和技术》一书。本书分为三个部分：原理部分从学理上阐述"为什么这样设计"，明晰作业要素、环节的内涵、特点及其内在关系，基于此建构了指导性框架。主要内容围绕作业本质、作业设计的锚点、作业评价和作业结构，通过作业思想和内涵的梳理以及作业设计的发展历程的归纳和综述，明确了作业即能动学习任务的立足点，以此为逻辑起点设计作业可以有效改变作业作为教学巩固和补充环节的尴尬境遇；鉴于传统作业内容繁杂，不成体系，加重了学生学业负担，素养立意的作业设计应该以大概念为锚点系统开发和整合作业内容体系；作业评价及其结果的反馈和应用是影响学生作业完成质量的瓶颈，作业评价设计应树立素养导向的评价观，强化对表现性评价的理解和实施；以课时为单位设计和布置的作业，不利于学生综合思维和学习素养的提升，因此作业结构设计应该以大概念为统领，开发指向核心素养发展的指导框架和思路，从课时为单位设计走向单元整体设计。

模式部分主要是为设计者和研究者提供可资借鉴的单元作业设计路径和示例，包括单元作业的逆向设计、项目式设计和基于问题解决设计三方面内容。每一种设计模式都在尽力阐明设计路径的内涵、特点和功能及其与作业主题的适切性，提供可操作性模板和案例，并提出设计要点、建议和反思，以便更好地指导一线教师和研究者开展作业设计和实施。

技术部分是支撑环节，为作业实践困境的解决提供支持和保障，主要根据作业设计的环节、要素和形式等内容,重点聚焦大概念的判断、表述和提炼与单元作业目标体系开发、基本问题及其问题链建构、核心任务及其学习任务群建立、表现性评价方案设计、开放情境营造等方面展开论述,从"器"的角度,结合实践案例提出技术设计和开发的主要步骤、环节,为单元作业设计者提供技术方案。

本书的内容设计力求既要反映作业设计改革的共性,也要体现自身的个性特色;既要遵循学段特点,又要因应学科的差异;既要扬弃传统课时作业设计,也要体现当下作业设计新趋向和创意。倡议教师在作业设计时既要观照教的规律,又要遵循学习的内在机制,使教与学走向统一;既要注重整体思维的价值,又要因循个体思维差异和特点,以便发挥整合效应;既要关照基础性作业功能,也要强化实践性、跨学科性等综合性作业设计,建构完整的单元作业体系。

期待本书的出版,能够为各学科作业的高质量设计和实施,以及教师的专业素养提高等方面提供方向引领、思路拓展和技术支持。

2024 年 11 月 30 日

第一部分

基本原理

第一章 作业的本质:能动学习任务

作业与教师的课程开发、教学设计、评价活动开展乃至和师生生活有着千丝万缕的联系。通过梳理国际课程与教学发展史可以发现,作业也是各国教育改革中的核心议题之一。近年来国家颁布的很多文件都强调提高作业设计质量的重要性。从根本上说,在科学作业观指导下的作业设计质量和实施情况成为撬动教学转型的重要支点。

一、国内作业思想和研究的发展

作业设计和研究的逻辑起点是对其内涵的理解。在我国,早期的作业理论大多依附于特定的教育思想,散见于教育者在系统表述自己的教育见解和思考之中。近代以来的作业理念和理论大多源于对西方的理论的借鉴。而课程标准、教学大纲等政策性文件对作业做出的概念界定与定位,在一定程度上代表了当时对作业最主流的认识。

(一) 作业的由来和发展

早在先秦文献《管子·轻重丁》中就有关于作业的文字记载:"行令半岁,万民闻之,舍其作业,而为囷京以藏菽粟五谷者过半。"这一表述中的"作业"和德语 Arbeit 意思相近,有"劳作"的意思,指向体力劳动。《学记》有言:"时教必有正业,退息必有居学。不学操缦,不能安弦;不学博依,不能安诗。"[1]"退息必有居学"不仅指广义上的课程或作业,也包括学生对课堂教学的补充和延伸的课外作业。这段论述的意思是,课后不练习好"缦乐"(民间小曲小调),课内就完成不了乐教任务;课后不学好声律并广泛地涉及多方面的文体,课内就不能完成《诗》教的任务。可见《学记》中的作业已经作为一种脑力劳动,是课内学习的继续和有益补充,且课内外学生的作业相互依存、相互促进。在我国教育发展历程中,作业由最初的手工劳动演进到课外活动的一种形式,延续了很长一个时期,其内涵变化则主要表现在作业与生产劳动、实践活动之间关系的不断调整。

新中国成立初期,我国教育体制在对苏联的借鉴、效仿中艰难起步,尚未形成自己的教育理论体系。囿于中国教育理论界缺乏对作业的理论探讨和实践关注,相关研究内容直接照搬了苏联的教育思想和方法论,其科学性没有加以论证,相应的作业实践模式也没有经过本土化实验,对作业的基本问题的讨论比较宽泛,停留在表面。中小学教学大纲等政策文件中对作业的基本定位始终没有超越"补正课之不足"的课堂教学延续,知识巩固的重要环节。1953年颁发的《小学(四二制)教学计划》明确将劳作活动作为教育教学的重要内容,被归并在"课外活动"当中,界定为"联系课堂教学的实验学习"。此作业在随后国家颁发的一系列文件中特指由教师布置学生完成的书面练习,从而将其与课外活动分离开来。1985年5月发布的《中共中央关于教育体制改革的决定》分析了一段时间以来教学中存在的诸多问题,其中提及学生学业(主要指家庭作业)负担过重问题,并引起教育实践者和研究者的高度关注,开始反思教学的各个环节。从主题上看,"减负"问题一度是作业研究的中心,从作业"量"着手减轻学生的学习负担,但因于指导思想不明确和认知的局限,在苏联做法的加持下,主要做法为:强化课堂教学促进学生掌握教材知识和技能,题目数量减少,难度"不超纲",各科目作业要统筹规划,但忽略教师作业设计的质量。这一时期作业设计虽然引起教育工作者的关注,但着

---

[1] 孙希旦.礼记集解[M].北京:中华书局,1989:113.

眼于记忆和巩固的书面作业主体地位没有得到根本改变,仍然将其视为知识巩固和诊断课堂教学效果的主要手段,实践类作业被忽略,学生在作业中的主体性和创造性被压抑。

(二) 作业内涵的转型

改革开放以来,随着国际先进的教育教学理念和实践经验引入,以及凯洛夫教育思想的弊病不断暴露,我国学者开始反思对作业的认识和作业设计原则等方面存在的问题,并质疑和评判传统的"作业即教学最后环节""大一统作业布置方式""过度强调练习及其惩罚功能""作业即书面习题"等观点,针对当时作业的四大弊病:量多、费时、出题过细、答案统一,提出强化作业中教师的主导和学生的主体地位。

1999年颁布的《关于深化教育改革,全面推进素质教育的决定》开始对全面推进素质教育进行了战略部署,以便使人的主体性和主动精神得到尊重,人的智慧潜能得到开发,人的个性得到健全,从而达到让人正确处理自身所处社会环境的一切事物和现象的目的。素质教育全面展开为作业从观念到实践的改革指明了方向。

2000年印发的《全日制普通高级中学课程计划(试验修订稿)》指出,从小学至高中设置综合实践活动并作为必修课程,其内容主要包括:信息技术教育、研究性学习、社区服务与社会实践、劳动与技术教育。这一课程形态要求把研究性学习渗透于所有学科中,从学生的社会生活中选择和确定研究专题,并以个人或小组合作的方式开展自主性、探究性学习,而教师则成为组织者、参与者和指导者。综合实践活动尤其是研究性学习的提出,为"作业"注入了新的内涵和定位,作业即学习活动,为作业改革明确了指导思想,强调知识与活动的融合,新的作业观也乘势初现端倪。

2001年教育部颁布的《基础教育课程改革纲要(试行)》提出,改变课程过于注重知识传授的倾向,强调形成积极主动的学习态度;加强课程内容与学生生活以及现代社会和科技发展的联系;改变过于强调接受学习、死记硬背、机械训练的现状,倡导学生主动参与、乐于探究、勤于动手;课程评价要发挥以评促学、以评促教的功能。学习方式转变成为本轮课程改革的核心任务和理念。

2003年颁布的义务教育课程方案和各学科课程标准,提出学科课程目标要围绕知识与技能、过程与方法、情感态度与价值观三个维度进行设计,强化学习方式改革。2011年颁布的义务教育课程标准积极倡导自主、合作、探究的学习方式。至此,作业与实践活动的界限被打破,并成为其重要内涵和实施方式;作业功能不再聚焦知识和技能巩固,成为落实"三维目标"的重要载体和将知识与实践、直接经验与间接经验沟通起来的一个重要桥梁;作业形式也由单一的书面练习变成多元化的学习活动。可见,新课程理念下的作业以学生发展为目的;作业设计要体现民主性和平等关系;作业实施是师生沟通、合作的过程;作业资源开发需要家校社互动从而提高学生的交往能力;作业的结果是预设和创生的产物。[1]

近年来,作业改革被视为减轻学生学业负担、推动基础教育高质量发展的重要举措。2017年国家颁布的《关于深化教育体制机制改革的意见》和2018年出台的《教育部等九部门关于印发中小学生减负措施的通知》,都提出要提高作业的有效性,通过合理布置作业减少作业总量。2019年,中共中央、国务院颁布的《关于深化教育教学改革全面提高义务教育质量的意见》,国务院办公厅印发的《关于新时代推进普通高中育人方式改革的指导意见》都指出要提高作业设计质量,精心设计各类作业。这些政策的发布强化了作业在基础教育改革中的站位,凸显作业设计的重要性,作业单元整体设计成为这一时期作业改革的重要特征。

但在新中国成立70多年来的教育改革和发展中,作业的内涵因缺乏理论研究一直在继承中缓慢发展,作业作为课堂教学之后的重要环节,发挥补充和延续功能的观点没有发生根本的变化。可喜的是,随着相关研究和实践的深入,作业在促进学生个体成长和发展中的更多价值被不断挖掘出来,但"巩固知识、形成能

---

[1] 李学书.作业的内涵、特点和功能初探——基于新课程理念的思考[J].教育学术月刊,2010(06):74-76+82.

力"的基本功能被保留了下来,并且根深蒂固。

二、国外作业内涵理解的演进

在西方教育领域"作业"一词源于德语 Arbeit,其词根是 Arb,含有隶属、奴仆和继承之意,原指奴仆的劳作。[①] 但随着生产力的发展和生产方式的多样化,作业从体力劳动扩展至包括精神劳动在内的一切活动。18 世纪德国学者莱辛康德率先提出了"书面作业""精神作业"之类的概念。[②] 到了近代,作业这个概念在教育领域的应用范围更加广泛和规范,其教育价值越来越多地受到学者的关注,相应研究和实践日益丰富,并形成不同的作业观,对作业设计产生深远影响。

(一)作业即教学巩固环节

这种作业观将作业视为教学最后的巩固环节,作业即"练习""训练"。该作业观秉持教学论视野,强调作业对教学中知识和技能的巩固价值。赫尔巴特将学生能否牢固地掌握教师传授的知识作为教育是否成功的重要标志之一,指出练习是防止学生遗忘学过的知识的最有效手段。他提出的著名的四阶段教学法:"明了—联想—系统—方法"中的方法阶段,即应用或练习阶段,主要是使学生通过练习和作业等活动运用知识,有助于巩固训练已学知识和技能。[③] 教师中心、教材中心、课堂中心(传统教学"三中心")的集大成者凯洛夫认为,教育就是以教师为主体、学生为客体,用所学知识促进学生发展的过程,相应的作业则是巩固学生现有知识和技能的一种重要途径和策略。

作业即教学巩固环节的观点是建立在"性恶论"的判断的基础上的,该观点将作业视为教育管理过程的主要手段,利用教师的权威地位,通过"惩罚的威胁""监

---

① 陈桂生."作业"辨析[J].上海教育科研,2009(12):59-61.
② 姜琦.现代西洋教育史[M].北京:商务印书馆,1935:211-212.
③ 王天一,夏之莲,朱美玉.外国教育史(上册)[M].北京:北京师范大学出版社,1984:329.

督"等办法,使学生安分守己地遵守教学秩序,进而达到教育的目的。惩罚簿就与作业和练习相关,也是今天教学中惩罚性作业的直接渊源。凯洛夫提出了著名的五环节教学模式:复习旧课—导入新课—讲授新课—巩固—作业。而作业环节作为课堂教学的延续,可以巩固课堂知识与技能,让学生意识到认真听讲的重要性,从而实现对课堂教学的有效管理。

通过考察可以发现,作业即教学巩固环节的观点不仅强调客观知识和技能的训练,而且强调文本作业的价值和独立完成作业的重要性,从而达到熟能生巧的作用。但无论是凯洛夫的五环节教学法,还是赫尔巴特的四阶段教学法,都非常注重心理学理论的运用,这是一大进步。但作业功能过分强调了知识技能巩固,以及书面作业和独立完成,容易导致作业类型单一和机械重复、重竞争轻合作的现象;基于"性恶论"的前提假设以及以行为主义心理学为基础,容易将学生作为控制、加工改造的客体而遮蔽了其在作业中的主体性和创造性。尤其在互联网加持下人类知识越来越多,更新速度越来越快,基于这种思想的作业观,很容易导致学生作业负担越来越重。

(二) 作业即评价任务

这种作业观建立在心理学研究和实践基础上,主张把作业作为诊断和透析教育教学目标达成情况的主要途径。作业和练习成为一种评价检测手段,教师利用学生的作业完成情况评判学生的优劣,反思课程和教学目标制定的科学性和适切性,从而改进教学设计与教学实施行为和方法等,督促学生成长,体现了为了改进教师教学从而提高学生学习效果的作业设计思想。

传统的课程与教学目标的开发强调深入研究学生的需求、当代社会生活和积极借鉴学科专家的建议,对建立的常识性的一般性目标要通过两个筛子:教育哲学和学习理论,进行提炼和确认,进而建立精确的、具体化的教育目标,并要求教师学会用二维表来表达目标,确保目标设计和选择的科学化、均衡化和结构化。相应的作业目标选择与设计也应该综合考虑各种因素。目标的陈述要关照情境、学习结果、行为动词、对象以及相应的限制条件和工具等五个方面。[①] 作业目标设计应考虑以下几条基本原则：一是目标是为了客观评价，而不是表述理想，因此要用学生外显的行为来陈述目标。二是目标要富有进阶性，建立从简单到复杂明确的层次关系。三是目标分类学是超越学科内容的，作业目标应该基于内容又超越内容。值得一提的是，布卢姆教育目标分类学至今仍然是指导作业试题编制的重要参考，以便让教师的教学、试题编制、作业设计等始终具有明确的"目标意识"。

学校是学生学习的重要场域，但学习也可以发生在家庭里和社会中。学校课程和教学知识对学生学习固然重要，但如果能够建设性地参与社会，充分利用自己的兴趣、态度、知识、技能和习惯等来促进社会发展和完善自我则更好。这些行为不仅为作业提供了情境素材，借此还可以评价自己学校学习的成效，促进作业和学校学习的互补。

作业即评价任务的观点大多反映的是一种模糊而危险的精英哲学观，一些实践活动"经验"源自社会管理领域，未必适合教育领域。同时这种作业观未能非常好地解决情感态度与价值观维度的评价问题，一些分类比较笼统，可操作性依然很差；另外，不是所有目标都是可测量的，毕竟孩子有很多的能力需要长时间的积累后才能显示出来。这些都不同程度地反映了这种作业观的局限性。

（三）作业即学习活动

作业即活动的观点源于德国的作业即游戏活动，在上世纪末逐步建立起来，为西方国家所接受并深深扎根在实践领域。近代教育家通过对教学论视域下解读阐述作业功能、形式和价值等存在问题的反思，提出课程视域中的作业观：作业是达成课程目标的一种"学习活动"，在此基础上比较系统地论述了"作业"在课程开发和教学实施过程中的价值和设计方法。

无论"作业即游戏活动"还是"作业即学习活动"都在强调"活动"之于作业的

---

① R.M.加涅.教学设计原理[M].皮连生，庞维国，等，译.上海：华东师范大学出版社，1999：155.

价值,都强调作业设计要遵循学生不同阶段学习的心理特点。作业应该从儿童的兴趣开始并赋予儿童自由选择权,发挥其连接"自由"与"纪律"的平衡和中介作用,并根据自己的兴趣爱好、专长来选择适宜的项目开展学习活动,以及通过项目和主题的结合激发学生的学习动机。同时儿童游戏可以通过幼儿自主性、探索性地发现和解决问题的过程,培养他们的合作和交往等德性的意识和能力。杜威在阐述了"教育"与"训练"的区别时认为,训练往往关注儿童行为的改变而忽略情感和心理的改变,并提醒教师在引导学生从事正确的活动中不要抑制良好品质的培养。

两种活动观都倡导作业是学校课程和教学的一部分。福禄贝尔认为,所谓的作业实际上是一种学生在学校内完成的游戏活动,教师精心设计和准备作业内容并指导学生完成,从而达成幼儿教育目的。杜威基于课程即社会性的作业活动的认识,指出任何知识都可转换为活动性作业,并进一步指出游戏本身就是活动的目的。如果游戏能够与具有一定特性的结果相联系,自然就变成了工作,儿童在完成工作过程中可以培养自身的兴趣、思维、情感等。从这个意义上说,杜威认可了福禄贝尔等人对于幼儿阶段作业是一种游戏活动的观点。相比较而言,在幼儿教育史上,作业尤其是手工作业,相对来说比较强调对儿童进行感觉和知觉的训练,从而把作业与儿童生活联系在一起,包括上课、游戏等的一切活动都称之为"作业",但通过"训练"来培养儿童的生活自理能力,以及锻炼儿童的意志力和独立性恰好是杜威所批判的。

三、核心素养时代作业观的重建

我国传统的作业及其设计的思想没有体系化,解放初期的相关研究尚且薄弱,主要借鉴西方国家的作业理论和实践经验,尤其是直接"移植"苏联凯洛夫教学论思想,作业一直被定位为教学的一个环节,其功能是知识技能巩固和教学效果诊断。直到改革开放以来,作业研究受到重视并取得一定进展,成为了独立的研究领域,对作业本质的思考相对成熟,逐步形成了体系化的思想,但作业负担过重问题始终没有解决。在核心素养时代,课程与教学改革面临新的使命,亟需建立新的作业观,强化设计,确保核心素养培养落地。

(一) 重构作业观的价值

1. 解决作业负担问题的现实需要

从 1955 年我国首次颁布的《关于减轻中小学生过重负担的指示》到 2021 年出台"双减"政策和"作业减负十条"等作业专项管理文件,化解学生作业超载问题一直是减负政策的核心任务,且越发成为课程和教学的核心指向。旨在通过优化教学方法、精选作业内容、促进作业形式多样化等多措并举减轻学生课业负担。但实践中作业观不明确一方面导致作业过程和结果的异化,其中过程的异化表现在作业从学生自由自觉的学习活动转变成了一种被外在力量强制乃至惩罚的过程,遮蔽学生作业的能动性,弱化学生成长内驱力;结果的异化表现为为作业而作业的功利导向,进而从服务学生自主发展走向了控制学生的生命成长。另一方面导致作业功能的异化,主要表现在将作业定位于教师教学的需求,而非立足于学生的能动发展,从而在应试教育的裹挟下,作业转化成学生的课业负担,造成作业独立育人价值的缺失。

2. 因应新使命的需要

核心素养立意的课程与教学改革是目前世界各国基础教育理论研究和实践变革的重大趋势。核心素养勾画出新时代人才的形象,规约学校教育教学的基本方向、核心内容与实施方法,也为作业观重构提供新的指向。我国 2016 年发布学生发展核心素养,并成为新修订的普通高中和义务教育课程标准规定的课程目标,基于核心素养的教学设计受到关注并展开大量实践,也成为作业及其设计的 DNA。鉴于核心素养培养不仅要求"知道什么",还体现在现实的问题情境中"能做什么";其核心是培养学生运用知识技能、解决现实复杂问题所必备的思考力、判断力与表达力及其人格品性,而不是单纯的知识技能的传授和单纯的兴趣、动机、态度的培养。因此,作业作为学生学习的任务,相应理解和建构应站在贯彻落实立德树人根本任务的高度,克服认知式作业观引起的过度强调作业的知识巩固和强化的功能局限性,构建新的大作业观,指导作业进行一体化设计和实施。

(二) 作业本质的审视

梳理关于作业的内涵可以发现,很多政策文件和学者的研究都用"活动"和"任务"或两者兼有来定义作业的属性。以"活动"为属性概念来定义作业内涵的,如《简明国际教育百科全书·教学(下)》指出,作业即学生在上课时间之外独立完成的学习活动,其目的在于使学生达到学校教学大纲中的特定目标。《教育大辞典》把作业分为课堂作业和课外作业两大类,课堂作业是教师在上课时布置学生当堂操练的各种类型练习;课外作业曾称家庭作业,是学生根据教师要求,在课外时间独立进行的学习活动,布置及检查作业是教学组织形式之一。作业是指学生课后展开的无教师辅导的学习活动。[1]

以"任务"为属性概念来定义作业内涵的,如《韦氏大学词典》(1996版)(Merriam-Webster's Collegiate Dictionary, Tenth Edition)给出了三个定义,其中一个是教师布置给学生在课外时间完成的任务,其他两个分别是:在家里完成的有报酬的计件工作;讨论前的预先阅读或研究。库帕认为,家庭作业是学校教师布置的,要求学生在校外完成的任务。[2]

以两者兼有为属性概念来定义作业内涵的,如《辞海》提出作业是为完成生产、学习等方面的既定任务而进行的活动。浙江省发布的《义务教育阶段学校作业管理指导意见》中提出:"作业是承载学习内容、体现学习方式、实施过程性评价的学习任务,要注重作业与教学的配合,将作业作为学习活动设计的一部分。教师

---

[1] 中央教科所比较教育研究室编译.简明国际教育百科全书·教学(下)[Z].北京:教育科学出版社,1990:449.
[2] Cooper,H. Synthesis on Research of Homework[J]. Educational Leadership. 1989,47(3):85-91.

要把握预习、课堂、周末、单元等不同学习时间(环节)的作业功能与特点,促进学生的思考、理解和探究,切实减少简单记忆、机械重复练习。"[1]

近年来,随着新课程标准的颁布,作业因成为落实核心素养培育的重要途径之一而受到关注。如陈雪娇认为作业是教学的重要一环,需要肩负起发展学生核心素养、落实立德树人的使命[2],而以大概念为抓手组织单元作业并进行一体化设计有助于核心素养的落地。[3]

综合以上定义,我们可以得出几点结论:

(1)"活动"和"任务"是定义作业内涵的主要属性概念,它是一种学习活动,但与完成一定的学习任务、教学目标密切相联;

(2)作业由改进教师的教和学生的学的单一功能,转向整体育人目标,由知识技能巩固转向核心素养落地;

(3)作业的形式由教学论视域中的书面练习,转向提质增效的学习活动和任务。

(三) 建构能动学习的作业观

面对日益严重的学业负担,教育研究者和实践者开始反思一些根本性问题:作业是什么?作业要不要?通过学生创作的"作业歌"、学校高举"提质减负"大旗,学者呼吁作业改革和"不留书面作业",教育行政主管部门颁布系列作业指导意见和政策等可以看出,人们都在不断地对作业内涵和功能进行理性反思与热情建构。其深层内涵反映的则是对作业观的极度不满和对作业价值取向的批判与矫正。随着核心素养立意的作业情境设计研究和实践深入,在教育领域对作业观进行整体理解和建构成为重要倾向。

---

[1] 浙江省教育厅.浙江省教育厅办公室关于改进与加强中小学作业管理的指导意见(浙教办基〔2015〕114号)[EB/OL].[2016-01-08]. http://jyt.zj.gov.cn/art/2016/1/8/art_1532973_27485194.html.
[2] 陈雪娇.巧用字母自画像培养学生核心素养——以 PEP 三年级上册单元主题作业为例[J].新智慧,2020(31):127-128.
[3] 李学书,胡军.大概念单元作业及其方案的设计与反思[J].课程·教材·教法,2021,41(10):72-78.

面对传统教学论影响下的巩固和训练的作业观弊端的凸显,以及其对学生身心发展产生的严重影响,建构发展主义作业观代替教授主义作业观受到关注。[①] 将作业视为学生学习生活的一部分,一种主动的行为方式,应纳入教学内容整体设计之中,并强调处理好个性与共性、现实与长远的关系,注重作业的整体关联,建立多方协调的作业审阅机制,既有助于构建学生作业辅导体系,培训自我调节学习策略,也可控制作业量,营造互动参与的主动作业环境。学习任务被视为承载有意义学习的广义的作业,强调作业是教师引导学生开展的自主学习任务。狭义的作业是纸笔形式的练习,主要是指课后练习或家庭作业。广义作业不只是课后练习,而是伴随学习全过程的学习任务,包括课前的预习任务、渗透于课堂学习中的随堂任务、课后形式多样的实践任务和跨时段的项目式学习任务。[②] 当前学生课业负担的减轻关键是重塑作业理论与革新作业设计实践,将无意义的训练作业转化为促进学生发展的创造性的探究活动,以大视域、大取向、大设计与大评价来丰富与拓展其内涵与功能,以大作业观促进作业多主体协同互动,强化课程整体设计,构建学习化课堂教学,践行以学为本的评估理念。[③]

通过梳理和比较上述学者对作业内涵的阐述可以发现,他们分别用"主动""自主学习""创造性的探究"等多种概念来确定作业的内涵和指向。我们在批判地借鉴和吸收其合理性的基础上,结合实践中存在的问题和关切,聚焦核心素养培养认为,作业是在教师的辅助和指导下,在学生主体性参与基础上通过和多元主体之间能动交互而完成的学习任务,实质上就是一种能动学习(active learning)。

这里运用"能动学习"来界定作业的三种概念,基于三方面的考量:一是当前被动作业不仅增加学生的学业负担,还影响核心素养的落实。进入新世纪以来,学校教育从"知识本位"走向"素养本位"成为重要趋势,课堂教学必须从"被动学

---

① 李臣之,孙薇.发展主义作业观[J].课程·教材·教法,2013,33(07):17-24.
② 张丰.聚焦任务的学习设计——作业改革新视角[M].北京:教育科学出版社,2023:20.
③ 谢翌,杨志平.大作业观:主要内涵与实践路径[J].课程·教材·教法,2022,42(01):10-17.

习"走向"能动学习",以便回应时代对新型人才的要求。但当前聚焦知识技能巩固和诊断的作业观的影响根深蒂固,实践类作业尽管受到关注但落实起来困难重重,导致作业功能、过程和结果的异化,进而制约学生能动成长。二是能动学习是能动参与的学习方式的总称。这种学习方式指向的是问题解决力、逻辑思维力等通用能力的培育,体现学科本质的思维方式以及学科固有的知识与技能,重视单元设计,成为"培育核心素养的方法论"①。三是借用能动学习的"能动性"弱化作业任务完成的强制性。任务是需要完成的工作,意味着学生需要创造条件甚至要克服重重困难,这些往往成为学生负担的主要来源。而能动性是主观的,也是完成作业任务的保障,通过设计指向学生生活的学习任务可以激发学生的能动性,从而变压力为动力。

我们运用学习任务这一属性概念来界定作业内涵,明确了作业性质和功能以及学生减负并不等于简单地消灭作业,而是需要对作业进行重新理解与转化,弥补教学论视域下作业观和进步主义作业观的缺陷,从根本上解决教与学、学与用之间的矛盾,也是对"作业即创造性的探究活动"的扬弃,对"作业即自主学习的任务""发展主义作业观"的拓展,而使"作业"和"作业单元整体设计"形成了从水乳交融到逐步聚焦的过程,因此成为完成本研究和撰写成果的立足点。

---

① 钟启泉.能动学习:教学范式的转换[J].教育发展研究,2017,37(08):62-68.

第二章　单元作业设计锚点：大概念

当前，整体设计已经成为推进素养导向课程改革的主要方式，并获得学界认可。处于中观层面的单元设计相对于宏观的课程规划和微观的课时设计，成为关注的热点议题，而大概念理解和应用已经成为单元组织的主要主线，也是单元作业设计的锚点。

一、大概念的意涵

（一）从概念说起

通过词源上考证可以发现，概念一词中的"概"指人们在称量米粟时在盛满米粟的斗斛口上刮一下的木板，目的是使米粟的量达到一定标准范围，是校准用的工具，引申为对事物做出的限制，使其不超出规定的范围。"念"源于古代人的认知：心之官则思，是"令心用力"的意思，演化为思维和意识的含义。"概念"即标准化后对事物的理解。这样看来，概念是指向理解的，是对事物普遍而抽象的认识，将同种类事物的共性和普遍性抽取出来并加以概括而形成的。从认知角度看，概念是自我认知的一种表达，是从感性上升到理性认识的结果，并随着社会历史和人类认识发展而不断变化。进一步说，人类的文明就是在对原有概念不断校正和创造新概念的过程中逐步建立起来的。从心理学角度来看，概念是人们对事物本质的认识和反映，是思维活动的产物，也是思维活动开展的单位。是"人脑反映客观事物本质特性的思维形式"[1]。概念的理解应从内涵和外延两个方面进行,内涵即该概念反映的事物特有的本质属性。如"产品"是"商品"这一概念的内涵;外延即概念的范围和边界,具体概念反映同种属性的事物有哪些。如概念"马"从颜色属性看包括白马、黑马、枣红马等。概念的内涵和外延总是反向存在的,内涵越广,外延就越小,反之亦然。

在英语中,概念被译为"concept"。课程领域学者对概念的研究由来已久,成为很多学科建构和发展的基本出发点和"核心材料"。以概念为本的教学(concept-based instruction)中的"概念"即概括、原理和理论,多指向"概念性知识的建构"和"概念性理解的形成"。概念内含丰富的个性和共性特征及其之间的相互影响,而非表达物体的静态存在。[2] 日常生活中对概念的理解是从"具体"走向"抽象",是一种理解图式,包含着人们对世界的一般认识,成为一些事物的结晶,一种较为稳定的理解图式。[3]

(二) 超越"概念"的大概念

随着科技的发展,学科知识总量在以几何指数日趋激增。如何促进学生在有限时间内掌握当下乃至未来生活所需要的有意义的知识,规避学校通过灌输、学生以死记硬背和接受机械训练而导致师生认知负荷超重,成为重要研究话题。为此,国外很多学者和教育实践者开始探究如何将零散的、碎片化的知识和技能进行有效的统整,从而在学科间甚至跨学科间建立意义关联,以便促进学生更好地理解和吸收进而形成时代需要的素养。在此背景下超越概念的"大概念"应运而生,并成为组织课程和教学内容的主要手段。

大概念的英文表达为"Big Idea",亦被称为"核心概念""大观念""基本概念""概括"等。但"观念"可以是概念,也可以理论或命题的形式呈现,尤其当"Big

---

[1] 林崇德,杨治良,黄希庭主编.心理学大辞典(上)[M].上海:上海教育出版社,2003:45.
[2] 杜威.我们如何思维(第2版)[M].伍中友,译.北京:新华出版社,2015:133.
[3] 陈嘉映.哲学·科学·常识[M].北京:中信出版社,2018:123-124.

Idea"用于课程目标时,更倾向于特指某种观点或思想,在文科课程领域多使用大观念。[1] 从认知发展的角度将大概念和观念联系起来看,观念即为联结和统整各种下位概念或事实的大概念,它能够使学习者个体建立完整的大脑图式和有效的概念工具以便于今后的学习和工作。[2] 鉴于"大观念"这个词频繁地被用于政治、经济、管理、文学等领域,又少有文献对之作出明确的界定,且在物理学、生物学等科学领域多使用大概念,同时观念和概念都可以指思维活动的结果。因此,这里不做区分,统一使用大概念的提法。

在课程发展过程中,大概念成为当下指导指向核心素养课程改革的重要理念,相关研究的经验或思想可以追溯到"有用的知识"这一观点。[3] 所谓"有用的"是指可以处理好生活事务的一些特种技能(skills)和一般理解力(general understanding)。在此基础上,布鲁纳在推进课程结构改革过程中提出了"一般概念"的思想,从而成为大概念思想的最直接来源。布鲁纳指出,无论教师在教授哪类学科课程,一定要使学生理解学科的基本结构,以便助力学生解决课堂内外的各类问题。这里的基本结构即基本概念、原理、公理和普遍性主题,借此可以将许多事物及其意义联系起来,实现迁移,把基础知识应用于新的问题情境。因此,学到的概念越基本,对新问题的适用性越宽广……懂得基本原理可以使学科更容易理解。[4]

最早使用"观念"这一词汇的是柏拉图,"观念"被译作"理念",是超越感性的、永恒不变的实在,具有普遍性和绝对性。中世纪的"观念"是现象世界的完善的模型,引入认识论领域后,定义为"表达""表象",但"天赋观念"是与认识规律背道而驰的。"人类所有的认识都是以观察为起点,然后成了概念,最后以观念作为终

---

[1] 崔允漷.论大观念及其课程意义[J].上海课程教学研究,2015(10):3-8.
[2] Clark, E. Designing and Implementing an Integrated Curriculum: A Student centered Approach[M]. Brandon, Vermont: Holistic Education Press, 1997:210-213.
[3] 布鲁纳.布鲁纳教育论著选[M].邵瑞珍,等,译.北京:人民教育出版社,1989:22.
[4] 布鲁纳.布鲁纳教育论著选[M].邵瑞珍,等,译.北京:人民教育出版社,1989:31-32.

点"[1]。"观念"即理性的概念,是来自概念的概念,其重要功能是将事实和经验联合起来,是知识理想形态即最高形态的综合体现。可见,这里的"观念"已经很接近今天我们所谓的"大概念",即跨学科大概念。

进入近代以来,教育领域中的"惰性观念"(inert ideas)受到批判,与此同时,"代表性概念"的思想在课程设计领域受到关注:知识只有形成相应的概念体系,并加以整合才能真正被理解,并形成解决问题的能力。毕竟,这样的概念体系内含一定的"情节"和"故事"。

来自不同领域的对概念(观念)的理解和主张,都是希望借此建构一个学科知识体系,形成学科整体思维,为相关领域发展、提高学生学习效果提供一个清晰的视角。

在当下的教育学领域,素养导向的课程改革已经成为趋势,大概念成为热词。但关于大概念的内涵,不同学者基于各自的理解角度提出了不同的主张。例如,大概念是学科的核心,它们是需要被揭示的,必须深入探究才能抓住这个核心。教学过程中如果学生没有将大概念同知识和技能建立关联,最后获取的只是碎片化、机械无用的客观事实,无益于核心素养的发展。[2] 从课程内容整合的视角来看,大概念的操作性定义是广泛的、抽象的,用一个或多个词汇来表征,具有通用性,可借助具有沟通功能的案例来呈现。大概念是一种元知识(元认知),基于事实并加以抽象出来的深层次的概念,是一个学科最为精华的存在体,具有很强的可迁移性,随着时间的推移能被应用于学校以外新的情境以及许多其他纵向学科内情境和横向学科间情境。[3] 从学科本质上看大概念是反映学科本质的核心知识、思想和价值;从课程内容上看,它是连接教学内容的核心概念架构;从过程和

---

[1] 彼特·昆兹曼,法兰兹·彼特·布卡特,等.哲学百科[M].黄添盛,译.南宁:广西人民出版社,2011:137.
[2] 格兰特·威金斯,杰伊·麦克泰格.追求理解的教学设计(第二版)[M].闫寒冰,宋雪莲,赖平,译.上海:华东师范大学出版社,2017:74.
[3] Erickson, H. L. Stirring the Head, Heart, and Soul: Redefining Curriculum and Instruction[M]. Thousand Oaks, CA: Corwin Press, 2001:221.

方法上看,它是统摄教与学过程的原则和方法。① 大概念是基于事实抽象出来的,能够解释和预测较大范围的事物和现象,涵盖基本知识和技能,帮助学生认识世界,少数的、可迁移的核心概念。② 大概念被称为"能带回家的信息",是学生忘记具体的经验和事实后还能长久保持的中心概念,因此对较宽广的经验事实具有解释力,例如,"生物体所具有的结构会影响它们的功能"。③

从学科的角度来看,大概念是"能将众多的科学知识联为一致整体的科学学习的核心"④;是数学学习的核心,是培养学生数学学科素养的载体,是把各种数学理解联系成一个连贯的整体的一个个节点,成为数学知识网络的一个个枢纽⑤;是帮助学生将所学习到的科学知识和相应技能等凝聚起来,从而建立相应知识体系的重要手段,最终形成一幅关于科学的全景图,让学生形成对学科的整体认识,以便从科学的视角有效地处理在日常生活中遇到的问题并作出决策,从而能够解释自然现象和认识自然规律。⑥

综上,我们归纳出有关大概念的隐喻如下:

1. 大概念是一个文件夹,把无数的案例、小概念和关键材料加以规整,形成有序的结构和合理的框架。大概念之间的结构化和系统化使学科本身不再表现为无规则的、断断续续的概念、原则、事实和方法,从而形成了连贯整体。大概念居于学科的中心位置,集中体现了学科本质和学科结构。"就像大脑的文件夹,概念帮助大脑基于共享的属性将不同的例子组织成为有意义的组群。"⑦例如,不同种

---

① 王蔷,周密,蔡铭珂. 基于大观念的高中英语单元整体教学设计[J]. 中小学外语教学(中学篇),2021,44(01):1-7.
② 李刚. 大概念课程与教学:从理论到实践[M]. 北京:社会科学文献出版社,2022:21.
③ Olson, J. K. Concept-Focused Teaching: Using Big Ideas to Guide Instruction in Science[J]. Science and Children, 2008(12):45-49.
④ National Council of Teachers of Mathematics. Principles and Standards for School Mathematics[M]. Reston, VA: Author, 2000.
⑤ Charles, R. I. Big Ideas and Understandings as the Foundation for Early and Middle School Mathematics[J]. NCSM Journal of Educational Leadership, 8(1):9-24.
⑥ Boo, H. K. Teaching the big ideas in chemistry[J]. Teaching and Learning, 2001,22(1):43-47.
⑦ 朱丽·斯特恩,等. 可迁移的学习:为变化的世界设计课程[M]. 屠莉娅,等,译. 杭州:浙江科技出版社,2023:10.

类的狗存在诸多差异,无论是吉娃娃还是金毛猎犬,大脑都能注意到每条狗的鲜明属性:皮毛、鼻子、四条腿、尾巴等,并将这些属性放在我们关于狗的认识文件夹中。

2. 大概念是一个基站。在智能时代,知识不再是孤立的事实或信息,而是一种网络现象,知识生产是个体、组织和机器相互作用形成网络状的存在,信息整体通过"意会"建立系统化的链接,就形成概念。这种结构化和系统化知识链接在情境的加持下形成大概念。在这种网络状结构(包括学科内网络结构和学科间网络结构)中,每一个大概念成为连接网络结构间通信的基站,借此有效模糊学科间的边界,不断扩大和加深学生对学科本质的认识,奠定学生分析和解决问题的基础,从而彰显大概念在作业改革中的地位和价值。

3. 大概念是一个车辖子。作为一种配件,人们只有利用车辖把车轮固定在车轴上,车轮等零部件才能组装起来,否则只能散落一地、毫无用处。因此,车辖是理解的关键抓手。就单元作业内容组织而言,教师在整体设计时如果抓不住核心思想和关键要素,以及将大概念和相应作业内容、要素和环节等建立密切联系,留给学生的作业可能成为负担,学生只能学习一些零碎的、无用的知识和机械的具体技能,离开学校就悄然忘记了。例如,一个学生具有丰富的党史知识和事实案例,但如果没有领会到中国共产党和其他党派乃至传统的政党体制的区别,就意味着他没有理解我国政党制度。进一步说,如果这位学生没有理解中国政党制度的核心知识,即具有持久价值的大概念,就很容易遗忘一些零碎的知识和事实。换句话说,学生即使记住了党章和宪法相应内容,但如果无法解释中国共产党执政地位的历史必然性、现实的可能性和未来的趋向性,就可以断定他的理解不够充分。

4. 大概念是理解的锚点。理解是学生智力层面的建构,是人脑为了弄清楚不同知识而进行的抽象活动,也是学习者探究事实意义的结果,是理解使我们具有创造力又能够成功,理解具有的高通路迁移性使其成为课程与教学设计的重要目标。理解要形成具体和抽象互动的复杂认知结构必须依靠大概念。大概念是专家组织知识的重要抓手,是专家思维的典型特征,反映了他们对学科的理解深度,借此可以搭建知识、事实和信息之间条理清晰的关系,提升它们的价值,成为一个概念锚点,因此"锚点"可以理解成和大概念配套的动词。例如,"整体性"即一个数词可以表征不同的数字能力,是数学领域的一个大概念,但学生理解起来非常困难,需要做如下铺垫:整体化要求学生不仅将数字作为对象来计算,也需要将数字作为集合进行运算,或者以上两者同时进行。因此,整体性可以被看作一个数组……对学生来说,整体化是看待问题视角的转变。[1] 在做作业过程中,学生借助大概念就可以将相关知识体系和探究方法"锚"在一起,形成大概念理解。

5. 大概念是理解的关键材料。大概念隐喻为"理解的建筑材料",可以使人们联结其他零散的知识点,并借此构建有意义的大概念群,从而简化学生的认知模式。[2]

6. 大概念是一种有焦点的概念"透镜",借此可以映射学科本质及其特殊性,把丰富的学科内容精简为一组命题,构建起学科完整的知识体系。

可见,大概念是聚合概念,而不是基础概念,是进阶性概念,成为提供归档无限小概念的有序结构或合理框架。具有多重特征和属性的大概念结合现实情境可以建构网络状课程与教学内容,有效模糊学科间的边界,奠定了后继问题解决的基础,彰显了大概念在课程改革中的地位和价值。

二、 大概念解读和分类

(一) 大概念中"大"的意涵

超越"概念"理解"大概念"的关键是对"大"的把握。首先,大概念的"大"不是"庞大""宏大",也不是"基础",而是指"核心"和"本质"。大概念是"高位"的概念,

---

[1] Fosnot, C. T. & Dolk, M. Yong mathematicians at work: Constructing number sense, addition, and subtraction[M]. Portsmouth, NH: Heinemann, 2001:11.

[2] Whiteley, M. Big ideas: A Close Look at the Australian History Curriculum from a Primary Teacher's Perspective[J]. Teaching History, 2012,46(3):61-65.

处于更高层次，可以连接下位层次概念，在更大范围内具有普适性和强大解释力与很强的迁移价值，灵活地运用在各种复杂的情境中，可以辅助学生成为高效的问题思考者和解决者。大概念是学科学习的核心概念，是具体的经验和事实都已忘记之后还能长久保持的中心概念，是对学科重要内容和意义的高度凝练，涵盖了学科的重要特质，学生借助大概念可对学科领域内知识进行整合或结构化处理。大概念是认知框架，毕竟其本身就是有组织、有结构的知识和模型，通过个体和周遭环境的持续互动而不断优化和丰富，其本身的功能也在不断扩大，继而帮助个体更好地接受新事物，应对新问题，伴随着个体经验的逐渐丰富和心智的逐渐成熟。大概念是意义模式，有助于学生形成一种学科视角或学科思维，为开展更加复杂和多元的学习活动提供必备的认知工具，在面对真实问题时能随时调用以便审视和重新表征问题，发现新情境中存在的共同认知要素，发掘这些要素背后隐藏的一个有意义的世界。

其次，大概念的"大"指其作用范围不仅在学校，还指向校外学生的真实生活。指向学校层面的学科大概念，是连接学科内的小概念以便促进学科内知识融合；校外生活层面的学科甚至超学科大概念，关注学生未来要面对的现实生活。从知识迁移价值的角度来看，学生只有系统地学习书本知识，掌握整体思考问题的方法，形成全面的事物价值判断能力，才能自如地运用知识和能力解决各种真实问题和应对复杂情境。这样的大概念不仅要打通学科内和学科间的知识壁垒，还要有助于学生基于学科或跨学科知识建立学校和社会、现实生活与未来生活的联结。因此，大概念单元作业会因有了大概念这个固着点而被赋予现实意义，学生在完成作业的过程中获得的知识和技能才能更加牢固和持久，通过大概念的理解、建构和应用而学习的内容远比教师教授的多，且容易形成系统的知识结构，在未来生活中持续发挥作用。大概念的理解和建构是教育指向生活世界的桥梁。换句话说，生活价值属性赋予大概念得以在日常生活中运用的机会，并且每一次具体运用都是在提升其可迁移性。小概念和客观知识会因缺少运用机会而逐渐被遗忘。生活中相关的例子很多：在驾校学习驾驶时，通过教练的讲解和现场操作,学员很容易通过各个科目测试,拿到驾驶资格证书,但几个月后所习得的知识和规则几乎全部"还给"教练了,在真实生活中开车如果按照培训学习的那些"口诀"必然寸步难行。再如,教师教学生写信后,尽管学生熟练掌握了写信的步骤和要点,但真正完成写信时一定是错误百出。因为学生学习到的是简单的技能知识,即专家结论,迁移能力很弱。有人因此说通过教师和教练的讲解是"授人以鱼",而通过培训不就是"授人以渔"?为什么还是不能达到目的?这是因为通过培训获得的是方法知识,是脱离生活复杂情境的技能,不是居于方法之上的大概念。鉴于"渔"的过程和方法是多样的,如抓鱼、摸鱼、钓鱼、网鱼乃至水产养殖等,如果学生理解了"工具创新"这一大概念,就容易理解这种现象了。

回到学校的教学中,我们也可以发现,在初中学生学习一次和多次函数,到高中时学习三角函数等这些小概念或知识会因日常生活很少应用而容易遗忘。但我们通过学习和掌握"函数思想"这一大概念,即函数反映的是变量之间关系,就容易和日常生活对接了。因为生活中有关自变量和因变量关系的场景太多了。例如,学生的身高和年龄一般是正比例函数,但到了一定年龄后身高和年龄不再呈现正比例函数关系。在现实生活中函数往往是黏合出来的,用函数方式表示呈散点状分布数据的规律,这就是函数思想。当学生理解了函数思想这一大概念的上位概念"数学建模"乃至"归纳思维""系统思维"时,他们的视野和解决问题的能力就不一样了。

再次,大概念的"大"还体现在其具有层级性,既有学科大概念,也有跨学科大概念,甚至还有超学科大概念(哲学层面的大概念)。这些大概念本身及其构成元素之间都是相互联结的,系统性的,相互支撑和建构的。

综上,大概念反映了专家思维方式,指向学生的生活价值,作用于学生的生活场域,应用于生活场景,而小概念、方法等是专家结论,要和大概念建立有效联结,建立认知网络,否则就容易被遗忘,进而陷入"没有用""没法用""被误用"的尴尬局面。[①] 如上文提及的三角函数相对来说就"没有用",来自教练传授的驾驶方法

[①] 刘徽.大概念教学:素养导向的单元整体设计[M].北京:教育科学出版社,2022:35.

在日常驾驶中就"没法用",教师教授的通知等实用文写作技巧等知识就经常"被误用"。因为这些知识、方法、技巧和套路都是专家结论,容易教会但会在学生不理解的情况下被机械使用,属于低通路迁移,一旦情境发生了变化很容易出错。但在单元作业中的大概念、小概念、日常概念以及方法知识等都具有一定的"内涵"和抽象性,需要大量案例加以支撑。

(二) 大概念的分类

王素和章巍等认为大概念的"大"是相对的,有不同层次意义,并将其分为基本智能层面的大概念、跨学科层面的大概念和哲学观点层面的大概念,并以化学和数学学科为例列举不同层次大概念的提炼和意义建构过程(见图 2-1、图 2-2)。[①]

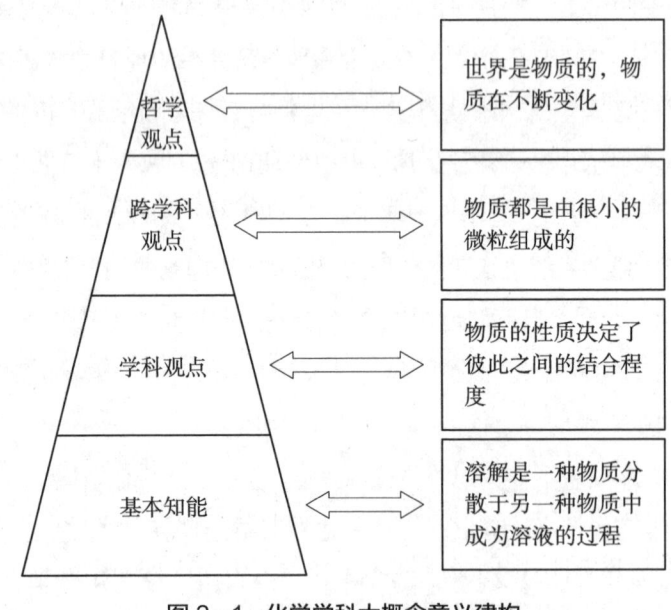

图 2-1 化学学科大概念意义建构

[①] 章巍,等.未来教师的大概念教学设计[M].北京:机械工业出版社,2022:18-22.

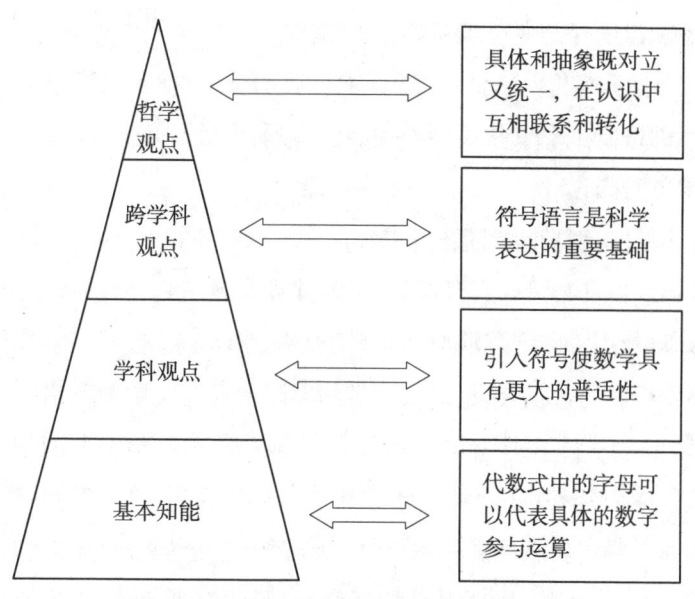

图 2-2 数学学科大概念意义建构

1. 学科大概念

学科大概念既是一种有效的单元作业设计的重要理念和方法论,也是学生应该掌握的学科单元作业内容和完成作业的工具。而相应的学科小概念就是学科内包含的重要基础知识、定理、技能和方法等。例如数学学科大概念"变量可以使用变量、表达式和方程抽象地转化、表征数学情境与结构"等;政治学科大概念"我国的国家性质决定我国的国家生活"等;化学学科大概念"物质的组成结构决定性质"等,借此可以揭示生活发生发展的根本原因,促进学生较好理解事物或事件发生和发展的现实和可能,搭建了完整的思维结构。[①]

以大概念蕴藏的独特育人价值组织课程与教学内容,以及从事单元作业设计是当下课程实施的有效抓手。《义务教育生物课程标准(2022年版)》明确规定了学科的

---

① 顿继安,何彩霞. 大概念统摄下的单元教学设计[J]. 基础教育课程,2019(18):6-11.

大概念:"人体的结构与功能相适应,各系统协调统一,共同完成复杂的生命活动",并将其与学科内容建立连接。[①] 这些规定昭示着教师在单元作业设计时必须强化大概念意识,充分挖掘其价值,有效促进作业内容的统整,使单元作业更加具有情境性和趣味性,促进学生形成真实学力,助力核心素养目标的落地。

2. 跨学科大概念

跨学科大概念是相对于学科大概念而言,又被称作共通概念、通用概念等跨越学科界限的大概念。美国发布的《K-12 计算机科学教育框架:实践、跨学科概念和核心概念》列出了七项共通概念,具体包括:模式,原因和结果(机制和解释),尺度、比例和数量,系统和系统模型,能量和物质(流动、循环和守恒),结构和功能,稳定和变化。[②] 跨学科大概念有助于架构起学科相互联系的纽带和桥梁,体现了学科概念的通融性特征,为跨学科单元作业设计提供了一个组织框架,以便促进学生在完成单元作业过程中整合学科知识,形成科学地看待世界和生活的综合视角,综合性地分析和解决复杂情境问题。因此,跨学科大概念在核心素养目标的落地中发挥着举足轻重的作用。

在单元作业设计中,通过跨学科大概念融合多种学科知识,有助于解决单一学科无法应对的复杂问题,进一步深化对学科内和学科间关系的认知,间接促进对学科大概念的理解。从这个角度看,学科大概念和跨学科大概念应该是相得益彰和相辅相成的,是耦合联动的,内在地提升了学生的学习效率,为深度学习的发生提供了条件,创造了空间。《义务教育科学课程标准(2022年版)》提出的学科大概念,如"物质的结构与性质""生物与环境的相互关系""工程设计与物化"等;跨学科大概念,如"系统与模型""物质与能量",并构建学科大概念和跨学科大概念关系(见图 2-3)。[③]

[①] 中华人民共和国教育部. 义务教育生物课程标准(2022年版)[S]. 北京:北京师范大学出版社,2022:16-20.

[②] Computer Science Teachers Association. K-12 computer science framework[EB/OL]. [2016-10-20]. https://k12cs.org/.

[③] 中华人民共和国教育部. 义务教育科学课程标准(2022年版)[S]. 北京:北京师范大学出版社,2022:16.

第二章　单元作业设计锚点：大概念

跨学科概念：物质与能量、系统与模型、结构与功能、稳定与变化

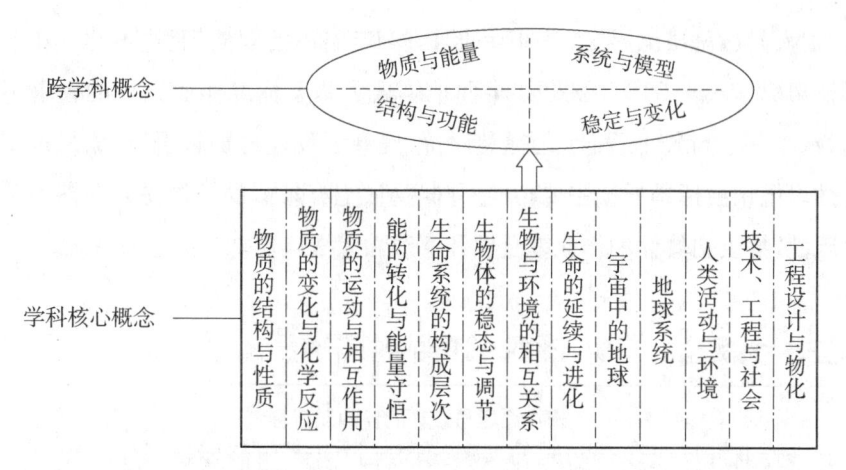

学科核心概念：物质的结构与性质、物质的变化与化学反应、物质的运动与相互作用、能的转化与能量守恒、生命系统的构成层次、生物体的稳态与调节、生物与环境的相互关系、生命的延续与进化、宇宙中的地球、地球系统、人类活动与环境、技术、工程与社会、工程设计与物化

图 2-3　《义务教育科学课程标准（2022 年版）》中学科大概念和跨学科大概念

跨学科大概念的选择与确定不必也不可能囿于官方文件或教材文本中，更多应来自教师或教研员对于各门学科的研究和提炼，不断抽取出既能反映学科本质特征又具有较强统摄力、解释力和迁移性的跨学科大概念，例如"结构""渊源""美感"等。

3. 哲学大概念

哲学大概念是指对人和世界关系的根本看法、根本态度和根本主张。如物质决定意识，意识反作用于物质；联系具有客观性和普遍性；矛盾是普遍性和特殊性的统一；人的价值在于创造等。经验的东西总是不可靠的，会随着时间或场域的变化而变化，但科学概念应该是永存的。例如，在纸张上画个圆，因为你看到了就存在了，而擦掉后它会以思想（概念）形式存在于人们的意识中。因此人们看到的始终是"影子"，只有思想才是实在的。进一步说，人们学习到的知识只有以"概念"形式存在才能永存，表象的东西不一定真实且容易被遗忘。知识是人们从感性经验中通过直观抽象出来的，存在于文明的主观意识中，不同的人在不同的时间和场景中抽象出来的结果可能是不一样的。因此，知识只是一个"名"而不是"实"。数学中圆的概念是人们根据客观存在的月饼、月亮等事物中感悟到的几何

27

图形,是人们从现实世界中许多圆形的物体和轨迹中"建构"出来的存在。人类的一切知识都是从直观开始的,从那里进到概念,以理念结束。人类的大脑不是一块白板,在一定刺激作用下具有建构功能,在单元作业的加持下,抽象的过程就是人们的思想积极建构的过程,离开了智慧的加工有价值的抽象(知识)就不可能产生。因此,抽象和具体的转化就是感性认识和理性认识转化的客观基础。

三、大概念之于单元作业设计的价值

教师作业设计中存在问题的实质原因是没有运用整体性概念对作业加以统领,并以此为抓手来组织单元作业设计。大概念之于单元作业设计的价值主要表现在两方面:一方面大概念为单元作业所需的统领性设计和开发提供了可能性。大概念指向学科本质,是学科的核心内容、关键思想和方法论,体现了学科基本立场和特质。相应的,大概念的学习要求,即对其理解和应用代表了高阶复杂的教学目标。这样的目标指向统整了学科核心知识和技能、学科学习方法和过程,以及相对应的情感态度价值观。另一方面,大概念为借助单元作业落实核心素养提供直接对接的目标。落实学生发展核心素养是实现教育立德树人目的的重要教育战略,单元教学和作业设计需要与之相适应和匹配的单元学习目标。而大概念所拥有的迁移性等核心特征,能够将作业内容和相应学习任务结构化和一体化,克服传统作业目标的零碎化,通过大概念的理解和应用实现知识迁移,从而搭建起单元作业目标整体架构。在此基础上教师要做好以下工作。

一是深刻领会大概念单元作业目标"真实性"的价值追求。大概念和小概念区分的关键在于"生活价值"。[1] 而指向核心素养的学科课程、单元作业设计首先强调学科的生活意义,让学科融入生活世界[2]。需要指出的是"真实性"包含两个

---

[1] 刘徽.大概念教学:素养导向的单元整体设计[M].北京:教育科学出版社,2022:33-36.
[2] 张华.论学科核心素养——兼论信息时代的学科教育[J].华东师范大学学报(教育科学版),2019,37(01):55-65+166-167.

方面:(1)与学生现实生活相关。学科大概念适用于真实社会生活中的复杂问题情境,要求单元作业目标的核心价值应指向建构学生适应现实生活和胜任未来职业发展需求的能力。(2)秉持生活价值取向的单元作业设计,要求教师从课程视角理解作业内涵和功能,树立大作业观,打破单一学科(教学论)视角的局限,关注学生的切实需求。但大概念毕竟不是学习目标,从形式上说大概念表现为一个短语、概念、表达思想和观点的句子,只是提供了行为内容或概念,没有目标表述所需要的动词。例如英语学科的大概念"文化意识",其学习要求可以是"文化差异的定义""理解和利用文化差异解释中西方饮食习惯"。因此,教师需要借助动词搭建作业目标与相应核心概念之间的关系,链接实现概念理解和应用的情境和条件。

二是建立大概念视角下单元作业目标"结构化"的逻辑关联。结构化的基本指向之一是强化不同学科、学科内部乃至学科教学的各个环节之间具有的内在逻辑关联,而非无意义的简单叠加。课程与教学结构化的特点是建立在学科大概念的本体性特征基础上的。教师可以利用大概念、主题或问题,使离散的事实和技能相互联系并形成一定意义[1]。通常所说的概念性理解强调概念与概念之间的关系和结构,并将事实、小概念和大概念共同构成一个结构化的知识网络。[2] 从这个角度来说,大概念单元作业目标对课时作业目标起着整体调控的作用。因此,教师在设计单元作业目标时,需要结合各个学科事实和学科小概念的特点,有重点地研制单元内的课时作业目标,强化课时作业目标之间的关系和结构,并实现与课程目标、单元教学目标的对接和转化。

概念性理解是通过反省思维对事物意义不断概念化的过程,是大概念学习要求达成的过程,因大概念相对抽象,相应的理解和应用不是一节课所能实现的,需

---

[1] 格兰特·威金斯,杰伊·麦克泰格.追求理解的教学设计(第二版)[M].闫寒冰,宋雪莲,赖平,译.上海:华东师范大学出版社,2017:75.
[2] 林恩·埃里克森,洛伊斯·兰宁.以概念为本的课程与教学:培育核心素养的绝佳实践[M].鲁效孔,译.上海:华东师范大学出版社,2018:27.

要以单元为单位,以相应的知识和技能为支撑材料。这些知识和技能可以作为课时作业目标,在实施过程中借助整体思维构建大概念单元作业目标体系。

三是掌握大概念视角下单元教学目标"多层次"特点的形成过程。多层次要求单元作业目标不仅要体现上位的大概念,同时也要具备较为具象化的学科小概念以及学科事实、知识、技能和信息等。单元作业目标多层次的特点与大概念的形成过程直接相关。学科大概念的形成过程大致为:人们在反思与建构大量的源于真实情况中的经验和事实基础上形成概念性知识,并通过活动或完成任务将其运用到新的问题情境,进一步获得新知识或事实并提炼出上位的概念,然后再通过活动或完成任务将之运用到新的问题情境,再进一步获得新的事实并提炼出更上位的概念,依此循环往复和迭代,形成指向学生社会生活价值的大概念。另外,大概念的理解和应用必然要以大量的学科事实和学科小概念作为载体。因此,单元作业目标设计必须将大概念以及与之相关的小概念(包括学科概念)和学科事实囊括其中。

这也体现在教师单元作业目标的整理和完善过程中。教师在解读课程标准、研读教材、分析学情基础上初步生成单元目标,但单元目标设计是一项专业性很强的工作,应避免走向"怎么都行""漫无边际"式的设计,需要教师围绕目标进行核查。主要工作包括:(1)大概念学习要求是否指向学科本质问题?是否具有迁移性?(2)学习要求是否着力于学科核心素养培养?(3)所需要的知识和技能能否支撑大概念学习要求的落地?(4)学习目标是否经过问题化、情境化和生活化处理和完善?(5)表述是否规范?(6)是否保持在中观层面?可否根据学情进一步分解和细化?

大概念提炼水平决定单元学习目标的内容规定性和层次规定性,因此基于大概念研制单元作业目标是一个逐步迭代和完善的过程。再以小学四年级下册"运算定律"单元为例,如果教师将该单元的大概念确定为:"知识模式",相应的学习目标就是:

(1)探索和理解加法的交换律、结合律,乘法的交换律、结合律和分配律,应用上述运算律进行简单运算；

（2）结合具体情境,灵活运用上述运算律解决简单的实际问题；

……

上述学习目标只是义务教育数学课程目标的进一步概括,是该单元教材指导语（提示）的"变体"。因此,可以通过进一步提炼将本单元的大概念确定为："合理选择算法是快速运算的主要途径",相应的学习要求就是：

（1）合理选择算法,提高计算的速度和准确性；

（2）理解运算律和简便计算的内在联系；

……

上述两条学习目标相对具体,操作性尚好,但可迁移性弱,缺乏具体情境应用的考量。因此可以将大概念确定为：计算需要合理选择算法,再结合数学学科核心素养中的量感、运算能力和数学建模,进一步思考：如何理解和分析数量关系？算法对进行运算和理解运算的意义和价值在哪里？根据运算律,如何将实际问题中的因素进行简化处理？是否发现其中的规律（定律）？这样就可以促进学习目标发生迁移。

第三章 单元作业成效的衡量：表现性评价

评价是课程与教学的核心环节和基本元素，没有评价就没有课程与教学。大概念单元作业是素养导向的，其批改和评价必须按照课程与教学评价的原理、路径和步骤进行，同时还应重视表现性评价以便体现其特殊性。

一、表现性评价的内涵和特点

（一）表现性评价的内涵

近年来，随着核心素养导向的课程与教学改革推进，表现性评价（performance-based assessment）走进了广大中小学教师的视野。但学术界对表现性评价的定义没有统一，多描述为一种以学为中心的评价方式，是形成性评价的重要的实践样态，关注学生知道什么和能够做什么，尤其是那些客观测试无法评价的行动、作品、表演、展示、操作、写作等真实表现，来展示凝聚学生科学价值观、必备品格和关键能力的学习成果和过程。高质量的表现性评价设计，包括明确的评价目的、产生高效的对话与交流、效度和信度高、评价成本适宜等标准，并据此建立了表现性评价设计基本流程。[1] 表现性评价的界定包括任务情境、实践、自我评定与改

---

[1] Stiggins, R. J. Design and Development of Performance Assessments[J]. Educational Measurement: Issues & Practice, 1987, 6(3):33-42.

正、合作、分数判断、评分标准等方面。① 和传统的识记测评相比,表现性评价作为一种全新的评价方式,其评价质量保证的指标包括评价结果、公正性、迁移和普遍性、认知复杂性、评价内容质量以及范围、成本和效率。②

可以达成共识的是,表现性评价是对"基于行为目标评价"的矫正,是检验学生适应未来生活和专业领域发展能力的方法,通过学生挑战"真实的课题",在发挥其实力的情境中捕捉评价时机③;不同于追求唯一标准答案的选答反应测试,需要学生通过探究和理解建构答案;在真实或模拟真实的情境中,运用评分规则对学生完成复杂任务的表现或作品做出判断的过程。评的是居于课程核心的、高阶的、需要持久理解的目标,这些目标需要通过真实情境中的任务来落实并检测。完整的表现性评价由三部分组成:表现目标、评价任务和评分规则(见图3-1)。表现性评价从表述希望学习者达成什么高阶学习目标开始,所完成的产品/作品或表现提供指向目标达成的直接证据;成功的标准通常以评分规则的形式出现,

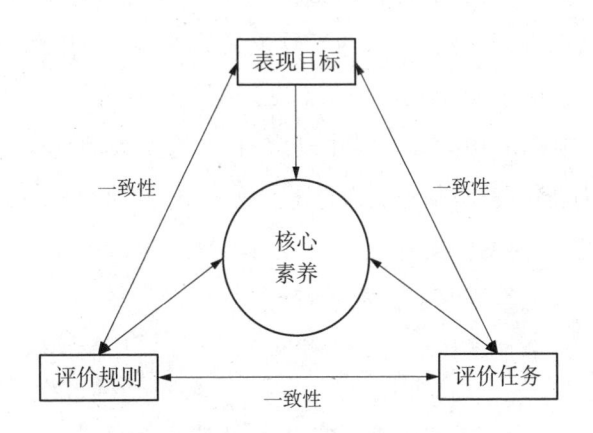

图3-1 素养导向的表现性评价的基本元素

---

① 科林·马什.初任教师手册(第2版)[M].吴刚平,何立群,译.北京:教育科学出版社,2005:277.
② Linn, R. L., Baker, E. L. & Dunbar, S. B. Complex, Performance Based Assessment: Expectations and Validation Criterial[J]. Educational Researcher, 1991,20(8):15-21.
③ 钟启泉.基于核心素养的课程发展:挑战与课题[J].全球教育展望,2016,45(01):3-25.

必须在学生创作产品/作品或进行表现前就建立好。[①]

(二) 表现性评价的特点

1. 表现性任务承载评价功能

表现性评价是将单元作业内容和完成过程统一起来,反映学生知道什么以及利用所知能够做什么。按照KUD模式,单元作业的表现性评价通过表现性任务展示学生知道的(事实性知识)、理解的(概念性知识)和能做的(技能),最后形成社会所需要的心智(人之为人的知识)(见图3-2)。[②]

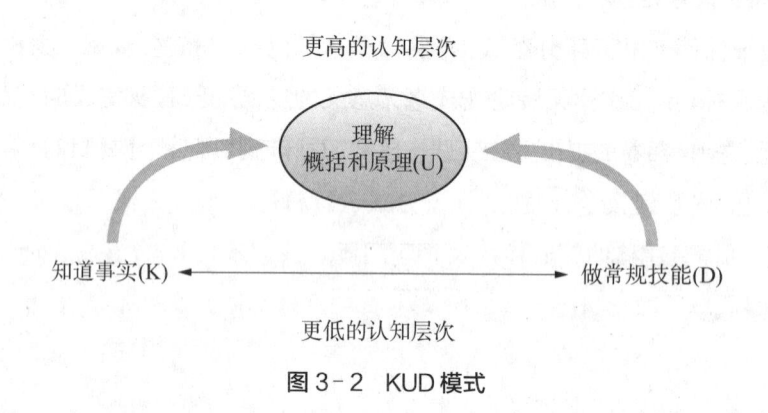

更高的认知层次

理解
概括和原理(U)

知道事实(K) ←→ 做常规技能(D)

更低的认知层次

图3-2　KUD模式

表现性任务是富有"表现性"和"可测量"的学习活动,但不是学习活动本身,判断的主要依据是表现性任务和单元作业中概念体系联系密切。

例如,统编初中语文古诗词单元教学完成后,教师围绕单元大概念:诗人通过寥寥数语就能生动地表达生活境遇,设计的表现性任务为:背诵《天净沙·秋思》。通过分析可以发现,很多教师凭借自身经验判断背诵古诗词对学生有价值,但却

[①] 周文叶,毛玮洁.表现性评价:促进素养养成[J].全球教育展望,2022,51(05):94-105.
[②] 林恩·埃里克森,洛伊斯·兰宁.以概念为本的课程与教学:培养核心素养的绝佳实践[M].鲁效孔,译.上海:华东师范大学出版社,2018:85.

没有考虑今天孩子对这些古诗词是否有兴趣。仅仅背诵这首词任务太简单、有点枯燥,也没有涉及学生的智慧,和单元大概念"失联"。因此,这个所谓"任务"只是简单活动,可以将其改为:理解诗人如何通过遣词造句勾勒场景画面。这样可以将任务指向大概念的理解和建构,调动学生深层次理解主题的意义,也能通过分享活动展示事实性知识和技能掌握程度,通过字面意思进行论证和推理。

2. 评价先于活动设计

在作业逆向设计中,不是目标确定后就开展教学活动的设计和实施,而是先确定能够证明学生作业成功完成的证据。因此该设计模式提倡评价者秉持评估员角色,运用评估员思维开展评价活动。基于此,评价者要围绕三个问题开展设计:

(1) 有什么证据表明学生达到了阶段1的预期结果?

(2) 什么样的评价任务或证据能够嵌入单元作业中,指导大概念单元作业的设计和实施?

(3) 为了确定学生的作业完成程度,我们需要获得什么样的证据?

逆向设计和实施要求将整个设计分为三个阶段并明确设计标准和要点,总结了评价中收集证据时需要关注的元素[①](见表3-1)。

表3-1 UBD矩阵:聚焦阶段2

基本问题	注意事项	判断依据(设计指标)	设计结果
阶段1 ● 有价值的、恰当的结果是什么? ● 预期的学习指向什	● 课程标准 ● 地方课程要求 ● 社区主题环境 ● 学校课程规划	● 关注大概念和核心任务	● 单元框架:基于课程标准研制清晰目标;围绕单元目标和基本

---

① 格兰特·威金斯,杰伊·麦克泰格.追求理解的教学设计(第二版)[M].闫寒冰,宋雪莲,赖平,译.上海:华东师范大学出版社,2017:168.

续表

基本问题	注意事项	判断依据(设计指标)	设计结果
么? • 学生应该知道、理解和做什么? • 什么样的大概念能够包含上述目标?	• 教师素养、经验和兴趣		问题开展持续探究;促进大概念的理解和应用
阶段 2 • 预期结果的证据是什么? • 什么证据能够证明学习要求的达成?	• 理解的六个侧面 • 评价类型整合		• 有效 • 可靠 • 充分
阶段 3 • 什么样的教学和学习活动能够促进理解、增进知识和技能、激发学生学习兴趣和发挥优势?	• 基于研究的学与教策略 • 恰当且关注适宜的知识和使能技能	参与性和有效性,使用WHERETO的元素: W:将要达到什么目的 H:把握学生学习情况 E:探究与装备 R:反思与修改 E:展示和评价 T:根据学生的需求、兴趣和风格量体裁衣 O:以提高参与性和有效性为主要目标组织教学	• 确保教学和学习活动一致性,唤起和产生预期的理解、知识和技能,激发学习兴趣,提高优质的行为表现的可能性

　　按照逆向设计的逻辑,教师在设计大概念单元作业时首先要思考作业结果可能需要哪些评价证据,而不是将评价看成是判定成绩的手段。在单元作业目标层面,教师要关注学生在完成作业的过程中什么样的"行为表现"表明已经达到学习要求;在基本问题层面,教师要考虑什么样的证据表明学生已经深入思考并试图解决这些问题;在理解层面,教师应考虑什么样的证据证明学生"弄懂了"作业问

题情境、目标、任务,甚至是结论和发现。这就要求教师要像法官一样思考作业评价问题(案件),像陪审团看被告一样对待学生及其作业和通过作业学生达成的理解和技能,没有科学证据之前不能轻易下定论。

3. 围绕证据开展

大概念单元作业评价需要教师站在评估员立场思考作业评价,基于证据即预期成果开展评价、批改和反馈。证据主要来自于学生在完成单元作业期间,通过各种正式的(考试和测验等)和非正式的(观察和对话等)评价手段收集。教师首先要厘清作业目标、内容和各种评价方式之间的内在关系,自觉开展多元化评价,专注于填空题、选择题的"对错"进行测试和分析的现状应该改变,一味强调"真实性评价"也容易走向另一个极端。同时,正规的总结性测试固然重要,但容易陷入"为评价而检查""为划分等级而评价"。事实上,一些素养往往内涵在非正式的学习情境任务及其表现中,因此应该引起重视。

学生核心素养的培养是通过将大概念、知识、技能等应用到具体情境中的挑战性学习任务时才能实现和体现。因此,表现性任务必须真实且富有表现性,是"真表现"。

(1) 建立在真实或"逼真"的情境中,这种情境一般能够为学生完成作业提供背景知识和线索。

(2) 需要学生自主判断、决策并体现创造性。学生需要为此应用所知、所能应对挑战和解决非结构化难题,理解问题本质并加以表征,明确目标和评价标准,制定规划和完成步骤。

(3) 促进学生探究主题意义。表现性任务必须促进学生运用学科知识、多学科知识和跨学科知识开展探究和实践工作,而不是通过背诵、记忆和复述等低阶学习活动来指明自己掌握相应的内容,要形成概念性理解,理解单元主题的意义。

(4) 经历真实生活中的"考验"。生活中的挑战一般是不规则的,甚至是混乱的,有很多干扰和制约因素,但目标是具体的,可评价的,仅仅通过去情境化的练习无法完成。作业过程要让学生像在具体工作场景中的人们一样体验执行任务的过程,接受一系列考验,逐步成长起来。

(5) 提高协作完成复杂任务的能力。传统的作业练习指向知识巩固,考察的是孤立的知识点和表现元素,如同运动员完成单项训练活动,无须对知识、技能、策略和反馈等综合运用。这一过程中的"表现"蕴含着学生的素养发展,为作业评价提供信息和证据。训练和测试可以评价客观知识的掌握情况,但"表现行为"被遮蔽了,不利于对作业效果的全面评价。

(6) 通过深度学习完成和改进"表现"和作品。大概念单元作业是一个需要复述、练习、查阅资料并及时得到反馈,从而通过积极参与、体验成功、获得发展的学习过程。其评价过程应该是透明的,如同学徒制一样,经过执行—反馈—修订—执行这一循环迭代,生产的产品或作品要符合标准,学生通过在情境中运用知识、技能、信息和相应的资源表明自己理解了单元大概念内涵并可以进行迁移。

对"真任务"和"做事情"的评价,需要师生都明白在学校学习和完成作业中获得的知识和技能可以也应该真正应用到真实生活中,解决真实问题,获得真实的产品和成果。同时教师要掌握引导学生通过高质量地完成作业并提高问题解决能力的方法。

二、素养导向的单元作业评价观

(一) 传统作业批改和评价局限性

统观作业的批改和评价发展演进历程发现,目前完整的、相对独立的、体现学科特质的评价体系和科学的评价观尚未形成,致使作业评价一定程度上充斥着随意性,破坏了作业体系的生态性。

1. 作业评价缺乏整体关联设计

单元作业评价如同课程与教学评价一样,是一个复杂的生态系统,相应的评价目标、对象、内容、方法等要素是该生态系统中的生态因子,它们彼此制约与促进,应进行一体化思考和设计,采用科学的方法和步骤进行全面规划,包括确立目标、选择任务内容、设定评价标准和工具等,以便使各评价要素和环节形成一条有机的生态链。反观当下的作业评价,长期以来缺乏整体关联性设计:评价设计以结果为导向,以完成数量为主要指标,关注学生作业答案的正确与否成为关注焦点,学生作业结果正误的判断也是以标准答案为依据,评价内容极少关注学生的学习习惯、学习态度和能力提升,从而偏离作业设计和布置的初心。作业评价设计和实施因此走向了形式化的陌路,形同虚设。

2. 作业评价指标单一固定

实践中发现,多数教师仍然沿袭传统"双基"或"四基"(基础知识、基本技能、基本思想方法和基本活动经验)的目标要求进行作业设计与实施,且屡试不爽。基本知识与技能目标的评价容易做到,但很多学科具有抽象性与严谨性的特质,所涉及的基本思想方法与活动经验,以及综合素养方面的评价较为困难。仅以单一固定对错标准进行作业评价,必然会忽略了学生思维能力和素养的内容,从而导致教师在设计作业时更多地关注事实性判断的、纯粹的知识内容。这种传统性的评价标准,能够体现教师评价的客观性,但固化了教师设计作业的整体思维,作业评价的实际效用和完成质量很难全面反映和保证。

3. 作业评价语言出现生态缺位

评价语体现了教师对学生学习情况的判断,它是师生以作业为载体进行交流和活动的媒介,又是作业生态系统能量输入与输出的载体和平衡器。肯定的评价语可以增强学生作业投入,婉转地指出作业中存在的问题能使学生明确努力的方向。教师作为作业的设计者与评价者,要依据科学的评价标准对学生作业完成情况做出真实、客观的价值判断,而适当的评价语却可以起到意想不到的效果,有助于避免"高开低走"现象的发生,也能兼顾学生的作业动机维持。教师的评价语要规避多语言暴力,不能仅针对学习要求指出作业错误,常用"?""!""重做"等符号和批语进行批改的方式应该改变,以鼓励性话语来弥补生态缺位问题,通过突出学生作业过程中的创新和亮点,增强学生持续完成作业的愿望和内驱力,降低部分学生对作业的反感,使所有学生都爱上作业。

4. 作业评价反馈陷入封闭循环

作业评价是复杂的、开放性的生态系统。因此评价任务和标准应该向学生开放,强化评价的指向性和针对性,评价和批改的及时反馈指向系统内外的向度,应该及时、全面,包括正向和负向、直接和间接等方式。当前作业评价中,虽然教师对学生作业完成情况有反馈和记录,但科学性和针对性有待增强,停留在表层现象应该改观。教师通过对学生作业结果进行正误判断固然可以了解学生的知识、技能等方面的掌握情况,但忽略了学生的参与,得到的反馈只是订正错误。有些教师会将作业评价反馈给学生,但缺乏开放性,存在简单和敷衍现象,评价反馈规定性思维模式没有得到解构,学生对作业中存在的问题比较茫然。此外,鉴于当前很多教师面临很多非教学事务的压力,对作业问题较多或情况特殊的学生,耐心不够,专业疏导能力缺乏。由此,作业评价反馈陷入了封闭的内循环,从而使得作业成为简单、机械的训练任务,导致学生产生厌恶和抵制心理,加重了学生的学业负担。

(二) 大概念单元作业评价的素养导向

高中课程方案和各学科课程标准(2017年版2020年修订)和义务教育课程方案和各学科课程标准(2022年版)强调,依据学生的终身发展和社会发展需要,明确育人主线,精选作业内容,改变"繁、难、偏、旧"和重书本知识的现状,关注学生的学习兴趣和生活经验,从而培养学生终身发展所需要的正确价值观、必备品格和关键能力;以大概念为抓手组织课程内容,改变过于强调学科本位、缺乏整合的现状,培养学生创新精神和实践能力;全面落实新时代教育评价改革要求,注重对学习过程的观察、记录和分析,倡导基于证据的评价,注重动手操作、作品展示和口头报告等多种方式综合运用,关注典型行为表现,推进表现性评价,要提高作业设计质量,增强针对性,丰富类型,合理安排难度,有效减轻学生过重学业负担;优化试题结构,增加试题的探究性、开放性、综合性,提高试题的信度和效度。[1] 作业

---

[1] 中华人民共和国教育部. 义务教育课程方案(2022年版)[S]. 北京:北京师范大学出版社,2022:14-15.

设计要注重考查考生能力结构中的一般能力因素,主要包括理解、应用、分析和综合的能力,以及与考生水平相应的创新能力和实践能力等。可见,上述有关考试评价的规定和课程方案与学科课程标准中有关评价的规定和倡议,已经明确"素养立意"的考试评价导向,也是作业评价改革的价值取向。

"素养导向"的评价是相对于传统的"知识立意"提出的,强调评价的对象是"学生"而不是"知识",要把对学生基础知识、基本技能、问题理解能力及创新意识和实践能力的考查结合起来,综合评价学生的自主学习能力和合作探究意识;通过设置实际问题情境,注重考查学生的思维过程和发展潜力,以及自我评价和自我反思能力。"素养导向"的评价是对"知识立意"为指导思想的考试评价的批评和反思,试图改变以知识考查为核心,强调在数量维度上对知识的覆盖面,试题设问主要以知识问答为主,以及在纵深维度上对知识的理解程度等,这些不利于落实育人为本理念,影响甚至制约学生核心素养发展的问题。

(三)核心素养培养呼唤单元作业的表现性评价

从表现性评价的内涵及其评价标准来看,这一评价方式不仅能够弥补传统纸笔测试的局限,并通过表现性任务的设计和实施评价学生核心素养发展水平和存在的问题,同时两者的内在机制还有助于学生高阶能力养成。

首先,两者都需要创设真实情境以完成对复杂问题的分析和解决。核心素养的真实性和发展性要求单元作业设计秉持建构主义知识观和学习观,强调作业设计和实施依托真实、具体且复杂的情境。表现性评价中作业任务要能引发学生的相应表现,还原学习者分析与解决问题所需的情境条件,包括有限的学校教育情境和更深远的社会与生活情境。表现性评价为学生创造了在真实情境中解决问题的机会。只有在真实情境中学会的能力才是真实问题解决能力,知识、技能和相应的德性能力整合并能够迁移。这种复杂、高阶能力只能通过学生作业过程中的表现加以测评和评价。传统纸笔测试通常仅要求学生执行和完成回忆信息、事实、定义和术语等简单的任务,培养常规或机械的思考能力,不是核心素养需要的迁移能力。因此,为了应试做练习习得的能力更适用于测验,很难应用到新的情境中。很多在英语纸笔考试中获得高分的学生学习的往往不是语言表达能力,只是"哑巴英语",就是一个很好的例证。而表现性评价通过表现性任务为学生提供参与到更具挑战性问题解决中的机会,学生在完成任务的过程中展示一系列技能和思维,包括问题表征、路径设计、探究活动和更为全面的口头或书面的回答。这样的机会也正是核心素养期望学生所能够获得终身发展能力的重要保证。

其次,两者都需要设计适切的任务以获取高阶知识和能力。随着知识生产方式快速更新和迭代以及知识网状链接的形成,教育必须聚焦核心素养,才能够让学生具备应对未来日益复杂的社会情境和挑战。在素养立意的教学改革背景下,单元作业表现为真实的、复杂的、开放的、富有表现性的学习任务,学生面对的作业不再是一堆枯燥的复述和记忆,而是具有吸引力的情境性任务;不再迷茫于所学知识的用途和价值,而是深切感受基于学习任务提升问题解决能力的现实意义;不必绞尽脑汁去思索出题人的意图和正确答案,而更专注于采用自己喜欢的方式展示学习任务的完成情况,获得成功的体验。在作业评价领域,多样的、进阶性表现性任务由浅入深、由简到难地嵌入学生作业过程,能够推动学生思维水平的提高与理解的深入,达成评价即学习的目标,促进学生素养的长足发展。但评价实践中,作业质量评价变成了狭隘的二元对错判断和统一标准答案的测量范式的现象急需革新;通过表现性评价收集学生在完成作业过程中的创造性信息和证据,从而训练和培养学生的高阶思维能力、问题解决技能;强化学生作业评价主体性参与,使学生通过完成作业学会做事与做人,而不是只会做练习和考试。

再次,两者都有助于调整与规划教学过程。表现性作业评价需要多种反馈,反馈既可以是非正式的(如对学生作业疑问的回应、评价等),也可以是正式的(如对学生提交的汇报材料中就某一问题或学生表现做出评价)。但无论是正式反馈或非正式反馈,都强调反馈的双向互动性,都是提供评价的主要信息来源渠道。基于反馈对学生的评价不仅要包括他们当下作业完成中的表现,还包括如何改进表现的建议。适切、及时的反馈为教师及时调整与规划教学活动提供依据,学生以表现性评价中的评分规则为依据,促进其自觉调节作业进程和学习思路。评分规则增加了教师期望和表现标准的透明度,使得学生更加清晰作业目标,从而主动参照评分规则进行自我监控,自觉管理自己的作业过程,促进学生的自我反思。而传统纸笔测试的评价结果只提供分数或名次,学生知其然不知其所以然。而评分规则能够提供详细的描述性反馈,加深对如何改进的理解,提升自我效能感,从而帮助学生成功。[1] 可见,表现性单元作业评价能够帮助学生使用自我调节的学习策略,更加自信地完成单元作业,进而形成良性循环,引领和触发其他核心素养的持续发展。

三、单元作业表现性评价的认识澄清

(一) 表现性评价是对传统纸笔测试的有益补充而不是推翻与替代

传统纸笔测验考察的是学生对客观事实性知识的了解、理解与基本应用,通过学生进行选答反应即可实现。而随着新世纪初开始指向"三维目标"的课程实施,尤其是2022年版新课程方案和各科课程标准颁布和实施以来,立德树人成为教育的核心任务,核心素养作为育人目标的重要地位日益凸显并获得认同,学生的高阶思维、复杂的认知能力以及在真实情境中解决问题的能力受到关注,但这些目标无法通过"做试卷""做练习题"的方式进行考察。传统纸笔测验在评估素养目标上的局限性进一步凸显。

相比于传统指向客观知识的测试,表现性评价则要求通过给学生设计复杂的真实性任务,使学生对之进行探究和建构性回答,形成作品或表现,来考查学生作业完成过程中的素养表现水平。可见,表现性作业评价是对更高目标层次评价方法的有益补充,它精准对标传统纸笔测验的缺陷与不足并进行修订和完善,而不

---

[1] Hawthorne, K. A., Bol, L. & Pribesh, S. Can Providing Rubics for Writing Tasks Improve Developing Writers' Caliberation Accuracy?[J]. The Journal of Experimental Education, 2017(4):689-708.

是对传统评价方式的推翻与替代。两者的区别见表3-2。完成单元作业过程,使得学生身处真实性情境与真实性任务中,输出作业探究产品、成果与问题解决中的表现,通过真实性学习来提高自己解决生活中真实问题的能力,并对内涵的知识和技能进行建构、调整与创造,利用评分规则或量规来调整、反思自己的表现,指向深度理解与素养养成,获得能动学习的有效反馈,从而学会担当与合作。这正是素养导向下表现性评价的教育价值所在。

表3-2 标准化评价和表现性评价的区别

评价过程	标准化评价	表现性评价		
	选答性反应	建构性反应	作品(成果)	行为表现
评价信息生成、获取	填空 单项(多项)选择 是非判断 简答	图表、图解 网络 概念图 可视化的思维导图、流程图 表格、图形、模型 方格图	写作(短文、研究论文、调查报告) 日志、日记 实验报告 故事、短剧、诗歌 艺术品展示 项目 笔记本	口头汇报 演示、演讲、演奏 朗读 辩论、小组讨论 短视频
信息录存方式	试题库、练习题集	档案袋、信息平台		
评判机制	基于标准答案自动匹配	基于评分规则和量规等评价方案		

(二)区分真、假表现性任务

表现性任务是表现性评价的核心内容,部分教师明白表现性评价的"真实情境"和"真实任务"创设的重要性,但对其内涵和价值的理解停留在表面。例如,有教师在植树节前夕设计的表现性任务为:将英语单词打印成颜色多彩、形状各异的卡片挂在树上,将相应的中文翻译打印在纸条上,让学生把随机抽到的纸条上中文对应的英文单词摘下来。有的教师设计了这样所谓的"任务情境":A同学和B同学就其中的一道数学题产生了分歧,于是请老师来帮忙判断并提供正确的解法。实际上,这些没有经历体验探究的表现性任务和情境虽能在一定程度上舒缓学生的考试压力、增添评价的趣味性,但并没有使学生经历真实做事的过程,这是对表现性评价的误解,充其量只是将传统纸笔测试换了一个形式。可见,将"非纸笔考试"不加区别视为表现性评价,带来的只是形式上的热闹和徒增师生负担。

一些教师根据表现性评价特点,让学生口头表达某个知识,或是让学生演示实验过程,或是单纯让学生完成一件展示作品,这些"表现"也是对表现性评价强调"表现"的误解,所开展的评价活动并不是表现性评价。表现性评价所评的是居于单元作业核心的、高阶的、需要持久对单元大概念理解和应用的目标,使学生通过"真学习"过程呈现的"真表现",从而"生产"出能够体现学生的深度理解和高阶思维的实际过程的"真"表现或"真"作品。这种"持久理解""迁移创新"的目标,不是局限在课时作业中,也不仅仅局限在课堂上甚至学校生活中,而是延伸到整个社会(社区和家庭)生活,拓展到学生的终身学习过程中。例如在物理课堂中,评价学生理解和应用"摩擦力"这个大概念及其相关的素养,绝不能仅停留在考查学生是否能标示出力的方向、是否能计算摩擦力或摩擦系数。表现性评价需要关注学生是否能将摩擦力相关知识迁移到现实世界中加以判断和实际应用,与真实世界的做事、做人案例结合起来,如雨天老年人和孩子为何更容易滑倒,面对上述情境你该怎么做;交通法规要求下坡的车为何要礼让上坡的车等。表现性评价的目标要指向真实世界,让学生走出校园、进入社会将所学知识和技能与生活中复杂能力连接,培养能"带得走"的知识和技能,这就是素养。

表现性评价不能"为了情境而情境""为了任务而任务",对其进行判断不能只看情境和评价任务的形式,要看任务和情境的"真假"及其所要评的是什么。关键是"真实",并将"真实有效的问题情境""真实世界的迁移应用"和学生的高阶能力形成深度融合。

(三) 表现性评价的"评分规则"不仅仅是评分

传统纸笔测试大多基于标准化对照,有唯一确定性的标准答案,学生需要根据题目要求选出符合标准的选项,或用语言简单作答,教师依据标准答案进行正误判断并给出分数和等第。而表现性评价是针对学生在真实任务中的真实表现,对复杂问题解决能力进行判断,多是开放性答案,因此需要用评分规则和量规来衡量学生的素养表现水平,而没有选择式评价那样客观,必须依赖相应证据提供支持。因此科学的评分规则设计异常重要,以便使表现性评价更合理、循证且公平公正。

一方面,遵循"以终为始"的方法,将评分规则和评价重点事先告知学生并加以适当解释和解读,使学生明确评价者所期望展示的学习和表现的目标、内容和方式,以及评价他们的作品所依据的准则。这样一来,评价规则在学生完成作业任务中就发挥评价的 GPS 作用,增加评价结果的信度。另一方面,教师同样利用评分规则对学生的表现和作品进行描述性反馈,为学生作业完成提供及时的、持续的、经过证实的描述性证据,能使学生发现差距和问题,以便进一步调整学习方案,清楚自己下一步"要到哪里去""现在在哪里""后续的目标是什么",并逐步将之内化,并充分利用已有经验和知识对作业完成过程和结果进行反思,进而改善自己的表现。教师也通过收集学生作业中的相关信息和证据,作为接下来的教学决策证据,及时调整单元教学方案,提高教学效果。

(四) 表现性评价嵌入大概念单元作业中而不是额外添加的

指向核心素养的课程改革实践遵循"核心素养—课程标准(学科素养/跨学科素养)—单元设计—学习(单元作业)评价"逻辑,在这一连串环环相扣的链环中嵌入表现性评价能更好地促进课程—教学—评价和教学评的一体化。将表现性评价视为在教学安排之外开展的新型评价方式,以至于为正常教学的开展增添额外的负担,这是对素养导向的单元作业设计的一个大误解。基于学科核心素养的单元作业观,要求我们改变以往一个一个知识点、一节一节课分散处理的作业模式,开展基于大观念、大问题、大任务的单元整体设计。表现性评价就是嵌入其中的主要一环,而不是额外的教学安排。在表现性评价引导下,学生完成作业的过程即为完成表现性评价的过程。单元作业完成后开展表现性评价,而不是将其嵌入到作业设计和实施中,既不可行,也不合理。

单元作业及其评价都是以核心素养为导向,聚焦高阶能力的培养和评价目标。这也是课程与教学的关键目标。但基于大概念设计单元作业目标既是对课程与教学目标的沿袭,也是一种超越。因此,教师在设置作业时对那些已经实现的单元教学目标,就不必设计相应的学习任务,否则就是重复性负担。但让学生综合运用所知与所能来解决真实世界中问题的评价任务,通过详细描述的评分规则让教师和学生更加明确教与学的方向不能变。因此,表现性评价与核心素养导向下的教与学是共生互动关系,理想的表现性评价同时也是一项有效的作业活动,从而提高素养导向的教与学的效果与效益。

第四章 作业结构：单元整体设计

以大概念为统领，以单元为单位对课程—教学—评价进行一体化设计成为培养核心素养的重要途径。而作业作为教学评一体化设计的重要一环，在大概念加持下通过单元设计进行结构化，可以促进学生能动学习，从而减轻学生课业负担，已经受到学者和一线教师的关注。

一、从课时作业走向单元设计

核心素养的要旨是促进学生全面发展，为推动教育强国建设提供机会。通过单元教学落实核心素养培养目标，一方面能够使学生将原本零碎的知识整合为一个有逻辑的结构，促进学生建构属于自己的真实网络，对学科乃至世界和自我形成整体认知，更好地培养问题解决能力；另一方面有助于教师整体把握课程和教学的目标和内容结构，提升教师教学的驾驭能力、设计能力和教学反思能力等，从而促进专业成长。

（一）单元教学的发展

单元教学最早产生在19世纪末的欧美国家。教学应该将学生的兴趣视为出发点，以"兴趣中心"和"整体性"为基本原则，以学生生活所需的知识为中心，促进学生在学习中形成对事物的整体认识，通过组成教学单元强化知识与社会、家庭、职场的关联,打破传统教育的分科体系,强调教学内容和时间的一体化,促进学生开展能动学习。

20世纪前期,单元教学和设计教学结合在一起,完整的设计教学法理论体系建构起来并落实到教学实践。"莫里森的单元教学法"强调让学生以一周或数日时间学习一本教材或解决一个问题,教师负责精选和整理学习材料,选定和组织学习单元,并根据学生的能力与兴趣,设计适宜的教学程序和步骤,指导学生学习。20世纪70年代,"掌握学习"理论强调,教师要将教材内容划分为有机联系的多个单元,在学生完成某个单元学习任务之后进行测验和评价,并根据测验结果决定是否进入下一个单元学习,这样可以保证教学质量。后来的格兰特·威金斯等人提出的追求理解的教学设计和加里·鲍里奇提出的有效教学七步骤,都基于系统论和整体教学的思想来组织教学,用具有统摄性的大概念将单元内容结构化,通过多个课时的教学,逐步促进学生的知识理解和重构。

在国内,受到杜威实用主义理论的影响,梁启超最早提出的"分组比较教学法"就含有单元教学设计的思想。这种思想的重要体现是在语文学科中采用单元组合的形式来编写教材,但教学实践仍然以单篇教学为主。在20世纪80年代,关于单元教学的模式和思想的研究和实践逐步增多,积累了丰富的实践经验。霍懋征的双主体教学模式、黎世法创建的"六课型单元教学法"、张沛元的"二单元四步教学法"等,都是单元教学设计新尝试,并产生一定的效果。

近年来,在素养本位的教学成为主流的背景下,教师以核心素养为导向,通过对教材等学习内容进行二次或多次重构和迭代,开展大单元教学设计和实施,从而不再局限于教科书中的"章"或"编"成为新的趋向。钟启泉教授认为单元设计是教师基于学科素养,结合目标与主题思考如何描绘探究活动的叙事。[①] 邵朝友等认为,单元是落实学科核心素养的基本教学单位,单元教学需要目标、教学、评价保持一致,强调用大概念来组织单元教学内容,用学习进阶的思维模式对内容

---

① 钟启泉.单元设计:撬动课堂转型的一个支点[J].教育发展研究,2015,35(24):1-5.

进行广泛组织和深入探究。① 实践上,最有代表性的是河北围场天井中学的"大整合、大迁移、大贯通"三大特色和"三型、六步、一论坛"的大单元教学改革。这种模式也被《中国教师报》誉为"当代最先进的教学模式"。

(二) 单元作业及其设计

课程话语中的单元是一种学习单位,一个单元就是一个微课程、一个学习事件、一个完整的学习故事。② 传统的教学设计将内容视为知识点,通过显性和线性方式加以组织,实现"部分+部分=整体"的教学目标,进而言之,就是将知识按照不同部分进行划分,然后逐个进行知识点的教学,最后再将这些部分整合起来。单元教学设计将教学内容视为知识网络,沿袭"整体—部分—整体""抽象—具体—抽象"的逻辑,强调通过一体化设计建构整体性的知识。进而言之,首先呈现一个整体的知识框架,让学生在了解知识的全貌和内在的联系后,再逐步深入到各个部分,逐步理解和掌握每个部分的内容,最后将这些部分重新整合起来,从而使学生掌握完整的、有价值的知识体系及其内在的逻辑关系。需要说明的是,这里的知识框架就是大概念及相应子概念体系,借此促进课程与教学内容结构化,以便利用其发展性和迁移性功能,培养核心素养。

单元是素养目标达成的单位,而不是内容单位,是围绕大概念组织的学习内容、学习资料等的集合。③ 以此为视角开展单元设计需要打破教材单元和课时教案的惯例,围绕核心素养培养目标重整教材内容,采用单元而不是以"课时"为单位进行教学设计。当然基本的教学单位还是通过单课来实现的,但教师在思考每节课的教学目标、教学内容和教学方法前,要对整个单元进行整体思考和设计,避免把教学内容分割得过于零散,然后一课一课,或者一篇一篇进行设计和实施。

---

① 邵朝友,杨宇凡,胡晓敏.指向学科核心素养的单元设计:建构一致性的视角[J].全球教育展望,2021,50(08):44-54.
② 崔允漷.学科核心素养呼唤大单元教学设计[J].上海教育科研,2019(04):1.
③ 刘徽.大概念教学:素养导向的单元整体设计[M].北京:教育科学出版社,2022:69.

传统的教材单元关注的是知识内容的关联性,大多将内容等同于目标,而不是立足于发展学生的素养,因此难以形成体系化的知识,在实际生活中很难发生高通路的迁移。例如,学生学习"函数"单元内容后,学生习得了什么素养?不同主题间什么关系?函数的生活价值是什么?等等,就不得而知了。

《义务教育课程方案(2022年版)》在深化教学改革中指出:"探索大单元教学,积极开展主题化、项目式学习等综合性教学活动,促进学生举一反三、融会贯通,加强知识间内在关联,促进知识结构化"[1];在改进教育评价中提出,"促进教学评有效衔接"[2],这些规定为大单元教学进一步探索、尝试和完善提供了有力的政策支持。这里的"大"不是单纯剪辑越来越多的教学内容,而是以素养目标为线索来组织单元,从而构建指向生活价值的认知网络,学生能够运用这些知识和技能解决现实问题。相应的单元教学设计是以整体思维为导向,以学生核心素养培养为出发点,在整合知识逻辑和心理逻辑的基础上,结合学生的经验和生活需要对教材内容整合优化后,建立一个动态的、开放的单元教学方案,并不断进行周期性优化。

作业无论是传统意义的教学环节,还是素养导向的学习任务,都应该以单元为单位进行开发和设计。单元作业是一种以主题为基础的作业模式,它和课时作业对应,其主要目标是基于系统思维,围绕单元课程和教学目标,通过整合相关的学科知识和技能、过程方法以及情感态度价值观,帮助学生更好地巩固、理解和应用知识,甚至拓展单元课程与教学过程获得活性知识和概念。在单元作业设计和实施中,教师通常会围绕单元教学选择的主题,或根据学生实际学习需求选择新的主题,研制作业目标,组织作业内容和活动,促进学生不断探索主题意义,并将所学的内容整合在一起,更深入地理解和应用单元大概念。

采用以单元为单位设计作业,一方面借此可以解决传统作业设计的困境:一是从课程标准、教学到作业进行系统思考,可以强化作业纵向和横向联系,强化学生的参与,改变不重视自主设计作业现象。二是通过整体性、进阶性和针对性设

---

[1] 中华人民共和国教育部. 义务教育课程方案(2022年版)[S]. 北京:北京师范大学出版社,2022:14.
[2] 中华人民共和国教育部. 义务教育课程方案(2022年版)[S]. 北京:北京师范大学出版社,2022:15.

计,改变作业与课堂教学目标不匹配和过分强调作业的认知价值,以及忽视作业的生活、体验、交往等育人价值的现象。三是以素养立意、以大概念为统领进行多元化设计,改变以巩固知识技能为主、作业类型单一的现状,通过过程指导和统计分析,强化个性化学习,关注学生个性和差异性。

另一方面因应落实学科课程核心素养的需求。我们知道,如何落实核心素养是今后一段时间内课程与教学改革的重中之重。而核心素养的形成,需要给学生提供一定的空间以便开展探究和体验,还需要一定的时间保证学生去经历完整的学习事件和过程。而无论是开展探究和体验活动,还是进行完整的学习过程,需要依托互相关联、体现学科重要概念、原理或思维方法。因此,强化单元作业设计也是促进课堂转型进而落实核心素养的重要抓手。教师在开展作业设计和实施时,要按照学科课程标准的要求和课程的核心素养,以单元为单位,在进行教材内容和学情分析的基础上,用大概念理解来建立目标体系和组织系统作业内容,这样才能服务于单元课程目标及素养的形成。

二、大概念单元作业的理解

(一)大概念单元作业的内涵

《国务院办公厅关于新时代推进普通高中育人方式改革的指导意见》(国办发〔2019〕29号)指出:"积极探索基于情境、问题导向的互动式、启发式、探究式、体验式等课堂教学,注重加强课题研究、项目设计、研究性学习等跨学科综合性教学,认真开展验证性实验和探究性实验教学。提高作业设计质量,精心设计基础性作业,适当增加探究性、实践性、综合性作业。"[1]新颁布的各学科课程标准均强调教学应由零散"知识点"走向少而重要的"大概念"。在此背景下一系列具有"大"特

---

[1] 国务院办公厅.关于新时代推进普通高中育人方式改革的指导意见(国办发〔2019〕29号)[EB/OL].[2019-06-11]. https://www.gov.cn/zhengce/content/2019-06/19/content_5401568.htm.

征的新术语呈现在一线教师面前，如大概念、大单元、大任务、大问题、大情境、大项目，等等。借此实现"课程内容结构化"与"学科知识结构化"，从而落实素养导向的育人目标。

大概念单元作业是具有上述教学单元和作业单元特点的学习单位，是基于自然教材中的一个或多个章节的组合，围绕大概念的理解和应用，将相关的主题、案例、观点和学习材料等学习内容或载体进行整体规划而建构的学习单元，并通过学生能动学习完成任务。大概念单元作业中单元是重要载体，大概念的学习要求（即目标）、有意义的学习材料、情境创设、基本问题、核心任务、表现性评价等是重要元素。它是通过促进学生大概念理解和应用进而形成复杂问题解决能力的能动学习，也是撬动课堂转型的新尝试和落实核心素养的支点。

大概念单元作业设计是通过形成高质量的作业学习方案达成育人目标的过程。它是教师及其团队基于课程核心素养，在驾驭教材和精准学情分析的基础上，利用大概念聚合作业目标并整合、重组和开发学习内容，建构明确的作业主题和目标、真实情境、驱动性问题和任务、结果反馈等要素，形成一个结构化的、统筹多类型的整体规划。大概念单元作业设计过程中可以沿用单元课程和教学设计中的要素，如核心素养、大概念等，但要结合作业属性和特点以及教学情况进行再设计，舍弃已经达成的目标（预期的结果）及其相应学习内容，避免重复进而增加作业负担；重新开发学习情境和基本问题、学习任务等，提高学生作业完成的动力；评价优于活动设计先行，使学生明确作业完成的目标要求和具体任务。

（二）大概念单元作业的特点

大概念单元作业的核心理念着眼于"大"。首先，单元作业强调宏观与微观相结合，即课程和教学单元与课时一体化的站位和视野"大"。把课程标准规定的核心素养和学业质量要求落实到单元和课时上，上挂下连，学科贯通，从情境到课堂，从课堂到现实生活，不再只盯着知识点、考点，而是重视整体育人效果。

其次，单元作业体系"大"。不再仅限于单科、单篇、单章、单课的内容，而是把整个单元乃至通过构建单元链作为一个整体进行大框架的整合和解读,提炼学科乃至跨学科大概念为统领,明确单元作业目标体系和整体实施过程,建构系统作业内容和多元化作业完成方式,关注作业知识体系和关键环节的内在联系,而不是孤立地按照单篇或单课进行作业训练。

第三,作业设计的组织力量"大"。单元作业要求学校按照培养目标和国家政策(如"双减"政策等)进行统筹,形成基本的作业设计和管理理念和目标。教师及其团队在单元学习目标基础上整体建构作业目标体系和大概念学习要求,整合不同学科和领域知识,组织不同学科的教师围绕课程与教学整体要求分工合作,围绕大概念强化跨学科教研,发挥集体智慧,形成作业方案,促进学生利用各种资源和方式,开展自主学习、合作学习,提升综合学习意识和能力。

(三) 大概念单元作业分类

单元整体设计是当前作业设计和改革的重要趋势,而"单元"是围绕大概念来组织的,大概念层级决定着单元的类型及其分类依据。但反过来说,不同类型单元内涵的大概念统摄力也不同,因此单元类型的差异也可以作为大概念分类的主要依据。

1. 跨学科单元作业、学科单元作业和微观单元作业

按照大概念的容量和统摄力,单元作业可以分为跨学科单元、学科单元和微观单元,相应的支撑单元的大概念可以分为哲学大概念(也称为超学科大概念)、学科大概念和一般概念。跨学科单元作业中的大概念容量最大、最抽象,且处在最高位,中观单元次之,微观单元最小。但大概念在实践中是相对的,都表现为一种"整体意识"。

跨学科单元作业中的大概念是高位的,或者是跨学科大概念的集合,贯穿整个单元,呈现弥散性,容量大,迁移性强,在真实生活中应用的可能性最大,可以直接应用于真实问题解决中,但需要建立在大量的案例基础上,学生理解和建构起来需要很长时段,也因此容易被忽视。它一般渗透到从小学到高中不同学段的教学和作业内容中,有可能涉及所有学科内容,也有可能涉及学科全部内容。

例如"分类思维"对应的大概念:"分类是按照一定的标准把身边的事物或事

件分成互不交叉和重叠的若干类别的思维方式,同样的事物或事件因分类标准不同可以有不同的归类方式"。这个大概念的理解和建构需要借助不同主题加以完成,涉及语文、数学、英语和科学等多个学科内容。另外,思维系列大概念包括抽象、比较、分类、归纳推理和演绎推理等思维方式;问题解决系列大概念涉及明确任务、激活思路、设计方案、制作模型和展示反馈等宏观大概念(超学科大概念),其都可以进行细化和解读为组织单元的大概念。

学科单元作业中的大概念通常被称作核心概念,它将相关主题的内容整合成一个单元,一般经过几个学期就可以理解和建构起来。例如,高中阶段的"函数"主题,可以分解形成"函数的概念和性质""函数的类型""函数的表示""函数的应用"等,通过上述子主题内容的学习,学生可以理解和建构大概念:"函数模型是对现实世界中变量关系和规律的数学抽象,不同类型的函数刻画了现实世界的不同现象"等。

再如"数据分析"单元主题涉及的内容包括从小学到高中所有阶段的知识内容。子单元"数据问题的发现和界定"对应的大概念是:"对真实问题中的重要知识进行数学提炼和加工,形成真实的数学问题"。子主题"数据收集与整理"对应的大概念是:"样本是研究对象的缩影,不同取样方法可能导致不同的统计结果"。子主题"数据统计与分析"对应的大概念为:"对大数据分布情况和变化趋势进行分析就是数据统计"等。

微观单元作业多对应于自然教材单元或某一专题学习任务,相应的大概念是最常见的概念,可操作性强,多集中在一段时间教学即可完成的"有形"的形态。毕竟教材单元是师生比较熟悉的,是单元大概念理解和建构最重要的载体。例如,统编语文小学五年级上册"说明文"主题分解为"说明文内涵""说明文方法""说明文类型""说明文写作"等板块,可以建构和理解的大概念包括:"说明文是一种客观说明事物和事件、阐明事理的文学体裁""根据不同目的和对象,说明文可以分为不同类型,语言风格和说明方法存在差异"等。

2. 隐性单元作业、半隐性单元作业和显性单元作业

按照大概念和单元学习内容的相关性,单元作业可以分为隐性单元、半隐性

单元和显性单元。显性单元即教材中现有的单元。这种单元以课程标准中明确提炼出的单元大概念为支点，支撑整个课程体系的建构和教材编写。教师可以依据教材单元引领学生理解和构建大概念。半隐性单元即在课程标准和教材中没有明确提出相应的大概念，需要教师在研读课程标准的基础上，对教材部分或全部内容进行二次开发并提炼大概念，设计和组织学习内容。教师也会因对教材把控能力差异开发出不同的大概念。隐性单元即只涉及现有教材中部分内容，但和其他部分内容拥有共同的大概念，需要教师开发虚拟单元，其中的大概念在不同年级、不同学科之间螺旋上升或跨学科拼接，从而有目的地引导学生逐步领悟。[1]

教育科学出版社科学教材五年级下册第三单元"时间的测量"的显性单元就是围绕计时工具形成相关的显性单元大概念："计时工具的设计和制作符合特定的科学原理等，借此可以组织学习内容和活动"；隐性单元整体"实验"围绕大概念：实验是根据研究问题提出假设，利用一定设备和方法，尽可能排除无关要素，探讨因变量和自变量的关系等，借此组织学习内容和活动。

统编小学语文教材三年级下册的"多彩的童年"中显性单元围绕"多彩的童年"主题，安排了四篇课文，这些语篇围绕"理解难懂的句子"形成相关的大概念："难懂的句子是因为这些句子表达的意义与儿童经验差异造成的，这些差异涉及时代差异、身份差异和地域差异""差异可以通过换位思考、发挥想象等方式加以弥合"。其中，《童年的水墨画》采用现代诗歌形式呈现了多姿多彩、自由自在的乡村儿童生活，隐含了现代诗歌欣赏的大概念，从而构成了本单元的隐性单元，相应的隐性大概念是："现代诗歌往往借助自由的形式和丰富的想象抒发作者强烈的情感"。

3. 知识单元作业和过程单元作业

概念为本的课程与教学建构了知识结构和过程结构两种模式（见图 4-1）。[2]

---

[1] 吕立杰. 大概念课程设计的内涵与实施[J]. 教育研究，2020:41(10):53-61.
[2] 林恩·埃里克森，洛伊斯·兰宁. 以概念为本的课程与教学：培养核心素养的绝佳实践[M]. 鲁效孔，译. 上海：华东师范大学出版社，2018:19.

第四章　作业结构：单元整体设计

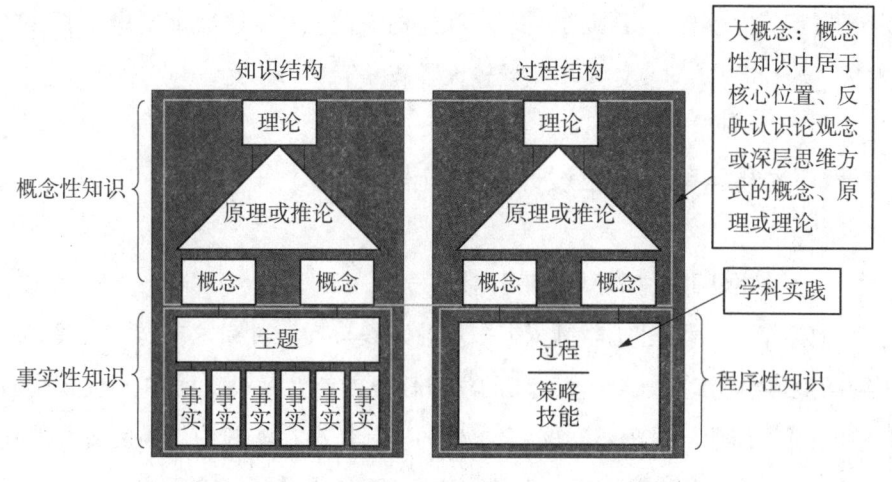

图4-1　知识结构、过程结构和大概念的关系

其中知识结构的底层是"事实"和"主题"，例如"抗日战争始于'九一八事变'"是事实，抗日战争是主题。而过程结构的最底层是"过程"，包括"技能""策略"等，例如"游泳"是一种技能，而"分析"则是策略。但两种结构的上层都是指向"概念""原理概括""理论"等大概念，只是大概念存在知识类和方法论的区别：知识结构对应的是知识类大概念的一个集合，过程结构对应的是过程类大概念的一个集合。

事实上，每一个学科的单元作业都可以分为知识型和过程型两类。初中地理"天气与气候"单元是典型的知识结构单元，知识板块之间的差异性、关联性和层级性强。这一主题可以分解为影响天气和气候的"地球运转规律""天气和气候成因与表现""自然地理环境的整体性和差异性""天气和气候对人类活动的影响"等板块，通过学习帮助学生建构和理解的大概念包括："地球的构造和它周围的大气圈以及在其中发生的过程，影响地球表面状况和气候""气候深刻影响人类活动，也显著受人类活动影响"等。

统编小学语文三年级上册"复述故事"是一个典型的过程单元，通过四篇课文的学习帮助学生学会复述故事情节，围绕"慢性子裁缝和急性子顾客""方帽子店"

57

"漏""枣核"等内容学习,帮助学生理解和建构大概念:"复述故事要忠于原文""不同对象、场合和目的对复述要求差异较大"等。

三、大概念单元作业设计思路和框架

（一）从双向细目表到指导框架

基础类作业设计是"指教师依据一定的课程与教学目标,选择重组、改编完善或自主创编学生在非教学时间完成的学习任务的专业活动"。[①] 它不仅仅是教师完全自主开发作业的过程,还是综合学生的实际情况在实施中不断完善和优化的过程,因此需要基于科学理念开发技术工具,而一线教师最需要的是一个可操作性的"模板"。这个模板的开发经历了传统的双向细目表、基于课程标准的设计框架到指向核心素养培养的单元整体设计。但无论是传统的作业布置,还是今天的大概念单元作业设计,其基础性工作都是不同学科的作业命题。在长期的命题实践中,研究者研制了一种最常用的分析工具和设计方案,即双向细目表(见表4-1)。

表4-1 常见双向细目表格式

考查内容	考查目标		
学期/单元	记忆 ___%	理解 ___%	应用 ___%
知识点1			
知识点2			
……			

---

① 王月芬.课程论视域下的作业设计研究[D].上海:华东师范大学,2015:20.

从操作的角度看,双向细目表的编制为教师科学而规范地进行作业命题提供了便利。但双向细目表只能作为一种命题手段,它仅关注命题的内容,而对作业设计的其他必要因素和整个作业环节缺乏整体而系统的规划,窄化了作业功能和范围。因此有研究者在借鉴安德逊修订的布鲁姆教育目标分类学基础上建构了作业设计的二维框架,为教师作业设计、学生学习和评价者评价提供参照(见表4-2)[①]。这种二维框架从纵横两向度描述知识和认知两个维度间的关系,成为设计和编制测验的一种结构或框架。在作业设计中,双向是指作业目标和内容。其中作业目标通常指向布鲁姆的学习水平中的识记、理解、应用、分析等低阶水平,作业内容因学科和教材而异,但更多聚焦事实性知识和程序性知识,高阶水平的综合和创造以及情感价值往往被忽略。

表4-2 布鲁姆认知目标分类修订版二维框架

知识维度	认知历程维度					
	记忆	理解	应用	分析	评价	创造
事实性知识						
概念性知识						
程序性知识						
元认知知识						

自从20世纪80年代以来,受到基于课程标准的教学设计、学业评价、学程纲要开发、教学内容研制的研究和实践影响,有学者开始探索基于标准的作业设计,

---

① 盛群力,褚献华.布卢姆认知目标分类修订的二维框架[J].课程.教材.教法,2004(09):90-96.

结合布鲁姆教育目标分类二维框架的改进和丰富后的双向细目表,建立作业设计指导框架(见表4-3)①。该框架全面地体现了基于标准作业设计的要求和契合度,指导教师进行作业设计、选择和评价,提升了设计意识和素养,加强了作业的解释性。但这种指导框架主要指向不同学科作业命题,没有摆脱作业即书面练习的局限性,学生主体性和作业综合性和实践性无法体现。

表4-3 作业设计指导框架

作业命题与设计的目的和目标										
考查内容	考查目标					其他考量				
单元/课时	记忆___%	理解___%	应用___%	分析___%	评价___%	创造___%	难度	题型/类别	题量/时间	价值取向	批改	情境
内容1												
内容2												
……												
反馈												

(二) 单元作业的双向设计

核心素养培养不仅要求学生"知道什么",还体现在现实的问题情境中"能做什么"。其核心是培养学生运用知识技能、解决现实复杂问题所必需的思考力、判断力与表达力及其人格品性,而不是单纯的知识技能的传授和兴趣、动机、态度的培养。因此,相应的设计应站在贯彻落实立德树人根本任务的高度,克服认知式作业观引起的过度强调作业的知识巩固和强化的功能局限性,以能动学习任务作

---

① 李学书.如何基于课程标准设计作业:从命题走向指导框架[J].复旦教育论坛,2014,12(06):22-27+49.

业观为指导进行单元整体设计和实施。

作业的单元整体设计是连接作业改革理念和作业实践的桥梁。教师在作业设计时应加强和深化大概念的理解和应用，开展作业目标、问题、任务、情境和资源等作业要素的一体化设计，充分发挥大概念对学生核心素养发展的重要价值，强化问题解决能力培养。为此，教师首先要改变传统教学论的视角强调教师设计和布置作业的权威性而忽视学生生活经验的问题，克服课程论视角单一强调"儿童中心论"而忽视教师的指导和辅助功能的弊端，从教师角度强化大概念的引领作用，从学生角度强化作业过程中问题解决方面的思考和设计(见图4-2)。

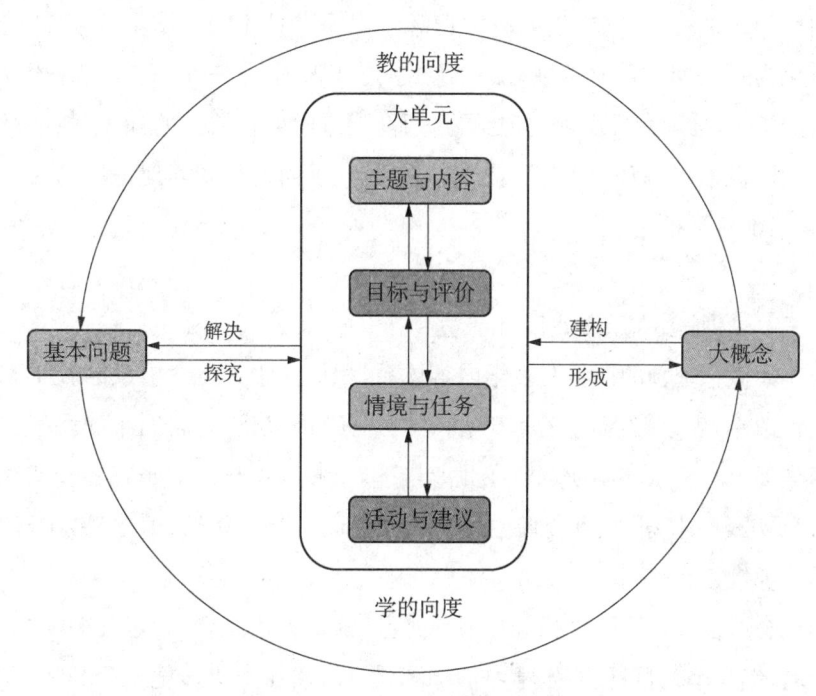

图4-2 单元作业的双向路线

从教的向度分析，教师可以结合课程素养、需求分析和单元教学内容提炼大概念和作业主题，结合大概念学习要求构建单元作业目标和基于目标的评价体系，通过设计情境性问题开发相应的学习任务，建立子任务体系和相应的作业活动内容，促进学生开展问题解答和实践探究，形成自己的大概念理解。因此，这就要求教师在进行单元作业整体设计时需要深刻理解大概念的内涵和内容逻辑，建立作业设计的系统思维，高站位、广视角、深层次地审视作业内容和环节的内在联系和上层价值，通过情境创设、任务开发、评价开展等促进学生理解和应用大概念，发展学生的核心素养。

大概念不是专家得出的结论和事实性知识体系，而是有待学生通过实践探索等问题解决过程建构的模型或观念，基本问题和大概念一样是一个属性系列。因此，教师在设计作业时应该从学生学的视角，师生基于大概念共同提炼情境性基本问题和相应系列子问题，借此将大概念学习要求具体化为作业目标，并将情境问题转化为一系列有逻辑关联、层层递进的表现性学习任务，通过实践探究进行归纳概括、证据推理和反思评价等学习过程，促进学生将所学的知识、技能、策略、态度等加以概括提炼和反思，形成自己的理解，进而迁移到其他情境问题的解决中，提高思维品质。

（三）大概念单元作业设计流程

构建大概念统领的课程与教学内容体系，积极探索大概念引领的教学和作业整体设计改革，实现学习内容素养化和学习目标内容化，是新颁布的课程方案和课程标准提出的论点和创新点。在此背景下，很多课程与教学研究者和实践者开展了大量实践探索，形成可资借鉴的成果，从而为我们基于大概念整体设计单元作业提供了借鉴和路向。

大概念课程设计具体包括选择单元主题、筛选大概念群、确定关键概念、识别主要问题、编写单元目标、开发学习活动和设计评价工具七步框架(SFCBI)。[1] 大

---

[1] 李刚,吕立杰.大概念课程设计:指向学科核心素养落实的课程架构[J].教育发展研究,2018,38(Z2):35-42.

概念教学包含教学推理、教学表征与教学解释三个部分的逻辑框架。[1] 大概念单元设计步骤一般包括：创建单元主题、确定概念棱镜、确定单元链、编织单元网络、归纳概括、开发引导性问题、确认关键内容、开发关键技能、编写评估方案和相应评估指标、设计学习经验、撰写单元概述。[2] 韩国学者设计的小学综合科学课程金字塔模式是以大概念、跨学科概念、学科概念以及示例模块四个部分为中心，开发过程包括：大概念的形成、知识金字塔建构、确定基本问题、开发示例模块等。[3]

单元作业是落实核心素养的重要路径，其设计应该把学科课程核心素养锚定在具体的作业的各个要素和环节中，并作为逆向思考的起点，以大概念理解和建构链接核心素养和作业目标，并结合学生生活对教材内容进行加工和重构，使作业成为一个结构化的、具有一定目标和主题的学习单元。基于大概念的单元作业设计框架见图4-3。

该设计框架整体的思路是教师首先要认真研读和解读课程标准，明确相应课程单元的核心素养和主题内容，根据单元教学目标达成情况建构单元作业目标体系，结合单元大概念重新建构单元作业大概念体系，并将其转化成贯穿这个单元作业的基本问题，同时为了帮助学生思考和解决基本问题，教师需要设置学习任务体系。整个单元作业设计要基于一定情境，使基本问题和学习任务等情境化，借此指向学生生活实践，并将评价嵌入各个环节和要素中。

（四）设计要素及其关系

教师应该将单元作业视为课程的一个环节，强化育人功能，系统思考"课程目标—教学—作业—评价"之间的关系。而大概念单元作业设计与其他主题设计方

---

[1] 李刚.推理—表征—解释：构建教师大概念教学的逻辑框架[J].比较教育研究，2022，44(04)：72-77+87.
[2] 林恩·埃里克森，洛伊斯·兰宁.以概念为本的课程与教学：培养核心素养的绝佳实践[M].鲁效孔，译.上海：华东师范大学出版社，2018：19.
[3] Bang, D., Park, E., Yoon, H., et al. The Design of Integrated Science Curriculum Framework Based on Big Ideas[J]. Journal of the Korean Association for Science Education, 2013, 33(5):1041-1054.

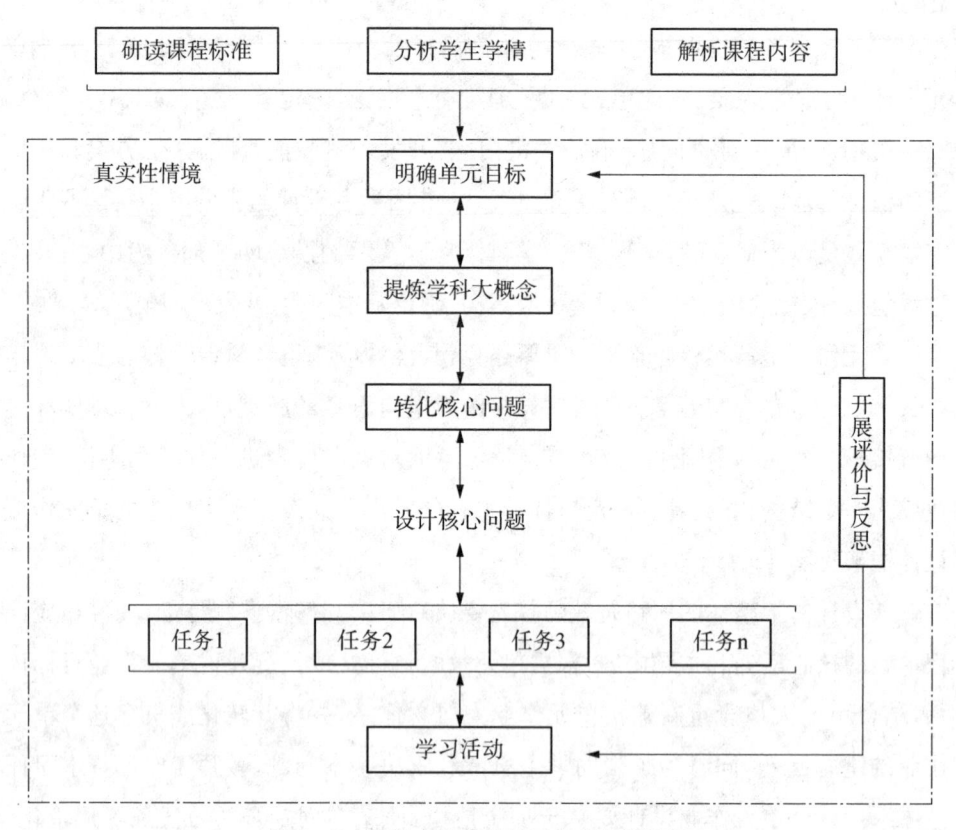

```
         ┌──────────────┐  ┌──────────────┐  ┌──────────────┐
         │ 研读课程标准 │  │ 分析学生学情 │  │ 解析课程内容 │
         └──────────────┘  └──────────────┘  └──────────────┘
                                  ↓
    ┌─────────────────────────────────────────────────────────┐
    │  真实性情境        ┌──────────────┐                     │
    │                    │ 明确单元目标 │ ←─────────┐         │
    │                    └──────────────┘           │         │
    │                           ↕                   │         │
    │                    ┌──────────────┐         开         │
    │                    │提炼学科大概念│         展         │
    │                    └──────────────┘         评         │
    │                           ↕                 价         │
    │                    ┌──────────────┐         与         │
    │                    │ 转化核心问题 │         反         │
    │                    └──────────────┘         思         │
    │                           ↕                             │
    │                       设计核心问题                      │
    │                           ↕                             │
    │    ┌──────┐ ┌──────┐ ┌──────┐    ┌──────┐              │
    │    │任务1 │ │任务2 │ │任务3 │ …  │任务n │              │
    │    └──────┘ └──────┘ └──────┘    └──────┘              │
    │                           ↕                             │
    │                    ┌──────────────┐                    │
    │                    │   学习活动   │ ←─────────┘         │
    │                    └──────────────┘                     │
    └─────────────────────────────────────────────────────────┘
```

图4-3 基于大概念的单元作业设计流程

式有所不同,它强调从大概念出发,延伸出基本问题、核心任务和表现性评价等一系列设计要素。因此,教师在进行单元作业设计时首先要明确这些要素和环节的关系,建立一体化设计路径,提高作业设计的质量和实施效果。

1. 核心素养和单元设计

核心素养是单元设计的目标,而单元设计是实现核心素养的路径。核心素养是对当下和未来的公民素养的高度概括,也是引领国际课程与教学改革的潮流。它是一种复杂的、高阶的、社会化的综合表现,其发展具有整体性、进阶性等特点,需要在教育教学的加持下经历长时间的积淀过程,因此需要打破传统的"课时主义"和"分科主义"的藩篱,采用整合性的单元设计,纠正围绕单一的知识点或某一节课设计作业的弊端,促进学生开展综合学习,让知识从孤立零散走向关联、从无序走向有序,通过结构化统整使学习内容聚类为"块状"。

单元作业设计要求教师转变教学观念,以单元教学内容及其拓展和整合的跨学科内容为载体,以单元教学(作业)内容承载的核心素养为基准要素,制定相应的作业目标和学习任务,综合利用各种设计方式和策略进行整体设计,从而通过单元设计改变传统的"课时"设计无法匹配素养目标的状况,促进核心素养的真正落地。

2. 核心素养培养和大概念

作业设计倘若不将其内容聚焦学科大概念加以组织和整合,不以大概念理解和构建为目标,单元作业无疑将变成毫无意义的空洞的技能操练,核心素养难以真正落地。核心素养的提出并在实践中落实,意味着我国整个课程和教学体系将从课程目标、内容到教学、作业和评价方式进行整体转型。大概念作为一门学科或课程中可普遍迁移的核心概念及相应的概念性理解,指向学生生活价值,表征该学科课程、单元教学(作业)和评价的本质与教育价值。通过基于大概念的课程与教学(作业)设计和实施,强化大概念的理解与应用,让各门课程与教学由传递学科信息、掌握知识点,走向帮助学生产生可广泛迁移的概念性理解,改变课程与教学(作业)设计和实施流于形式、"换汤不换药""新瓶装老酒",以至于改革目标难以达成的窘境。因此,核心素养培养意味着我国基础教育正在从知识教学走向"大概念课程与教学",促进学生理解和建构属于自己的学科大概念,形成"专家思维"和"复杂交往能力",培养"有理想、有本领、有担当"的负责任的创造者,努力完成教育改革的时代使命。

3. 大概念和大单元设计

大概念是单元作业设计的基础和出发点,而相应的教学(作业)设计就成为发展核心素养的必备条件,是大概念课程与教学的内在要求。大概念的提炼也是基于核心素养和整个单元的学习内容,学生对其的理解也需要跨课时、跨章节甚至跨学科才能实现。单元作业作为重要的学习活动不能完全沿袭传统的"一课一练""一课一得"的方式进行设计。另外,大概念是核心素养在某些相关主题和内容上的具体表达,学生要获得大概念理解并进行迁移应用,就必须系统学习和掌握支撑大概念的知识、技能和概念等内容,建立知识之间的联系和链接,形成相应的知识网络,进而理解学科和跨学科的本质。学生学习知识必须借助大概念进行组织化和结构化,形成具有明确主题的内容体系。测试的作业设计仅靠课时形式显然力不从心。追求大概念理解的作业设计的单位必须改变一节课、一个知识点的设计理路,只有借助统摄力强、整合力大、解释力广的学习单元,才能落实核心素养培养。

4. 大概念与学习任务

在单元作业设计和实施中,必须将大概念的理解和构建转化为基于情境的学习任务,让学生自主或以小组合作的方式完成任务,并通过强化学习任务的表现性特征,评价学生对大概念的理解和构建水平。当作业目标指向学科事实、信息的传播、传递和传授时,作业自然成为工具主义的操练。当单元作业目标指向大概念理解及核心素养时,必然与学科实践化、项目化、探究化融为一体:学生成为实践者与创造者,在"做"中学和"悟"中理解,在亲力亲为的过程中经历知识的诞生、应用与迁移创新过程;教师则成为合作实践者与"流动的教练",在激励和帮助学生合作探究学科和生活的同时,指导学生的心理体验和开悟。

例如,合作是核心素养的主要内容,生活中很多任务和工作都需要分工合作、群策群力,才能高效完成。教师在单元作业设计中对合作的理解和解读将直接影响和制约学生合作素养的培养。而且处于不同阶段的学生开展合作对应的大概念存在差异,不同任务对合作的要求和体现也不同,但无论是跨学科作业中的学习任务,如"完成班级秋游方案""制作一架无人机",还是学科单元作业任务"设计地质考察线路"(地理学科)、"出一期板报"(语文学科)等,都涉及"合作设计阶段"和"合作制作阶段"。两个阶段对应的素养目标和大概念也存在差异。具体见表4-4。

表 4-4 不同阶段合作素养目标和对应的大概念

情境	任务	合作阶段	素养目标	对应的大概念
多人合作完成一项作业任务	• 完成班级秋游方案 • 制作一架无人机 • 设计地质考察线路 • 出一期板报 ……	合作设计阶段	学会尊重别人,在表达自己观点的同时,能够倾听、组织、融合不同人的观点和建议	每个个体对同一问题都会有不同的观点和看法,团队合作就是要整合不同的观点和方法,从而产生整体效应
		合作制作阶段	学会根据现有条件分解任务,分配适宜的人完成,并能够相互协调互助,高质量完成任务	任务的合理分解能够发挥每个人的优势,不仅可以提高效率,也能够提升作品质量

5. 大概念与基本问题

基本问题和大概念具有系统的属性,基本问题是指向大概念的,也是开发和提炼大概念的主要方式。它就像一条通道,借此学生可以在完成单元作业的过程中积极探索和理解核心概念、单元主题、学科(或跨学科)基本理论和实际生活问题,加深对学科本质的理解,形成知识迁移能力。例如,不同时代和不同国家的人们是如何讲述自己和国家的故事的?这一问题及其相应的追问可以引导学生理解这样的大概念:"伟大的文学作品和重大的历史事件等是探究人类生存和发展的普遍主题,有助于人们洞察自己的人生经历。""人们可以在多大程度上正确预测自己的未来?生活中关键事件是如何发生的并产生了怎样的影响?"通过这样的问题可以检测预测的信度和信度、相关性、因果关系等大概念的理解和建构情况。进一步说,在单元作业中优质的基本问题能够引导学生聚焦推理过程,通过质疑思维困惑、颠覆显而易见的观点,培养思维品质,并在已学知识、生活体验和作业任务之间建立意义联结。

通过对问题的持续思考可以提炼学科大概念。有研究以高中生物"细胞结构"单元教学实践为例，关注了教师通过五轮基本问题及其子系统迭代设计提炼学科大概念的过程。[①] 这一过程师生经历了持续的思考过程，问题设计焦点从第一、二、三版的"细胞"上升到第四版"生命系统"再到第五版"系统"，由具体到抽象，由教学视角转向课程视角。思考的路径逐渐突破单元学习内容细胞结构的藩篱，转向跨学科概念"系统"，从而引导学生的思维发展：不仅思考在细胞中各个部分如何分工合作，也思考日常生活中系统组成部分的协调和互动，通过跨学科作业掌握和建构自己的大概念及其理解，即"系统的不同组成部分通过分工协作和相互作用成为各个功能的有机体"，使核心素养在单元作业中得到了落实。

6. 学习任务、基本问题和表现性评价

核心素养培养是通过问题解决实现的，相应的评价也要在一个充满真实的事件、需求、限制和机会的问题情境中，通过问题解决过程中学生的表现来考察。因此，表现性任务应该围绕问题而不是围绕练习题进行设计。教师为了获得学生作业目标的达成，必须在真实表现过程中引导学生做出正确的判断，选择适宜的问题解决方法，而不是看着学生在情境线索的引导下凭借记忆进行填空就能轻松作答。教师所设计的问题不仅要有意义，还要有质量，区分真问题和假问题，对此可以就问题本身进行追问：这个问题在真实生活中会出现吗？是否能够驱动学生走出学校去观察和体验？提出这个问题的原因是什么？是通过解决问题得高分还是提高问题解决能力？

教师可以围绕基本问题设计学习任务，将问题任务化、情境化，利用表现性任务开展作业评价。表4-5是以生物课程"营养单元"为例，基于基本问题建立合适的任务类型。

---

① 徐洁.基于大概念的教学设计优化[M].上海：华东师范大学出版社，2022：4.

表4-5 基于基本问题确定表现性任务[①]

基 本 问 题	表现性任务
为什么人们想要做到合理饮食这么难?	收集和分析调查数据,找出学生经常去用餐的地点。
对你有益的生物都很难吃吗?还是恰好相反?	调查不同食物的营养价值,比较有益于健康的食物的味道。
为什么专家对膳食指南分歧特别大?	比较和评价各种营养指导的途径:美国卫生与公共服务部、阿特金斯、地中海,并以汇报或口头报告形式予以展示。

---

① 格兰特·威金斯,杰伊·麦克泰格.追求理解的教学设计(第二版)[M].闫寒冰,宋雪莲,赖平,译.上海:华东师范大学出版社,2017:187.

第二部分

典型模式

第五章 大概念单元作业逆向设计模式

逆向设计盛行于北美大陆,近年来在我国课程与教学领域很受欢迎,并开展了大量实践,但也存在很多问题。我们将按照逆向设计的逻辑,结合实践案例重点阐述如何一体化地建构单元作业目标,设计检验大概念学习要求达成的评价活动,以及相应的学习活动这三方面,为助力一线教师开展大概念单元作业设计提供参考。

一、逆向设计基本概念

(一)逆向设计内涵

"逆向设计"是相对"正向设计"而言的,指教师在考虑如何开展教与学活动之前,先要思考和确定学习要达到的目的到底是什么,并基于此开发相应的证据表明学习达到了目的。传统的教学一般按照教学目标设计—教学活动开展—教学评价实施的顺序,而逆向设计作为促进教学设计改革的重要理路,始终贯穿"以终为始"思路,一则将教学目标由教师教的角度转向学生学的角度,由教师教的目标转向学生学的预期结果;二则评价先于教学活动设计,并提前告知学生,以便使学生明确学习任务完成的方向,强化学的动力。进一步说,面对教学任务,传统的教师总会想这堂课我们教什么和怎样教,知道了教什么后根据所要教的东西来设计如何教即教学环境和过程设计。逆向设计要求教师换成"我们这堂课应该让学生学会什么",从教学达到的学习结果导出,而不应只关注自己所擅长的教法、教材和活动导出,不应只思考自己要做什么,使用哪些材料,要求学生做什么;而是应首先思考为了达到学习目标,学生需要什么?

逆向设计指向具体目标。这里的目标要落实学生对知识及其背后意义的"理解",也就是大概念的理解和应用。"理解"即学生在新的场景中灵活运用知识和概念成功解决复杂问题的能力。它是输出的表现而不是输入,是学生离开学校以后的所知、应会、能做和相应的品质,强调学生将所学知识和技能有效地、明智地应用到真实的任务和问题情境中。作为学习结果意味着学生能够迁移所知、所能,形成见解和有意义的推论,而不是纯粹识记和回忆公式、原理等专家的结论。对理解形成过程和程度的判断可以从六个层面加以考察(见表5-1)。

表5-1 评价理解的六个层面[①]

解释
谁_____?什么_____?何时_____?如何_____?为什么_____?
_____的关键概念/思想是什么?
_____的例子有哪些?
_____的特点/组成是什么?为什么会这样?
我们如何验证/确认/证明_____?
_____和_____是如何联系在一起的?
如果_____会发生什么事?
关于_____常见的误解有哪些?
阐明
_____的意思是什么?
_____揭示了关于_____的什么?
_____与_____哪些方面相似?(类比/隐喻)
_____如何与我/我们相关?

---

① 格兰特·威金斯,杰伊·麦克泰格.追求理解的教学设计(第二版)[M].闫寒冰,宋雪莲,赖平,译.上海:华东师范大学出版社,2017:136.

续表

那又怎么样？为什么很重要？ **应用** 我们如何以及何时应用这种（知识和过程）来_____？ 如何在更大范围内应用_____？ 我们怎样用_____来克服_____（障碍、约束、挑战）？ **洞察** 关于_____的不同观点是什么？ 以_____的观点，会如何看待它？ _____与_____有何相似/不同之处？ 对_____的其他可能的反应是什么？ _____有哪些优点和缺点？ _____有何局限性？ _____的论据是什么？ 论据是否充分？是否可靠？ **神入** 站在_____的立场上看问题会是什么样的？ _____对_____有何感受？ 我们怎样才能实现对_____的理解？ _____试图让我们感受到/明白什么？ **自知** 我如何知道_____？ 我所知道的关于_____的知识有何局限性？ 关于_____我的盲点在哪里？ 我如何才能最好地展现_____？ 对于_____，我的观点是如何通过_____（经验、假设、习惯、偏见、风格）形成的？ 在_____方面，我有何优势和劣势？

  从上表可以发现，六个层面的理解是多维的、复杂的，有不同类型，包括对知识、技能的理解，专题和综合理解等，因此需要不同的方法，在知识目标上也有重叠。理解过程指向高阶学习目标，涉及认知和元认知、动作情感等领域。学生一旦达成理解，就意味着能够解决复杂情境问题。这样的目标可以很好地回应当下

我国课程核心素养培养的理念和目标。

（二）逆向单元作业设计的特点

逆向设计的逻辑适用于任何学习目标。[①] 单元作业作为能动学习任务，采用逆向设计优势明显。

第一，强化逆向深度思考，改变教师传统的作业设计弊端。传统的教师大多从输入端设计作业，将作业视为教学的最后环节，基于固定的教材和擅长教法，以及常见学习活动类型思考作业设计及其布置，而不是从学生预期的学习结果出发，关注学生的学习目标和环境条件等。教师关注的重点聚焦自己的"教"而不是学生的"学"，重点关注自己做什么，要求学生做什么，以及匹配相应练习等，忽略为了达到学习目标，学生需要什么？学生有什么样的知识基础？这是一种典型的内容导向而非结果导向的思考作业设计的方式，不利于学生理解目标的达成。学生完成作业后仍然不能回答作业的要点是什么？大概念是什么？为什么要做这样的作业？而利用逆向设计可以解决上述问题。以"读书"话题为例，传统设计时思考的问题是："我们会读什么书？""我们将做什么样的活动？""我们会讨论什么内容"；逆向设计视域下，教师需要思考："无论我们使用哪类教材或组织哪种类型活动，学生怎样才能脱离活动或教材形成相应的理解？""有什么样的证据证明学生获得了这种能力？""哪种方法、哪类材料和活动等最有助于达成这样的理解？"

第二，关注目标的达成与实现理解的评价，保证作业有效性。逆向设计是一种学习结果导向的模式，可以克服活动导向的设计和灌输式设计的弊端，明确作业的目的和方向。它要求教师在研读课程标准、教材和分析学情的基础上确立单元作业目标，统领整个单元作业设计，强化教师的目标意识和学生中心视角，避免作业设计的随意性和盲目性。逆向设计强调以套环结构区分教学内容的优先顺

[①] 格兰特·威金斯，杰伊·麦克泰格.追求理解的教学设计(第二版)[M].闫寒冰,宋雪莲,赖平,译.上海：华东师范大学出版社,2017:20.

序,有助于教师根据目标确定单元作业重难点,帮助学生在有限的时间内获取有价值的概念理解,实现学习经验的效益性传递。逆向设计强调基于作业目标的评价,并基于目标构建评价体系、开发量规并进行即时反馈,帮助教师根据评价任务完成情况判断学生的学习结果与目标之间的距离,实时检验作业效果,及时指导学生的作业过程并调整作业方案,避免作业设计和完成过程中的偏离和偏向,保证教学的有效性。

第三,逆向设计强调基于标准的设计与实施,实现教学—学习—作业—评价的一体化。这种设计模式是对传统的"以本为先、评价为终"的设计思路的反转,坚持"目标倒逼、效果倒追",以清晰的学习结果设计为起点,评价设计先于作业活动设计,通过一体化设计最终指向单元作业目标的达成。试图用"强而有力"的大概念来组织核心概念、案例、基本问题、核心任务等,不仅回答"是什么",改变传统教学和作业中"低""散""乱"的内容组织状况,还关注"为什么"等问题,帮助学生解决真实情境中的复杂问题,形成适应时代发展需求的核心素养。逆向教学设计的概念性理解与大概念教学息息相关,而大概念是素养教学的有力抓手,因而近年来基于大概念的逆向教学设计受到高度重视。

逆向设计相比于常规作业设计,一个重要变化是教师在确定做什么内容和类型的作业以及学生如何完成作业之前,思考如何开展评价,通过评价证据将内容标准和作业目标联系起来。整个设计过程都是围绕大概念的理解和应用开展的。大概念是承载整个单元作业的中心,而作业学习的预期结果贯穿三个阶段始终,理解和应用大概念就是在落实作业目标。值得注意的是,逆向设计是一种设计逻辑和思路,不是一成不变的套路和规则,教师应结合学生和教学实际,加以灵活应用。

二、逆向设计模板

逆向设计建基于三个追问:第一问,到哪里去?为此,教师在设计作业时要从支援学生学习的角度明确通过完成学习任务后学生的预期结果(即达到学习目标);第二问,怎样才能到那里?为此,教师要思考和整体把握达成预期作业目标所需要的学习任务和相应活动;第三问,怎样知道是否到达了那里?为此,教师要设计单元作业评价体系和相应的评价方法。这种"目标—学习活动—评价"三位一体的设计可以实现核心素养培养目标。基于单元设计的上述三问,我们引申出单元设计的目标指向、评价方案、学习任务三个关键设计阶段。但逆向设计遵循评价活动的设计先于学习活动设计的逻辑,思考的路向是:"如果预期结果是让学生……,那么你需要学生有证据表明他们能……,因此学生的学习任务或活动需要……"(见表5-2)。这样该模式阶段顺序变成了阶段一:确定预期结果;阶段二:确定合适的评价证据;阶段三:设计学习体验和完成作业(见表5-3)。

表5-2 逆向设计三阶段逻辑:以"营养"为例[①]

阶段一	阶段二	阶段三
如果预期结果是让学生……	那么你需要学生有证据表明⇒他们能……	⇒学习活动需要……
符合标准……　　　G 标准6——学生理解有关营养和饮食的基本概念。 6a——学生运用对营养的理解来为自己或他人安排合理饮食。 6c——学生理解他们自己的饮	在不同情境下为不同人设计饮食计划。 揭示一种理解:美国农业部食物金字塔指南不是绝对的,它仅仅是指南,并且还有其他指南(及其他背景变量)。	以有趣的方式吸引学生思考营养对自己和他人生活的影响。　　　L 不仅要帮助学习者理解食物金字塔指南,还要使他们了解为什么是这样,如何使各种饮食爱好向食物金字塔所指定的

[①] 格兰特·威金斯,杰伊·麦克泰格.追求理解的教学设计(第二版)[M].闫寒冰,宋雪莲,赖平,译.上海:华东师范大学出版社,2017:216.

续表

阶段一	阶段二	阶段三
食方式,以及改善饮食方式的方法。 理解…… 均衡的饮食有益于身心健康。 Ⓤ 美国农业部食物金字塔提供的相关营养指南。 个人饮食需求根据个体的年龄、活动量、体重和整体健康状况的不同而不同。 健康的生活需要个体根据可用的全面的营养信息来采取行动,即使这意味着要打破舒适的习惯。 仔细思考这些问题…… 什么是健康饮食? Ⓠ 你是一个健康的饮食者吗? 你是如何知道的? 对一个人来说是健康的饮食,为何对另一个人却不是健康的? 尽管有很多可用的信息,为什么在美国还有这么多由营养不良引发的健康问题?	注意和仔细分析他人及自己的饮食习惯,并推测为什么人们按这种方式饮食。 因此需要特定的任务或测试,如…… Ⓣ 为不同的人群规划饮食。 对他人制作的过于严格或宽松的饮食计划给出反馈。 对人们的实际饮食情况及原因做一项全面的调查。 小测验:关于食物分类和美国农业部食物金字塔指南的测验。 ⓄⒺ 简答:描述一些由于营养不良而引起的健康问题,阐述如何避免这些问题,反思自己和他人的饮食习惯。	方式转变,其他可能性会如何。 告知学生菜单和营养计划实际上是如何产生的。 传授学生知识,在如何制定饮食计划、采取行动以及分析调查方面,给学生提供指导和反馈。 提供教学活动,帮助学生通过调查、分析和讨论等方式了解饮食习惯是如何与健康和肥胖问题联系起来的。 使所有的学习者具备开发菜单和评论他人菜单所需的技能和机会,包括对自己的菜单作出评估。 帮助学习者了解饮食习惯是如何养成的,思考为什么我们所有人都对自己的饮食习惯感觉良好。

注:上表中大写字母分别是 Gool, Understanding, Question, Test 或 Task, Other Evidence, Learning 的首字母,意为"目标""理解""问题""测试或任务""其他证据"和"学习"。

表5-3 包含设计问题的单页模板[①]

阶段一——预期结果	
所确定的目标： 此设计将达到什么目标（例如：内容标准、课程或项目目标、学习结果）？ Ⓖ	
理解： 学生将理解…… Ⓤ 大概念是什么？ 期望他们获得的特定理解是什么？ 可预见的误解是什么？	基本问题： Ⓠ 什么样的启发性问题能够促进探究、理解和学习迁移？
学生将会知道…… Ⓚ 作为本单元的学习结果，学生将会获得哪些关键的知识和技能？	学生将能够做到…… Ⓢ 习得这些知识和技能后，他们最终能够做什么？
阶段二——评估证据	
表现性任务： Ⓣ 学生通过哪些真实的表现性任务证明自己达到了预期的理解目标？ 通过什么标准评判理解成效？	其他证据： ⓄⒺ 学生通过哪些其他证据（例如：小测验、考试、问答题、观察、作业、日志）证明自己达到了预期结果？ 学生如何反馈和评估自己的学习？
阶段三——学习计划	
学习活动： 哪些学习体验和教学能够使学生达到预期的结果？设计将如何： Ⓛ W=帮助学生知道此单元的方向（Where）和预期结果（What）？帮助教师知道学生从哪里（Where）开始（先前知识、兴趣）？ H=把握（Hook）学生情况和保持（Hold）学生兴趣？ E=武装（Equip）学生，帮助他们体验（Experience）主要观点和探索（Explore）问题？	

---

① 格兰特·威金斯，杰伊·麦克泰格.追求理解的教学设计（第二版）[M].闫寒冰，宋雪莲，赖平，译.上海：华东师范大学出版社，2017：23.

续　表

> R＝提供机会去反思(Rethink)和修改(Revise)他们的理解及学习表现?
> E＝允许学生评价(Evaluate)他们的学习表现及其含义?
> T＝对于学生不同的需要、兴趣和能力做到量体裁衣(Tailor)(个性化)?
> O＝组织(Organize)教学使其最大程度地提升学生的学习动机与持续参与的热情,提升学习效果?

阶段一:确定单元作业目标即规划学生作业完成的预期学习结果。首先教师需要明白学生应该知道和理解什么?什么知识值得学习和理解?这种理解的价值是什么?理解后学生能做什么?希望学生掌握哪些大概念?这些问题实质上指向单元作业目标。在此基础上,教师需要研读课程标准中有关课程核心素养、课程目标、学业质量标准等课程文件,从作业目标体系出发建构大概念及其学习要求、设计基本问题,促进学生在作业过程中通过问题探究理解和应用大概念,形成相应知能。其中理解和应用大概念是单元作业目标的核心,大概念学习要求是承接核心素养并将其具体化的关键步骤。

阶段二:确定合适的评价证据即设计评价方案过程,通过收集和整理学生作业证据确定目标达成情况。这一阶段需要回答的是:教师如何知道是否已经或多大程度达到了预期结果?哪些证据能够表明学生理解了或理解程度如何?这实质上要求评价设计先于教学活动设计和开展,以终为始。鉴于理解指向高阶能力,教师要像评估员一样设计评价活动、表现性任务或其他可视化活动,根据证据思考单元作业,而不是局限于作业内容、类型和活动,以便确定单元作业目标达成情况。

阶段三:制定学习计划即设计学习体验和促进学生完成作业任务。这一阶段是在教师明确作业目标和理解的证据后进行的重要环节。教师需要思考的问题包括学生有效完成作业并达到预期结果需要哪些知识、技能、情感态度价值观?哪些活动有助于预期结果的达成?为了达成目标教师需要提供哪些学习支持,包括学习资源、内容、方法、工具等？为此教师可以参照威金斯提供的WHERETO方案进行设计，以便开展自我评价、同行评价和分享单元作业设计方案。

三、大概念单元作业的逆向设计实践案例

（一）设计单元作业目标体系

国家层面出台的核心素养、学科核心素养和内容标准等课程政策文件已经为单元作业目标确定了方向和基准，为运用大概念设计单元作业方案提供了目标指向。课程标准中对大概念学习要求的规定，是学科核心素养的具体化，要求学生理解大概念并将其广泛地应用于其他情境问题解决中，从而实现上述上位目标。但在单元作业目标设计阶段，教师还需要从这些既有目标中进一步细化和确定作业过程应该渗透和达成大概念理解和应用的具体学习要求，并根据学情分析进一步确定未尽或可以拓展的单元作业目标体系，借助于单元作业中基本问题这一纽带将其和大概念学习要求整合在一起。

基本问题是作业活动的核心问题，具有明确的指向性和驱动性，促使学生自觉拓展作业深度并进行深入思考，联结已有学习经验并产生情境性迁移，深化对大概念的理解。基本问题解决就是学生获得达成大概念学习要求所需要的所知（Knowing）、所能（Doing）、理解（Understanding）、所成（Being）。所知即学生通过作业过程掌握必要的知识，所能即掌握必要的技能，理解即形成完整的概念体系及其意义构建，所成即形成必要的情感态度价值观。这样以大概念为核心，核心素养、学科核心素养、内容标准、大概念的学习要求、基本问题、单元作业目标之间在逻辑上形成互动的迭代关系（见图5-1）。但单元作业中基本问题应以学生容易理解的语言进行表述，且数量要适宜，太多就削弱了作业焦点，甚至成为负担；太少，则不能兼顾作业内容覆盖面。[1]

---

[1] 李学书,胡军.大概念单元作业及其方案的设计与反思[J].课程·教材·教法,2021,41(10):72-78.

```
单元教学目标：核心素养、学科核心素养、课程标准和内容标准中的目标体系等
            │
   为实现单元作业目标，学生需要达成
            ▼
   大概念的学习要求：
            │
   为了理解与应用大概念，学生需要解决
            ▼
   基本问题：
            │
   通过基本问题解决，学生获得大概念理解和应用所具备的
            ▼
┌──────────┬──────────┬──────────────┬──────────────┐
│所知(Knowing)：│所能(Doing)：掌握│理解(Understanding)：│所成(Being)：形成│
│获取必要的知识│必要的技能    │形成完整的概念体系│正确的情感态度价│
│          │          │及其意义构建  │值观          │
└──────────┴──────────┴──────────────┴──────────────┘
```

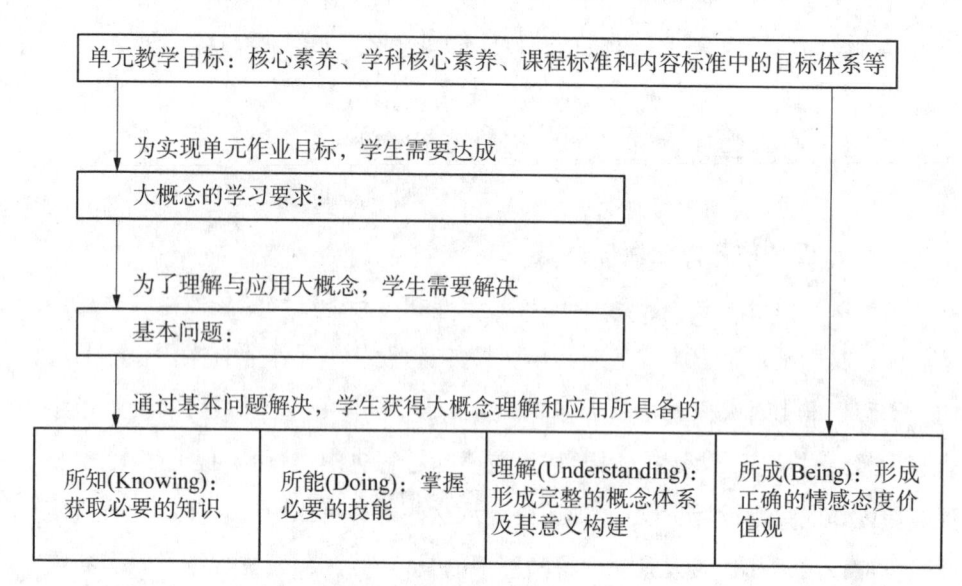

图 5-1 各层面目标的内在逻辑

案例呈现：

中国地图出版社和中华地图学社出版的高级中学课本《地理》(拓展试用本)中的主题 17"自然资源与自然灾害"这一单元，对应的地理课程素养是"人地协调观""综合思维"，学科大概念是"自然资源和区域经济发展关系紧密"，相应的子概念为："自然资源是区域经济发展的物质基础""自然资源影响产业布局""自然资源影响产业结构"等。《普通高中地理课程标准(2017年版)》对大概念的学习要求是："结合现实中的自然环境问题，从人地关系系统的角度，分析自然环境对人类活动的影响和作用，归纳人类活动应遵循的自然规律、与自然和谐相处的必要性和路径。"[1]借助于基本问题——人类如何与自然和谐相处，把单元课程涉及的大概念和作业目标连接起来，从而通过对大概念的理解和应用，了解自然资源基本

---

[1] 中华人民共和国教育部.普通高中地理课程标准(2017年版)[S].北京:人民教育出版社,2018.

特征和分类以及各类资源的衡量指标;说明不同自然资源条件对区域经济发展的影响,归纳某一自然资源分布特征及其原因等;理解气候资源的分布及影响因素以及我国资源利用的基本情况;形成正确的资源观,主动爱护自然,亲近自然等品质。

(二) 设计评价方案

单元作业评价方案的首要指向是大概念学习要求是否落实,重点回答如何弄清楚学生是否达到了预期学习要求,什么样的表现性任务、评价方式或收集什么样的证据能够指导学生的作业并证明学生对单元大概念的理解和掌握程度等。大概念单元作业的每一种评估方法都要和单元作业目标匹配,一个严谨的单元作业设计应该在目标(尤其是需要理解的大概念)和评估之间建立关联。

为此,教师必须秉持开放的评价观,通过作业批改和评价增进学生对大概念理解和应用的反馈,提高作业完成的信心,关注对未来发展的期待。采用量表评价、自我评价、同伴评价、班级范围评价、教师评价、公众评价等多种评价方式并加以有机整合。单元作业评价活动设计可以参照威金斯等给出的真实性任务构成的六个要素,即目标、角色、对象、情境、表现或产品、标准来设计基本问题和表现性任务以及架构单元作业活动,并制订出合理可行的评价指标,提前告知学生表现标准,直接或间接地要求学生专注于基本问题的解决,开发出能解释的、有意义的、有效的、有洞察力的、有同感的、反思的等六个指标[1]的作业评估量规等,指导作业活动的设计,全方位动态监测学生的学习成效(见表5-4)。

---

[1] 格兰特·威金斯,杰伊·麦克泰格.追求理解的教学设计(第二版)[M].闫寒冰,宋雪莲,赖平,译.上海:华东师范大学出版社,2017:165.

表 5-4　大概念单元作业评价一体化设计

维度	内容	
评价观	像评估员一样进行开放性评价,增进学生对大概念理解和应用的反馈,提高作业完成的信心,关注对未来发展的期待	
评价属性	目标层面	关注什么样的表现证明学生已经达到了要求
	基本问题层面	关注什么样的证据能表明学生或协作小组已经进行深入思考,并表现出积极修订、积累经验的倾向
评价实施	评价方式	采用量表评价、自我评价、同伴评价、班级范围评价、教师评价、公众评价等
	评价活动构成	目标、角色、对象、情境、表现或产品、标准
	证据收集	表现性任务、问答题、考试和测验、对大概念理解的非正式检查等
评价结果的使用	全方位动态监测学生的学习成效,指导作业设计和优化	

案例呈现:

"自然资源与自然灾害"这一单元的作业设计利用中国经济网 2020 年 7 月 24 日的报道"云南:绿色三张牌撬动高质量发展"这一情境[①],培养学生学会如何分析能源与区域经济发展的关系,理解自然资源对区域经济发展的影响,从而促进人地协调观的养成。相应的大概念学习要求、表现性任务及评分规则见表 5-5。

---

① 张勇.云南:绿色三张牌撬动高质量发展[N].光明日报,2020-07-23(05).

表5-5 大概念单元作业评价样例(节选)

大概念的学习要求	表现性任务	评分规则		
		优秀	良好	尚需努力
自然资源和区域经济发展的关系	识记光照资源、热量资源的衡量指标			
	……			

（三）设计学习任务和活动

中共中央、国务院印发的《关于深化教育教学改革全面提高义务教育质量的意见》提出，"促进学生完成好基础性作业，强化实践性作业，探索弹性作业和跨学科作业，不断提高作业设计质量"[1]。这一规定明确了作业改革方向，也为单元作业中学习活动的设计提供了依据。据此，在创设和组织学习活动环节，教师应该按照上文预设的大概念学习要求和表现性目标要求，重点解决以下问题：应该采用什么样的方法指导作业过程并提供什么样的作业资源和经验？学生需要做什么？师生如何最有效地安排时间？为此，需要制定一份兼具吸引力和有效性的学习活动计划。吸引力意味着该单元作业不仅使学生享受作业过程，愿意投入到完成作业的任务中，理解大概念，还主动迎接各种表现性挑战，解决真实问题。有效性意味着单元作业设计在帮助学生完成有价值的学习任务方面有胜任力、有成效，甚至表现出一定的创造性，实质性地达成了作业的目标，发展了学生的核心素养。

---

[1] 中共中央、国务院.关于深化教育教学改革全面提高义务教育质量的意见[EB/OL].[2019-07-08]. https://www.gov.cn/zhengce/2019-07/08/content_5407361.htm.

案例呈现：

根据上述单元作业的目标体系和评价标准，"自然资源与自然灾害"这一单元的作业学习任务设计包括：通过报道中涉及的真实材料分析云南自然资源的分布特征、利用特征和形成条件；发掘该地区自然资源开发和利用的可能优势，及其对当地经济发展和社会生态的影响；分析当地自然资源开发和利用构成存在的问题，从对区域经济发展影响的角度，提供解决问题的优化方案等，具体作业任务见表5-6。

表5-6 大概念单元作业课时和活动内容组织

基本问题：自然资源如何影响区域经济发展？（人地协调观贯穿始终）		
课时	大概念单元作业内容	具体活动
第1课时	自然资源与区域经济发展的学习方法建构：以框架呈现	
第2课时	云南不同绿色能源的分布特点与开发现状	
第3课时	云南不同绿色能源的组合利用	
第4课时	资源条件的变化对云南经济的影响	
第5课时	生态需求对云南经济的影响；回顾总结绿色能源学习方法：以框架呼应	

这里特别强调，作业情境中的练习（多为客观题）是必要的，但不足以发展学生核心素养，也不总是表现能力的可靠指标。因此，教师在进行作业学习活动设计时要有课程视角，改变以"道""页"为单位的作业布置方式，促进作业由机械练习转向有意义任务，关注作业目标、内容和课程、教学的配合以及教学—作业—评价一致性，根据学习时段设计功能适切的学习活动，如设计融于课堂学习的预学作业、随堂作业与同步作业，促进及时整理与实践应用的周末作业，促成学习习惯

的积累性作业,集中时间自主状态的假期作业等。

四、逆向设计实践的问题与思考

逆向设计为一线教师设计聚焦理解目标的单元设计提供参考。许多教师意识到这种模式具有普遍意义,比较容易上手,但受到长期传统设计理念的影响,很多教师起初感到不适应,关键是没有掌握其精髓,因此产生一些值得反思的问题。

建议一:通过综合考虑单元作业的目标、评价和任务改进表面化现象

实践中不少学校开始应用逆向设计作业方案,大多数教师掌握了三个阶段呈现作业的形式,但在设计过程中没有综合目标、评价和任务的关系,三者没有匹配起来,呈现水果拼盘式样。从环节上看,尽管一些教师意识到目标的重要性,但一般指向低阶能力,学习任务停留在简单思考和操练层面,似乎这样就可以"减负"了;评价方面缺乏表现性和真实性设计,作业类型还是以选择题和填空题等测试手段为主;在学习任务设计方面,缺乏真实性,呈现去情境化特点。这些现象表明教师没有真正理解基于课程标准的作业设计。

教师可以尽可能改变传统上仅仅依据教材及其单元后习题作为作业的情况,提高对学科课程标准规定的课程素养的理解,根据素养目标而不是仅仅依据教材内容设计单元作业。一是设计思路组合,以"主题—探究—表达"的思路,通过大概念理解和应用整合作业要素和环节,强化学生"学"为中心,重视目标体系开发,促进学生合作探究,展开协同性、互动性学习,从而改变按"目标—达成—评价"理路开发设计作业的弊端。二是大概念理解与知能目标相配套,强化知识、技能和理解的相互建构,利用大概念对知识和技能进行统摄,并通过知识和技能目标的落实来达成大概念理解和应用目标的落实。因此,在单元设计中知识和技能合并统称为"掌握知能",并以关联表格的方式加以表达。三是基本问题和大概念互为依托,改变传统作业设计限于固定答案的寻求及其对接,强化基本问题的开放性和挑战性,关注基本问题与大概念的映衬、呼应和配套,甚至以基本问题作为锚点,设计体系化的单元作业结构和学习活动。

建议二:通过提高对作业功能的认识改变仅仅关注作业结果的现象

一些学校和教师对逆向设计热情很高但难以招架应试教育的压力而草草收场。毕竟目前中考和高考等外部考试还是衡量学校和教师工作绩效的主要尺度。因此,很多教师认为逆向设计尽管很好,但多做练习是提高学生成绩的主要方式。但广大教师忽略了一点:好的设计模式难道就不能更好地促进学生学习进而提高成绩了吗?逆向设计重视高阶目标和真实学习是因应核心素养目标实现的一种思路,它重视学生自我评价与反思、同伴评价与反馈等心理过程,引导学生"通过评价进行学习",以此为逻辑思路设计大概念单元作业可以引导学生开展能动学习。学生对大概念的理解和应用就是通过问题探究获取概念知识,进而灵活地将其应用于社会问题解决的各种具体情境中。

大概念单元作业逆向设计强调学生是学习主体,学习是同客观世界、他者和自我的相遇和对话,在学生、家长、社区等多主体参与基本问题解决的认知活动中,学会敬畏他人,理解并积极开展协商合作,共同建构生活意义。从根本上说,大概念被应用于单元作业设计中,体现了单元设计的学习诉求,同时采取什么样的设计思路涉及学习理论。因此,教师应该不断提升对学习理论的认识,在开展基于大概念单元作业设计时,自觉回顾单元设计的原点,扪心自问:"相应设计方案有相应的依据作为支撑吗?""学生作业完成和评价有充分证据并可以加以解释吗?"为开展大概念单元作业设计提供理论支撑和基本保障。

建议三:通过掌握设计技术改变随意布置作业的现象

应用逆向设计逻辑开展作业改革对很多教师来说存在挑战,究其原因是缺乏专业技术支持和情感支撑,团队合作机制没有建立起来,单兵作战,力不从心。为此,在学校层面要围绕学校发展目标和专业精神,通过评价等机制强化专业共同体建设,提高教师的自尊和归属感。专业共同体围绕大概念通过跨学科教研,强化知识共享和共同开发设计技术和工具。

教师在作业设计时可以根据上述框架和流程,尝试厘清单元课程开发、单元教学设计和实施与单元作业的内在关系,结合学生生活经验设计单元作业主题,以大概念统领作业目标、内容和评价,改变一节课、一个知识点的设计理路,借助统摄力更强、整合力更大、解释力更广的学习单元,强化作业要素和环节的一体化和一致性。

在平时教学中主动积累一些设计技术。首先,掌握概念体系的构建技术。单元设计的前提是构建大概念体系,而概念体系的网络节点就是单元作业设计的一个个锚点。从"具体—抽象"的维度来看,层次越高的大概念,越宏观和抽象,统摄力越强,辐射的范围也就越广,也需要更多的具体案例来支撑,相应的设计则需要一定的技术手段才能完成。其次,掌握表现性评价尺度的开发技术。学生在表现性任务的完成过程中会产生多样的可能性,必须借助技术手段进行专业性判断,制成评价标准量表,检验作业表现的品质和结果。这里的"尺度"的典型表征是由显示成效的 3—5 个等级,开发出表述各自阶段所能观察到的认知、行为品质和产品特征的描述语,构成评价量表,再附加一些典型作品案例,帮助教师与学生具体地理解评价体系和标尺的描述语的意涵,开展学习评价。再次,在作业整体设计过程中加深对单元作业内涵、目标和内容体系的理解,借助于现代化信息技术将那些难以捕捉的高阶认知能力"可视化",直观显示目标达成度的过程。教师可以借助清晰明了的流程图例帮助学生思考活动的开展路线,明确各个活动阶段的重点与难点,利用思维导图的可视化优势帮助学生梳理思路,清晰地了解知识间的关联,形象地展现知识与学习活动的对应关系,实现知识的个体建构。

第六章　项目式作业设计模式

随着项目化学习正式进入到学科课程和教材改革视域,相应的以大概念、大主题、大任务为依托的项目化学习也将真正进入教育实践场景,由此衍生的项目式作业有望变革传统作业模式。跨学科项目式作业强调综合设计,指向核心素养培养。而学科项目式作业更加具有"学科性",其设计直接指向学生学科素养的发展。

一、项目式作业设计的相关概念

(一) 项目式作业设计的内涵和特征

项目化学习无论是作为教与学的方法还是课程形态,其主体都是学习活动。[1] 项目式作业缘起于项目化学习,是项目化学习的一种主要实施方式,是为达到特定学习目标而进行的一系列组织化的师生行为,也是变革课堂"学"与"教"的重要途径。因此,项目式作业是以大概念的理解和应用为统领,以项目主题为抓手,并完成一定真实场景任务的作业形态,它体现了生活或工作场景中的项目化学习特征。其设计除了考虑一以贯之的项目任务"明线",还需充分考虑循序渐进的学科学习"暗线"。作业的整体设计与规划既要基于大概念的有效连接和整合

---

[1] 郭华.深度学习及其意义[J].课程・教材・教法,2016,36(11):25-32.

各类学习活动,又要根据学生的认知与学习节奏统筹规划所有活动,控制作业难度、类型和节奏,不至于成为学习负担。

依托大概念开发的项目式作业具有以下特点。

第一,基于生活情境,培养核心素养。项目指向生活情境,真实性是核心素养的本质特征。[1] 因此,项目化学习强调项目的真实性和素养目标的达成。相应的,项目式作业的设计也应该基于真实生活情境,指向生活价值。学生依托项目的完成,形成概念认知,通过知识和情境迁移来解决生活中的真实问题或挑战,促进学习和生活体验的互动和交融。这种作业模式不再是学生巩固和掌握知识的工具,也不完全是教师传递知识进而提分的手段,而是对传统的作业功能单一、强化知识记忆的超越和纠偏,以及对"题海战术"愈演愈烈的冷静思考,进而成为减轻学生作业负担的主要途径。它突破了传统知识导向的作业目的,秉持素养导向,关注学生体验、思维、方法、习惯的形成,利用实践活动探究世界,完成当下的现实任务,达成概念理解,以及正确价值观的养成。

第二,基于大概念理解,促进深度学习。项目式作业从更高一层的"网"的角度来思考和解决生活中遇到的复杂问题,从而强化学生的概念性理解,使得作业的功能由对学科知识点的记忆和巩固等浅层学习转向素养导向的深度学习,也即促进学生围绕着具有挑战性的驱动性问题,开发学习资源,运用各类学习工具和策略,通过积极参与、理解学科本质、体验成功等,实现高阶思维培养。教师的项目式作业设计以完成"作业项目"为明线,以"学科学习指向的问题解决能力培养"为暗线,双线并进,并提供必要的脚手架和方法指导;学生完成作业既要沿袭"做事的逻辑",调用外部资源并积极创造完成项目的条件,也要丰富"学科知识的储备",从而在做事中理解学科大概念,指向学科本质,从而解决项目情境内含的真实问题。

第三,基于驱动性问题,开展持续探究。项目式作业以具有一定的挑战性、情

---

[1] Buck Institute for Education. What is PBL[EB/OL]. (2016-02-21)[2022-09-08]. http://www.bie.org/about/what_pbl.

境性和开放性的驱动性问题解决为抓手,设计问题链促进学生调用所有的心理和社会资源,在教师的帮助下展开持续的探究。在学科项目作业中,学生的探究学习和问题解决更具有"学科味",强调学科实践的价值和意义;但跨学科项目式作业,强调学生对跨学科大概念的理解和应用,并提倡学生能够"像学科专家一样思考和实践""像评论员一样开展作业评价和反馈"。项目式作业完成需要持续探究,不断发现,修正和完善原来的问题解决方案,打破了原来学科学习中的课时或单科落实的局限,使得作业更具有连续性和创新性。这就要求教师调动学生参与的主动性和积极性,从大单元的角度整体设计大任务、大问题、大活动,进而掌握大概念。学生每完成一个项目式作业活动和环节,都像"闯过了一关""迈过一道道坎",形成一个个阶段性成果,并加以展示,且伴随作业完成过程和结果的反思。

(二) 项目式作业的分类

项目化学习可以分为学科项目化学习、多学科项目化学习、跨学科项目化学习和超学科项目化学习四类。相应的作业也可以按照上述分类分成学科项目式作业、多学科项目式作业、跨学科项目式作业和超学科项目式作业四类。从成果类型和呈现方式角度,项目式作业分为书面类、展示类、技术类、媒体类、培训类、计划类、制作类作业。[1] 结合学科项目学习的内涵和特点,项目式作业可分为阶段作品类、调查实践类和计划反思类三种,强调了每类作业对学科项目化学习的重要性。这些类型的主要形式和功能见表 6-1。[2] 但是所有优质项目式作业都聚焦学生发展核心素养,以大概念为统领,都起始于一个真实的驱动问题,且会因驱动问题质量而差异较大。

---

[1] 巴克教育研究所. 项目学习教师指南——21世纪的中学教学法(第2版)[M]. 任伟,译. 北京:教育科学出版社,2008:45.
[2] 董瑶瑶,刘启蒙,刘坚. 学科项目学习作业的内涵、设计与实施[J]. 中小学教师培训,2023(01):34-39.

表6-1 学科项目学习作业的主要类型及其形式和功能

作业类型	主要形式	主要功能
阶段作品类作业	项目最终成果的阶段性作品,如草稿、提纲、草图、蓝图、脚本、模型、初稿等	促进项目最终作品的完成和迭代
调查实践类作业	收集资料信息、查找课外资料、做采访、做调查、做实验、实地考察、市场调研、实地做学徒、专家咨询等	准备课堂学习、拓展课外知识、补充跨学科知识、了解现实世界、深度探索问题等
计划反思类作业	计划书、流程图表、学科学习导图、时间进度表等;学习日志、笔记、项目进展小结等	项目规划、过程反思、任务管理、时间管理、自我管理和反思等

二、项目式作业设计指导框架

从实践上看,项目化学习就是一套设计学习情境的完整方法。它开始于驱动问题,即学生从一个需要解决的问题(driving question)开始学习;聚焦于学习目标,即学生需要去证明掌握了学习所要求的关键标准和评价内容;参与到真实实践,即学生在一个真实的情境中对驱动问题展开探究,解决问题的过程类似学科专家的研究过程。学生在探究过程中学习及应用重要的学科内容。强化多方协作:教师、学生、共同体成员参加协作性的活动,一同寻找驱动问题的解决方案,与专家解决问题时所处的社会情形类似。超越于技术支架:学习技术给学生提供了脚手架,帮助学生在参与活动过程中挑战自己的能力(利用信息技术,提升技术素养)。创造出可行产品:创造出一套能解决问题的可行产品(products),这些又称为制品(artifacts),是课堂学习的成果,是可以公开分享的。

具体内容包括一个核心,即大概念的理解与应用(关键知识、情境性理解和成功技能），七个关键要素：选择挑战性的问题、维系的探究活动、强调项目的真实性、保障学生的发言权和选择权、开展持续的反思、关注批判性反馈与修改、公开展示项目成果。① 结合中国教育实际，高质量项目化学习的四个要素是：素养目标、驱动性问题、持续探究和全程评估。②

项目式作业作为项目化学习的主要方式，其设计思路大致包含"整合项目化学习（明线）和学科教学进阶（暗线）两条线索""根据本项目'双线'确定单元作业属性"以及"设计具体课时作业"三个主要环节。具体框架见图6-1。

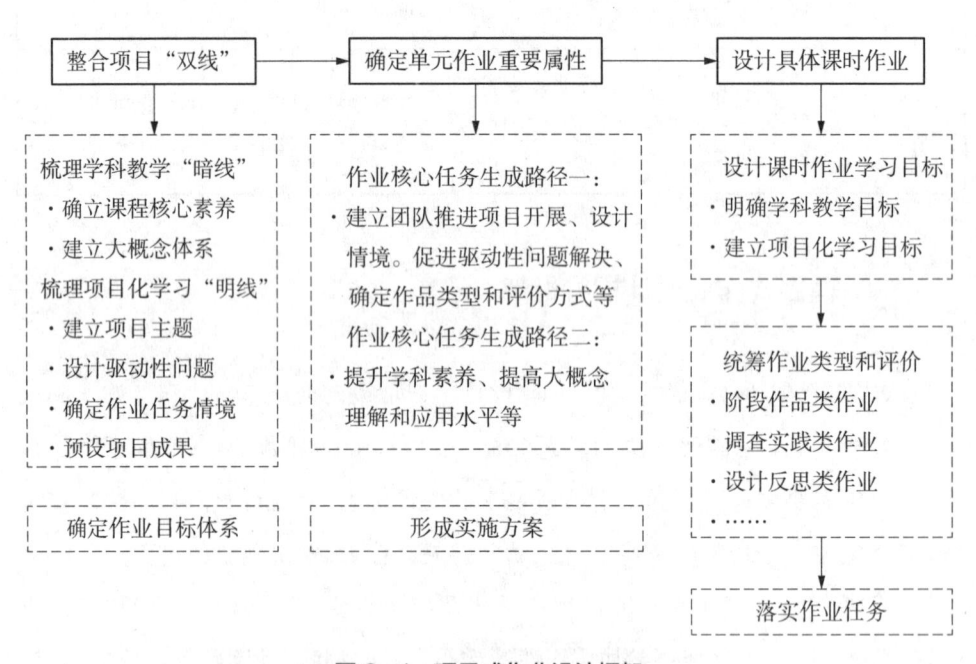

图6-1 项目式作业设计框架

---

① Buck Institute for Education. What is PBL [EB/OL]. (2016-02-21) [2022-09-08]. http://www.bie.org/about/what_pbl.
② 夏雪梅.项目化学习：连接儿童学习的当下与未来[J].人民教育,2017(23):58-61.

环节一：基于学科教学线索梳理项目化学习线索

就学科教学线索而言，教师需要和学生一起确定项目指向的课程核心素养及对应的大概念理解要求，为确定项目式作业线索指明方向，进而设计和开发驱动性问题和学习任务以及最终的项目式作业成果内容和形式，再从驱动性问题和系列学习任务出发，结合项目式作业最终成果进行一体化开发。

就项目化学习而言，教师设计学科单元项目式作业的前提是要通过学情分析，明确学生完成这项作业所要达成的目标是什么，基于学习目标和要求厘清项目的"学科教学线索"和"项目化学习线索"，并借此确定"项目式作业线索"，从而制定课时作业目标和作业结果，设计能达成对应学业质量要求的作业任务和活动。[1]

这样就可以完成围绕该单元的"项目学习故事线"，"自上而下"地预设学生学习目标并展开作业的整体设计。

环节二："双线"驱动确定作业属性

教师可以根据上述项目目标和相应的驱动性问题提炼核心任务，借助学科教学线索和项目化学习线索，进一步明确单元项目式作业的关键节点、主要环节和重要活动，设计作业情境，进而推动项目式作业实施进程和驱动性问题的表征和解决。这一过程也是根据教学进度，将基于基本问题开发的驱动性任务拆分成不同的表现性任务，在完成系列任务基础上形成对应的阶段性作品并加以整合，形成最终成果的过程。

项目式作业的驱动性作业任务，对整个单元作业的完成发挥着"承上启下"作用，是对学生前期学习表现和准备的集结和升华，又为初步成果的制作、改进和迭代奠定基础。运用表现性评价，对学生行为表现和作品内涵的高阶思维品质进行综合评价，并将评价结果用于学科教学线索完善和修订以及促进学生大概念的理解和应用。

---

[1] 董瑶瑶,刘启蒙,刘坚.学科项目学习作业的内涵、设计与实施[J].中小学教师培训,2023(01):34-39.

环节三：聚焦成果确定课时作业

项目式作业设计的"双线"要求教师和学生一起完成作业任务和预设作业活动的结果，即重构每个课时的作业学习目标。该学习目标的设计需兼顾项目的明线："如何完成最终成果"和学科教学的暗线："为什么这样做"，也即明确作业内涵的大概念及其统摄下知能目标和情感态度价值观等。项目式作业问题链和系列任务都对应单元作业目标即大概念理解和应用的学习要求，并合理分配到课时教学中，以"双线并驱"的形式促进学生项目式作业的完成，并生成相应作品。当然，单元项目式作业目标达成需要建立在课时作业目标实现的基础上。因此，教师需要结合单元教学目标，兼顾课时作业的类型、形式和功能等属性，运用科学的评价工具开展形成性评价并加以及时反馈，根据学生能力水平，科学推进项目实施进度和力度，合理分配作业时间，达到项目完成和学习目标同步实现。

三、项目式作业设计实践路径

学科项目式作业主要是以学科内的大概念或能力为载体，指向学科的本质，通过促进学生完成学习任务，达成学习目标的作业形式。在此类作业设计和实施过程中会涉及其他学科，也会用其他学科知识作为支撑，因此单元整体设计成为最好的选择。

案例一：学科项目式作业设计实践

历史学科项目式作业设计是在批判借鉴传统历史作业学习的基础上，开拓出"学科综合、项目展开、反馈多元"的历史项目式作业新方式。本案例综合了统编《中国历史》七年级上册课程与教学素材、内容、目标和成果，以单元为单位，根据上述框架，利用项目化学习线索对作业加以项目式设计，以学科教学线索设计作业学习任务，以便更好地承载起"素养培育""问题解决"等功能。教学内容、项目主题、整合学科以及作业成果形式之间的对照见表6-2。

表 6-2　项目式作业和学科教学内容关系[①]

教学内容	项目主题	整合学科	项目式作业	成果形式
史前时期：中国境内早期人类与文明的起源	走进河姆渡人的生活	历史、语文、乡情等	了解余姚河姆渡文化遗址内容，写一篇《河姆渡人的一天》日记	学生日记
		历史、劳动技术、地理等	观察河姆渡干栏式民居建筑，仿照制作一个干栏式民居的模型，并解释其特色及形成原因	构建干栏式民居模型
夏、商、周时期：早期国家与社会变革	探寻中华文明的基因	历史、语文、书法等	书写一份甲骨文古今对照书法作品，并能举例解释甲骨文的造字含义	一份甲骨文对照的书法作品
		历史、语文、德育等	摘读《论语》《孟子》《老子》等文段，并用黑板报的形式交流分享	一期诸子百家的黑板报
秦汉时期：统一的多民族国家的建立和巩固	解读秦汉风云	历史、德育等	以"我眼中的……"为题，讲一则重要历史人物（王朝）的故事	一次历史故事的演讲；一本学习成果的汇编
		历史、语文、艺术等	创编一段历史剧文本，如"揭竿而起""垓下之围""大风歌"等	一个历史剧本或一个角色表演
		历史、地理、语文等	以"丝路何以畅通"为题，写一篇研究性学习小论文	一篇主题论文

---

① 金亚素.历史项目化学习的作业实践[J].中学历史教学参考,2022(05):45-49.

续 表

教学内容	项目主题	整合学科	项目式作业	成果形式
三国两晋南北朝时期：政权分立与民族交融	发现身边的历史	历史、语文等	阅读四大名著《三国演义》，选择一则典型故事写成历史真实性的考证报告	一篇考证报告
		历史、社会等	生活中有哪些带有"胡"的事物，制作幻灯片介绍其渊源	幻灯片汇报
		历史、艺术等	观看《兰亭序》书法微课，描摹一幅作品	一幅书法作品

在整合有关项目化学习实施的六环节[1]基础上，我们提出项目式作业应该进行学科建构、学校建构、教师建构、学生建构整合观点，形成项目化作业的三环节。

环节一：主题确定和问题驱动。 教师和学生在进行单元项目式作业设计时首先应研读课程标准，进行学情分析，确定相应的学生发展核心素养、学科核心素养、单元教学的基本内容以及相应的学业质量要求。借鉴传统的作业优势，反思其不足，并结合学校课程和教学规划，师生合作确定项目式作业的相关主题，在结合单元学习目标基础上提炼跨学科大概念和学科大概念，建构驱动性问题和核心任务，开启项目式作业的学习之旅。

完成"史前时期：中国境内早期人类与文明的起源"部分教学后，教师可以以"走进河姆渡人的生活"为主题，以"考古发现是了解史前社会历史的重要依据"为大概念，以"河姆渡人的一天是怎样度过的？"为驱动性问题和探究任务，设计项目式作业"了解余姚河姆渡文化遗址内容，写一篇《河姆渡人的一天》的日记"。项目

---

[1] 夏雪梅. 项目化学习：连接儿童学习的当下与未来[J]. 人民教育，2017(23)：58-61.

式作业和学科素养、课程标准要求对应关系见表6-3。

表6-3 项目式作业和学科素养、课程标准要求对应关系[①]

学科素养	课程标准活动建议	教科书内容和学业质量要求	作业任务
时空观念 史料实证 历史解释	• 有条件的地方可以参观我国境内的古人类遗址 • 根据教学用图，想象原始人的一天是怎样度过的	• 中国境内早期人类与文明的起源简述了史前时代距今约170万年到约公元前2070年的历史，共有3课内容。"河姆渡人的生活"是第二课"原始农耕生活"的其中一课 • 教学指导纲要对应的建议：社会调查。运用区域分析的方法，综合历史、地理、文学等相关知识，通过上网或访问博物馆、历史遗址等方式，了解我国史前社会的样貌 • 学业质量要求：历史与社会2-1-2列举中国境内的文化遗存，讲述华夏先祖传说，探寻中华文明的起源和地域特征	• 在学习第一课时"中国境内早期人类的代表——北京人"时，设计"北京人的一天"的情境纠错课堂活动 • 余姚原始农耕时期典型的文化遗址是什么？他们又是如何生产生活的 • 调查走访河姆渡文化遗址的情况 • 若是让你来记述"河姆渡人的一天"你会怎么写（完成时间周末2天）

环节二：项目式作业的协作实施。项目式作业实施过程对应项目化学习中"知识与能力建构"与"合作探究"的环节。这一过程包括学生个体学习探究、教师帮助和团队合作三个步骤。个体探究是作业实施的前提和基础，一般要求全体学生都要参与扮演不同角色，部分作业内容应和单元学习内容、入项活动以及课时学习相结合，包括通过教材、网络和走访等方式了解河姆渡人生活的环境、当时生

[①] 金亚素.历史项目化学习的作业实践[J].中学历史教学参考，2022(05)：45-49.

产力发展、人类智力发展水平等。教师之间也要建立项目指导小组,相互协调,将提供专业支持贯穿整个作业过程始终,包括整体项目实施的建议和指导、提供作业学习资源、聘请专业人员的指导、协调团队组建、作业过程的观察和反馈等。团队合作是关键,有些活动要求全体学生参与,有的活动可以由感兴趣的学生参与,包括学生组织探究小组、团队探究分工和阶段规划、争取社会支持等。

环节三:作业成果提炼和展评。这一环节对应项目化学习的"出项",及时促进学生整合和提炼已有的作业成果,并积极利用学校展示平台加以展评,创造形式多样的作品展评"高光时刻"。"让学习过程的思维可视化"是项目式作业优势的主要标志,它强调作业成果样态多元化,弥补了传统作业的不足。从学科教学线索来看,该环节主要让学生在完成作品的过程中建构知识和技能,丰富作业过程体验,提高问题解决能力。学生通过探究活动完成《河姆渡人的一天》的日记,并加以表演,是表达自我历史理解的一种积极尝试,也是促进历史与艺术、专业评价与自我经验有机结合的主要手段。

学生项目式作业成果是多元主体协作的智慧结晶,相应的展评应关注多主体的呈现,通过多元反馈完成项目式作业(见表6-4)。

表6-4 多元主体展评行为和贡献

展评主体	展评行为和贡献
核心作者	对初步形成的作品进行自我评价与反思改进等
合作小组成员	团队成员之间相互分享和交流,并宣讲作品特点和价值,开展改进性评价等
参与家长	了解孩子的项目作业完成效果,并给予积极鼓励与必要的支持等
学科教师	从学科知识、作品完成思路等方面进行评价,根据学生探究过程中出现的问题提出修改意见,促进学科大组老师参与评价
跨学科教师	从写作或协作探究过程角度给予指导、评价与专业和资源方面的大力支持等

展评主体	展评行为和贡献
专业人士	参加学生小论文评比专项活动,建立评价标准和规范,对优质作业成果进行评价表彰等

案例二:综合实践项目式作业设计

我们以沪教版高一化学第二章第 2 节"氧化还原反应和离子反应"单元为例,参考鲍文亮等研究成果[①],阐述这一综合实践类单元作业的设计和实施过程。根据学科教学线索的要求,团队梳理和研讨了课程标准相关规定、学业质量标准和教材内容,将单元作业的学习目标聚焦于"宏观辨识与微观探析"和"证据推理与模型认知"两种核心素养。基于学生发展和学科本质提炼出的跨学科大概念为"透过现象看本质",即现象是本质的外在体现,而本质则反映了现象,并以此为统领,将氧化还原反应和离子反应学习内容联结为一个有组织体系的整体。将上述核心素养作为理解大概念的认识思路,依托丰富多样的情境内容并整合相应素材,设计"自来水处理厂及水处理工艺流程"为项目主题的项目式作业。这一作业类型旨在基于学生已有的知识基础和生活经验,并沿袭进阶性项目任务,促进学生知识迁移。确立的单元作业的大概念与核心素养的关系见图 6-2。

【作业情境】

某自来水厂始建于 19 世纪 80 年代初,是当时全国供水行业建厂最早、生产能力最大的地面水厂之一,为当地城市建设和发展做出了重要贡献,满足了周边几个区近 300 万市民的生活用水和工业用水,目前成为该市人文行走的重要站点。随着市民和工业生产用水量增加和对水质提出了更高要求,水厂需要进行设备更

---

① 鲍文亮,李贝贝,周雯,韩佳睿.大概念统领下单元作业的设计与实践——以"氧化还原反应和离子反应"单元为例[J].化学教学,2023(01):83-87+96.

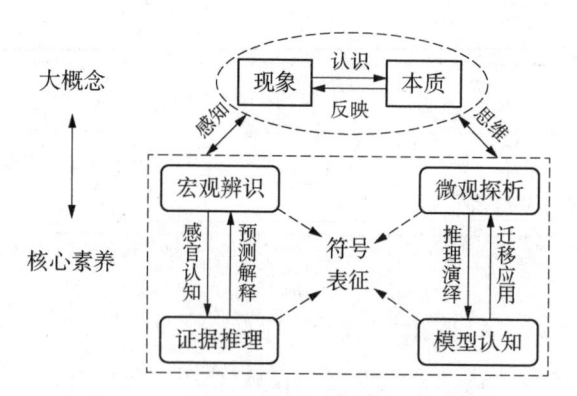

图 6-2 单元大概念和核心素养的关系[1]

新和产业改革。假如你和你的团队承接了水厂改建工程,负责重新设计自来水处理厂及相应的污水处理工艺流程,为上海市民送去洁净健康的饮用水同时满足日益增加的工业用水需求。

【驱动性问题】

如何利用学习过的单元知识设计出科学合理的改建方案,满足市民对优质水的需求?

【核心任务】

(1) 确定厂址的选择方案;

(2) 设计水厂处理工艺(废水净化和再利用、废弃物资源化等);

(3) 投资估算与成本分析;

(4) 施工方案论证。

【作业活动】

需求调查、存量复盘、专家指导、方案撰写和论证等。

【成果展评】

(1) 以小组为单位,在专家和教师指导下设计改建方案;

---

[1] 鲍文亮,李贝贝,周雯,韩佳睿. 大概念统领下单元作业的设计与实践——以"氧化还原反应和离子反应"单元为例[J]. 化学教学,2023(01):83-87+96.

(2) 绘制工艺流程的海报,广而告之,接受市民问询并进行解说和解答;

(3) 向政府阐述水厂设计的合理性、可行性,以此争取各方面支持;

(4) 分享设计过程中的心得体会,并反思存在的问题。

案例三:跨学科项目式作业设计[①]

跨学科项目式作业超越了学科教学范畴,以不同学科的关键概念或能力为载体,指向真实世界中的问题解决,注重提升学生跨学科学习的积极情感和实践探究能力的培养,促进学生多学科素养发展。项目设计强调紧扣学科融合点创设情境,在情境中创设项目主题;驱动性问题设计注重跨学科对话,强调作业探究意蕴与创新导向;展评活动兼具发展性与融合性。

【真实情景】

国庆节7天长假快要到了,居住在北京的一家四口人(父母、14岁哥哥和11岁妹妹)经过讨论决定在此期间出游,时间为6天,预算1.5万元左右。去哪里由孩子确定,以便满足他们的好奇心,培养亲子关系。

【大概念和驱动性问题】

借此情境,教师设计的项目化作业将大概念确定为"消费和投入:合理消费可以收获更好效益"。总的驱动问题为:如何最大化利用好限定金额使出游更开心、收获更大?

【驱动子问题】

父母经过私下讨论建议孩子们花三天左右时间去故宫参观学习,并提供相应准备,利用两天左右时间完成作业的相关作品等。鉴于故宫博物院有很多展馆,14岁哥哥喜欢旅游,且擅长英语,父母给出的驱动性问题是:用英文给国外的网友写篇游记,介绍你最喜欢的是哪个展馆?为什么?11岁妹妹文静且爱好美术,父母建议的驱动性问题是:故宫博物院里面古玩特别多,一些瓷器非常漂亮,内涵丰厚,你最喜欢哪些色彩?画一幅搭配有国潮风的水彩画作为家庭客厅展览画,美

---

① 改编自2021年4月6日北师大PBL项目组微信公众号观点推送:项目学习中如何设计高质量驱动问题?稍作修改,在此表示谢忱!

化一下家庭环境。

【作业成果】

通过这一项目式作业,孩子们围绕"文化是一个民族自豪感的表征"这一大概念,选择一个自己感兴趣的展馆,通过参观加深对故宫的理解,绘制绘画,撰写文字版旅游日志,达成培养"文化自信"这一核心素养。但围绕同样的现实情景,借助于跨学科大概念,将上述驱动问题整合为:在五一长假期间,如何充分利用故宫资源,在优化家庭环境的基础上培养亲子关系?由这一驱动问题彰显的项目式作业更有价值。

一是在项目式作业实施前的规划阶段,父母引导两个孩子充分理解了大概念"投资与消费"的内涵:都是花钱,但不同消费行为带来的收益却迥然不同。如果兄妹二人去游乐园玩一些重复的项目,买一些无关紧要的纪念品或零食等,都无法获得未来能得到更高回报的技能、审美、见识;制作故宫一手出游规划上传旅游网站或App能给他人出行带来参考价值以换取经济报酬等,同时帮助孩子养成理财行为与习惯。

二是借此可以充分培养孩子的媒体素养、批判性思维和问题解决能力等。项目式作业实施前兄妹通过查阅不同的旅游网站和App上的用户评论,学会分析不同媒体的叙述方式与可信度,并加以评判吸收和借鉴,形成自己的观点与论证,领略人们对故宫内涵文化的敬仰,掌握搜集不同信息的渠道,以此作为出游规划的设计起点,养成很好的媒体素养和批判性思维,为下一步的问题解决能力培养打下坚实基础。

三是在项目实施过程中针对不同学科核心素养,孩子们充分借助学科大概念搭建了多向度的探索空间,在探究过程中充分和家人沟通,从而培养孩子们的合作意识等社会情感,为学生高阶思维能力和核心素养培养搭建脚手架。

另外,除了围绕学生发展核心素养提炼的跨学科大概念外,各个学科教师可以根据上述内容,针对学科特点提炼相应的学科大概念,分解整合后的驱动问题从而形成大问题下的子问题系统,为学生提供多维度的探索空间,丰富作业产出的多样性(见表6-5)。可预期的高阶思维能力与核心素养培养包括:基于实际问

第六章 项目式作业设计模式

表6-5 项目式作业相关属性统计

学科	学科大概念	驱动问题	作业任务	预期成果
数学	数学中计算、数据可视化、概率等内容有助于解决现实生活中的具体问题	故宫冬天没有暖气靠什么取暖？	探索故宫的屋顶结构	结构示意图
历史	历史人物和社会现象关系密切	古代科举考试制度的历史变迁与现代数学时代考试的异同？	置身于科举考试的特定时代和特定场景,深刻发掘并理解中国古代考试制度的历史线索、变迁与特征趋势	一篇有理有据表达规范清晰的研究报告
文化、国学	文化是一个民族、群体或个人生存结构的关系图	故宫的文学、艺术、建筑、美食、宫廷音乐、书画、花窗、陶瓷、扁额等内容为什么能够成为中华文化或者国学的组成部分？	利用科技,做一个强国潮风格的国画、书法、音乐的营销方案	一份富含国学文化的营销方案
语文、信息技术	母语承担着文化理解与传承的学科功能	如何利用python编程和信息技术,制作一个中国传统文化知识考查的简易App？	反复解读文物国宝与自我之间的关系,可以获得美学与知识意义的愉悦,吸纳深藏其中的民族自豪感和国家荣誉感;利用计算机信息技术,制作简易App或者小程序	一个中国传统文化知识考查的简易App

105

续 表

学科	学科大概念	驱动问题	作业任务	预期成果
科学	力是物体所受各种力的合力或分力	如何利用"故宫为什么百年不倒"的原理设计一个可以拉伸的书架？	探究故宫建筑建构科学性	掌握物理五个核心概念：力、运动、牛顿第一定律、牛顿第二定律、牛顿第三定律；设计一个可以拉伸的书架
艺术	艺术最基本的功能在于培养人对艺术的感受、体验、评价和能动创造的能力	如何用故宫元素，创作一幅有特色的儿童画，用作家庭客厅装饰画？	体验故宫建筑、宫廷音乐、名家书画、花窗、匾额、陶瓷等蕴含的深厚的文化气息	就故宫文化作一幅宣传画和一幅有特色的儿童画
劳动技术	家庭中劳动技术能力在体现出一定的节气与时令特色	如何制作有国潮特色的故宫美食、自家品尝并送给班上的外国朋友？	通过动手实践，让孩子理解正统的满汉糕点的区别，了解中国的民俗、节气与时令、饮食的南北差异	玫瑰饼制作

106

题的调研能力；媒体素养、做出对比分析的综合能力；批判性思维能力、创造性思维能力等。

四、点评与反思

在项目化学习与以学习者发展为中心的作业改革浪潮下，教师应该自觉改变传统的作业设计和布置方式，改变书面作业的单一形式；强化素养立意，将教科书中的基本知识、技能等融入作业任务中；改变课时作业课后完成的现状，将练习试卷和作业本作为其中一个环节而不是唯一的载体；以项目为抓手促进作业在形式载体、内容组成、目标设计、成果展评等方面的一体化，强化教师批阅讲评和相应的反馈，以学科综合的视角整合多门学科，呈现多学科学习的色彩与意蕴。

综合实践类项目式作业设计中需要通过教师并借力专家智慧，为学生方案设计和专业论证提供一定的方法和思路，其中脚手架搭建非常重要。教师的鼓励和及时反馈有助于学生更好地参与活动并进行自我反思和评价。此类综合实践类项目式作业的评价，不仅要关注学生的最终作品（一个个方案），更应给予学生过程性评价，注重最终成果展示过程中学生的交流和反思，规避为活动而活动的形式主义，从而达成"用以至学"的目标。

跨学科项目式作业能够将核心素养、大概念、作业任务有机联系起来，提升参与者（包括教师、学生、社区人员、专家等多向联系起来）真实问题解决的能力和素养。由此可以看出，高质量的驱动问题起着"借假修真"的脚手架功效，但驱动性问题的设计和开发需要设计者具备多方面的素养。

第七章 基于问题解决的单元作业设计模式

复杂问题是指没有明确的解决方法的非良构问题,以此为变量设计结构复杂的学习任务,具有以下特征:目标的多元性、变量之间的连接性和不透明性、问题情境的动态性和复杂性。这些特征决定其可以作为作业设计的逻辑起点,从而通过作业情境中复杂问题的解决,达成核心素养培养目标。

一、大概念单元作业和复杂问题的同构性

(一)问题解决与单元作业相互交叉和融合

课程论视域中的作业及其设计的内涵及特征均明确表明,作业是学生根据问题情境应用已有知识和技能做出决策并经过一系列的思维操作解决问题的过程。指向良构问题解决的作业是浅层学习,对应的作业类型是记忆和理解类。由于作业中,非良构问题是发生在一定情境下,没有固定解决方式,需要综合运用各类学科知识,并对整个过程进行评价、监控和创造的活动,属于深度学习范畴。基于现实问题设计的作业的完成能够促进深度学习的发生,在问题解决中提高了学习的实现层次。

(二)单元作业是问题解决能力提升的实现途径

单元作业要求学生运用所学知识在真实复杂的情境下解决存在的问题,开展

大活动和完成大任务就是通过问题解决得以实现的。大活动涉及三个层次的活动：基于对问题本身和相应的大概念的深度理解，批判性地建构新知识以及利用已有知识解决问题和促进知识迁移运用。它是对多方面知识和经验的整合加工，在复杂问题解决过程培养学生高阶思维、信息整合能力和对新知识的主动建构能力，进而提高问题解决能力，核心素养也一定会随之提升。

（三）问题解决和单元作业都提倡能动学习和合作探究

单元作业要求学生围绕问题解决开展能动学习、合作探究，注重培养学生各方面的综合实力，也是对传统被动性和机械性作业诟病的一种纠正。能动学习需要学生把学习作为一种兴趣和责任，调动意志力，提高学习投入；合作探究需要学生利用智慧，设计解决方案，开发资源，群策群力。作业中的这些情感的、认知的、实践的活动任务都是学生适应当下及未来社会发展必然会遇到的生活经历，更是极大提升学生自身素养的一种社会历练和心智发展的过程。

二、基于问题解决的大概念单元作业设计流程

（一）基于问题解决的单元作业设计模型构建

基于对单元作业的内涵、特点及其与问题解决的关系和一般过程分析，在借鉴大量问题解决阶段和相应模式基础上，结合建构主义和认知主义以及学习科学最新理论，将复杂问题作为单元作业设计的逻辑起点，将问题解决能力提升并伴随着作业完成学生核心素养得以培养作为重要目标，综合考虑学生的生活情境、作业问题解决过程、所需条件和资源等核心要素，我们建构了基于问题解决的单元作业模型(见图7-1)。

（二）基于问题解决的单元作业设计模型阐释

在这一模型中，复杂的现实情境是指动态的、模糊的学习环境，是源于学生生

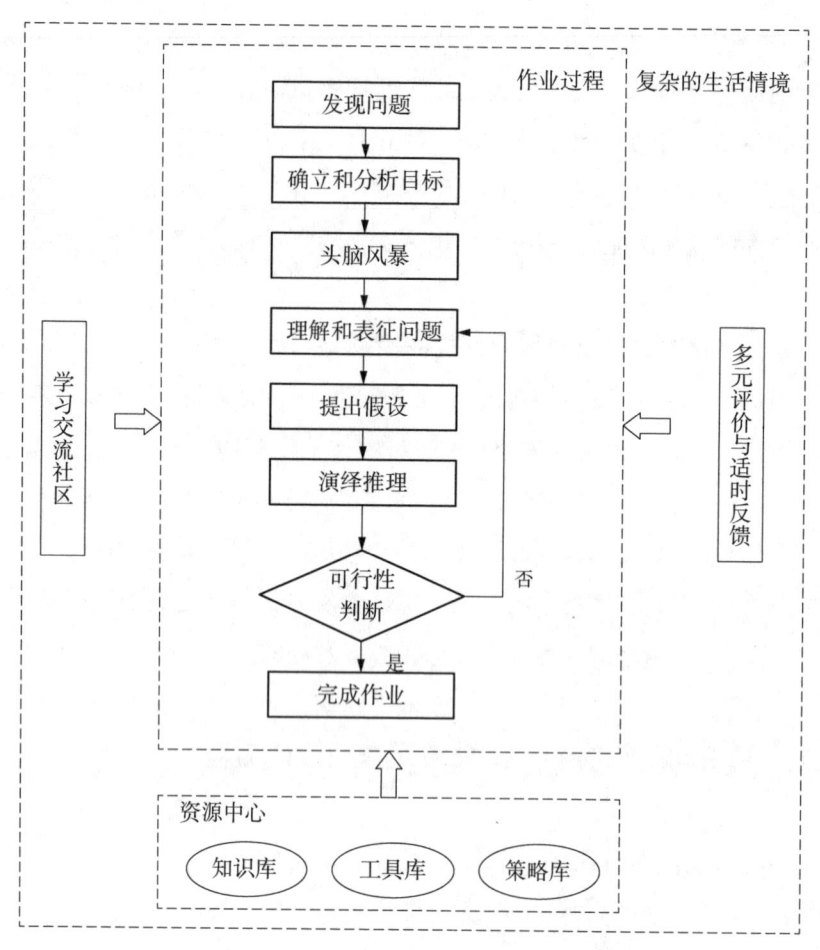

图 7-1 基于问题解决的单元作业设计模型

活现实,将学习者视为核心参与者,鼓励学生积极参与单元作业设计和主动完成这个过程从而达成自我发展,逐渐理解自己作为学习者的作业行为的一种富有体验感的空间。例如,"为进博会在疫情背景下设计信号接收器及新风系统"的现实任务。置身于这种环境中的学生能够最大化地促使知识内化,围绕既有挑战性的问题解决,自觉进行知识联络、转化并迁移运用到现实生活中,提高复杂问题解决能力。作业设计者应高度关注学生的学习动机以及在完成作业和作品中的关键作用,强调形成性反馈对学习的支持,鼓励学生大胆假设,并通过系列探究活动和评价策略判断设想达成情况,强有力地推动知识与学科领域、学习社区及更广泛的世界的横向联系和知识间的纵向衔接。因此,一个真实复杂的问题情境是滋生问题和解决问题的前提条件。

该框架主要由四个领域构成。

1. 单元作业过程

这一过程本质上是学生参与创造性劳动、探索和成长的过程。该领域由八个步骤组成。

① 发现问题。问题表征的是主体与其周围环境之间的交互关系,是已有条件和所要达成目标之间差距而产生的冲突,也是作业设计的起点。单元作业要求学生发挥主观能动性,深刻体验生活的意义和价值,能够结合知识内容敏锐发现知识问题,并将所学知识和技能与其建立联结。在真实复杂的环境下发现问题所在,要求教师在单元作业设计时能够根据课程标准要求,结合教学开展情况,设计具有明确指向性和驱动性的问题,促使学生深入思考,联结已有学习经验并产生情境性迁移;学生则需要具有扎实的专业知识基础和敏锐的洞察力、判断力,发现作业情境的关键问题。

② 确立和分析目标。目标是行动的导向。在单元作业设计阶段,教师还需要对教学评一体化设计所确定的目标进一步细化,确定作业过程应该渗透和达成大概念理解和应用的具体学习要求,进一步确定未尽或可以拓展的单元作业目标体系,确定学生获得达成大概念学习要求所需要的所知(Knowing)、所能(Doing)、理解(Understanding)、所成(Being),使得学科核心素养、内容标准、学习要求、单元作业目标之间在逻辑上形成互动的迭代关系。

③ 头脑风暴。个体回忆以前掌握的知识和技能,激活已有的问题解决经验,选择能应用于作业问题解决过程的内容,结合作业情境对其重新加工,强化知识之间、知识和社会以及方法之间的有机整合。指向核心素养的课程与教学提倡设计和开发协作性单元作业,鼓励学生在协作解决作业问题中充分表达不同个性的

学习见解，让思维激荡思维，方法激发方法。

④ 表征问题。主要表现为运用批判性思维对问题本质进行深度理解，梳理单元作业中问题解决的已有条件和达成目标还缺少的要素，预测可能出现的认知冲突，形成深刻的问题表征。一般包括问题的初始状态、问题的目标状态、改变问题状态的操作（算子）以及对算子的约束等因素。

⑤ 提出假设。在明确现状和目标差异的基础上，提出弥合差异的可能方法和路径，考量各种能够达成目标的可能方案，并对作业问题解决的可能性方案提出尝试性描述、解释和推测。

⑥ 演绎推理。在方案实施前，学生结合单元作业问题情境和已有知识储备，从一般性前提出发对每一假设和方案进行推导和预演，进一步明确问题的本质和指向，发掘充分或充分必要条件，以及问题解决所需要的重要资源。

⑦ 判断方案的可行性。围绕问题解决及其能力提升的目标，科学诊断问题解决方案的实施条件。若条件成熟则将方案付诸实施，否则返回以上步骤，进一步表征问题和补充以及创造条件。

⑧ 完成作业（实施方案）。执行既定单元作业问题解决方案，将预设的思路、方法实践化，从假设思路变为实际执行，尝试解决作业中内含的基本问题，以便达成目标。

2. 资源中心

这一框架强调作业资源在基于问题解决的单元作业过程中的重要作用，包括支持该单元作业过程的物质基础、心理准备、必要工具和策略等。教师要帮助学生建构知识库、工具库和策略库等。

知识库不仅仅是指学生已经掌握了的客观的知识基础，还应该包括解决问题的程序性知识、策略性知识。元认知知识尤其重要，它可以帮助学生策略性地运用陈述性知识、程序性知识以及自我调节知识以达到目标和解决问题。相对而言，基于问题解决的单元作业的设计和完成，功能性知识更加重要，因为问题解决需要对概念性知识的深层理解，而不仅仅记忆一些碎片化的事实性知识，从而建立新旧知识的联结,达成概念的迁移。另外,问题解决也需要超越知识和技能,涵盖更有深度的、可迁移的理解,形成概念层面的思考。

教师应帮助学生建构一个适用工具库,辅助学生完成单元作业。工具库是指支持基于问题解决的单元作业过程的各种软硬件设备,例如计算机、手机、平板电脑、微信以及各类数据库和思维导图等,以便获取数据、分析和整合信息、呈现结果,支持协作、共享设计、建构知识体系、测试模型、多媒体展示等。另外,学生应该学会利用SWOT分析工具分析自身优势、劣势和可能面临的挑战,以便进行科学决策。

教师和家长乃至学习交流社区应该帮助学生掌握丰富的问题解决策略,建立策略库。单元作业中问题解决所需要的策略应该包括认知策略、元认知策略、资源管理策略等。在信息社会学生应该掌握必要的算法策略和启发式策略等。其中算法策略确保学生能够运用解题的一套规则,精确指明解题步骤,保证问题得以解决。启发式策略即凭借个体已有的知识经验,采取较少的操作来解决问题的方法,包括正向工作法、逆向工作法、简化计划法、爬山法等。方法和策略应用要依赖于问题本身的性质和内容以及个体已有的知识经验。另外,还要学会运用专家系统、立场分析和因果关系等方法系统微调解决决策和其中的要素配置及角色扮演等。掌握讨论、表述、调查、展示等策略和方法对单元作业问题解决同样重要。

3. 评价与反馈

该模块要求评价与反馈贯穿于整个基于问题解决的单元作业过程始终。这部分包括多元评价和适时反馈两部分。对单元作业的评价应该综合取向,包括诊断性评价、形成性评价、总结性评价,利用它们各自的优势和适用范围达成真实反映作业目标达成情况。但无论单元作业直接指向的问题解决能力,还是终极指向的核心素养培养,都具有复杂性、综合性和内隐性等特征。因此,多元评价应该成为重要的评价方式,从而通过考查学生作业中的思维过程和完成的作品来展示和验证学生知识、技能和能力的获得。评价的目的是改进学习活动效果,对评价结果的及时、准确、适时、适度反馈直接影响到下一步骤的实施。在开始实施作业方案前,教师应以终为始提早告知评价标准,借助多元评价方式关注问题解决的过程与结果。评价内容包括能力、态度与学习投入等,评价方式包括量表评价、自我评价、同伴评价、班级范围评价、教师评价、公众评价等。教师在对学生作业进行评价时要综合利用静态反馈、动态反馈和混合反馈,强化问题感知、认知统合、评价判断、采取行动、情感管理、动机调控等环节[①],培养学生的反馈素养。

4. 学习交流社区

单元作业设计与实施需要基于多主体之间的协同。因此,在单元作业的设计和学生完成过程中构建一个学习交流社区,搭建一个寻求资源和帮助的平台非常重要。这个平台也是知识创生的场域,以便在作业过程中进行知识共享和信息沟通交流。该模式中的学习交流社区既可以是有固定组成人员和固定交流地点的真实存在的社团,如实践团队、作业共同体等,也可以是虚拟的网络平台,如贴吧、论坛、微信群等。在这个社区中有本学科领域的专家学者、教师、技术人员等,围绕作业各司其职,提高问题解决能力,从而助力学生的发展。学生可以在此提出自己的疑问、发表自己的看法,甚至就某一问题与他人展开讨论,促进对已知信息进行再加工,使作业情境中的问题得到更有效的解决,进而实现深度学习。

三、聚焦真实问题解决的单元作业设计实践探索

沪教版初中数学的"19.5°角的平分线"部分内容是全等三角形概念、性质和判定方法以及角平分线的性质。教师完成教学后,可以围绕角平分线这一主题,开展综合作业设计和实践。[②]

(一) 以课程学习要求为基点,建构作业学习任务框架

新修订的义务教育数学课程标准要求引导学生在熟悉的情境中了解、探索并

[①] 董艳,李心怡,郑娅峰,翟雪松. 智能教育应用的人机双向反馈:机理、模型与实施原则[J]. 开放教育研究,2021,27(02):26-33.
[②] 本案例由上海市虹口区教育学院胡军副院长提供,稍作修改,在此表示谢忱!

证明角平分线的性质定理和角平分线上任何一点到两边的距离相等,并能够将这一定理应用到实际生活的问题解决中,形成相应的逆命题,培养学生用数学的眼光观察世界,用数学的思维思考现实世界等核心素养。

从几何图形的发展来看,角平分线这一内容的产生可以满足现实生活问题解决的需要,也是适应数学自身发展的需要。让学生理解角平分线的性质、特点和证明方法,有助于拓展几何图形学习的意义。学生对于图形的认识,要从规则图形扩大到不规则图形体系,而本单元的任务则是要学生能够理解角平分线的图形性质和特点及其证明,并加以迁移应用到实际生活问题的解决过程中。教材的整体设计也是希望学生经历从生活到数学的抽象过程,从而培养课程核心素养。

通过学情分析可以发现,学生已经学习了直角三角形全等判定定理、线段的垂直平分线性质和判定定理,经历构建一个命题的逆命题过程,应用类比方法构造角平分线的逆命题并不是什么难事。教师可以此为单元作业设计切入点,以课标要求和单元内容为经线,以学生认知情况为纬线,"探秘角平分线性质及其生活运用"主题任务的整体作业设计就得以架构起来。

教师可以将对应的课程核心素养进行如下分解:

(1) 抽象能力:能够从实际情境和跨学科的问题中抽象出核心变量、变量的规律及变量之间关系,并能用符号予以表达。

(2) 几何直观:建立数与形的联系,构建数学问题的直观模型。

(3) 推理意识和能力:对自己及他人的问题解决过程给出合理解释;理解命题的结构与联系,探索并表述论证过程。

在此基础上结合学情分析和教材内容以及教材提供的相关练习,确立单元作业目标:

(1) 理解角平分线的概念,探索并证明角平分线的性质定理。

(2) 运用图形的轴对称、旋转、平移进行图案设计。

(3) 获得数学学习中的成功经验,积极主动开展数学问题探究。

上述目标聚焦数学知识之间、数学与其他学科之间、数学与生活之间的联系,在促进学生探索真实情境所蕴含的关系中,发现问题和提出问题,应用数学和其他学科知识和方法分析和解决问题。

教师通过课程标准中核心素养、知能目标和教材中导言及小结等内容,提炼单元作业的大概念:图形蕴含实用价值和对称美;建构导向性的核心问题:如何应用数学知识解决生活实践中的问题,并欣赏内涵的美?本次作业的核心任务:角平分仪工件制作。

单元作业作为综合实践任务,相应的目标、核心问题除了包含对常见的图形性质和应用的数学知识要求,还要关注学生实际生活经验的获得、情感态度的发展。为此,教师要以激发学生问题意识,鼓励他们以提出问题为重点,把生活中的问题转化为数学问题,帮助他们建构思考和解决问题的路径,发展数感和量感。

(二) 以问题为驱动,聚焦真实情境设计单元作业

大概念单元作业区别于传统练习。它要把数学知识的学习和大概念理解融入到主题任务中,让学生面对现实生活场景,从数学角度通过提出问题并应用相应知识内容,理解、感悟知识及其支撑的大概念的意义。因此,主题任务的设计和完成,必须注重学生的参与感、体验感和获得感。围绕主题活动的这一导向,教师可以确定作业设计和实施过程。

1. 真实情境再发掘,促进问题迁移

教师可以指导学生结合作业任务寻找大量具有代表性的、真实可感的素材,建立问题和生活的连接,体验任务的实际意义。

教师可以引入古希腊三大几何难题之一的"化圆为方"问题的求解,激发学生的认知冲突,要求学生将这一典故转化为几何问题,促进学生梳理数学史,陶冶数学情操,培养探究精神。

教师也可以引入欧几里得《几何原本》的第1卷命题9:"平分一个已知角"(见图7-2)并将其转化为几何命题:在 OA 和 OB 上分别取点 D 和 E,使 OD=OE,联结 DE,在 DE 上作等边△DEF,则 OF 就是∠AOB 的平分线(图7-3)。

图7-2　　　　　　　图7-3　　　　　　　图7-4

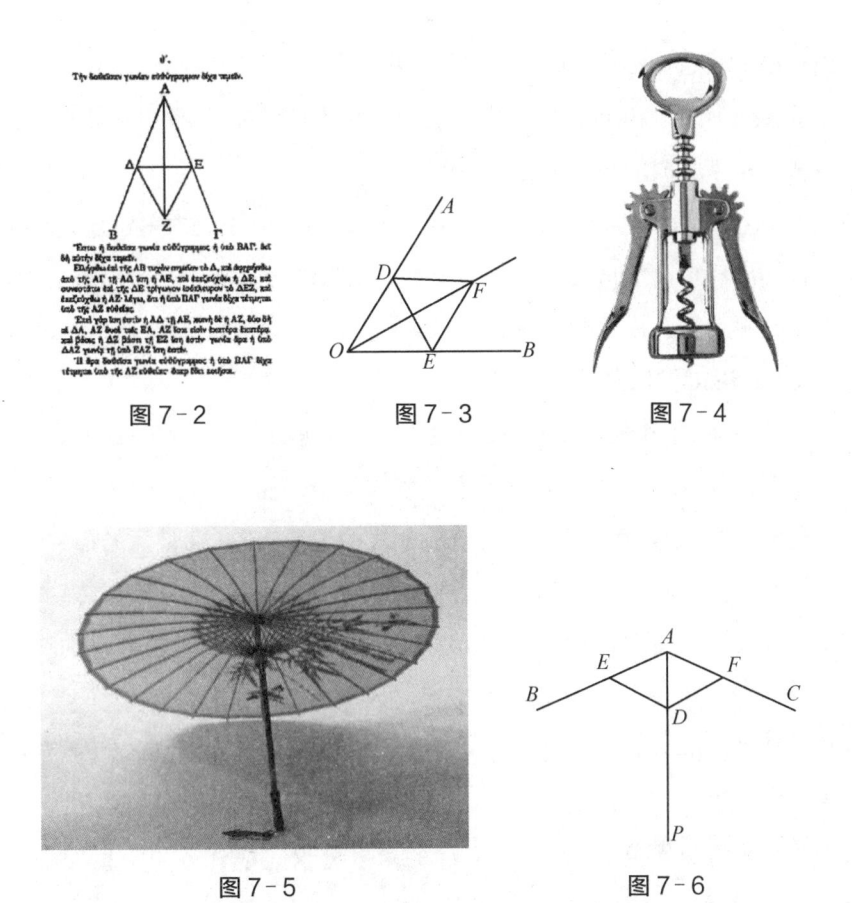

图7-5　　　　　　　图7-6

教师可以引入红酒开瓶器、油纸伞等角平分线实例(见图7-4、图7-5),并以油纸伞为例,将其转化为几何命题(见图7-6)。让学生探究油纸伞在使用过程中,为什么伞圈D沿着伞柄滑动时始终可以保证AE=AF,DE=DF?

2. 搭建学习支架,合力解决问题

学生的探究欲望被激起后,教师应该引导学生通过学习交流社区去寻找解决问题的路径和方法。设计的主题任务要聚焦一个核心问题,以此为抓手,明确学生探究的方向。

117

根据以上信息,完成下面两个问题的探究任务。

任务1:应用所学知识证明不论油纸伞张开还是缩拢,伞柄AP始终平分同一平面内两条伞骨所成的角∠BAC,为什么?

任务2:参考油纸伞的设计原理和角平分线知识,以小组为单位设计一个可以用来直接画出任意给定角的平分线的角平分仪工件,并说明设计原理。学生可以请教劳动技术老师并提供相应材料做出实物。

3. 应用实践问题,形成相应作品

为了更好地将问题解决能力和建构的大概念进行应用迁移,教师可以进一步将这一主题任务延伸,即可以将任务2分解成两个子任务:

子任务1:收集任意一个平面角的平分线的生活实物,以照片的形式呈现,并尝试挖掘所制作工件的其他生活用途;

子任务2:探究如下问题:火车站大量不平行铁轨,他们所在直线的交点无法触及,如何找到他们的交点并指出相交形成的角的平分线的位置?

教师可以提示学生将这一任务转化为数学问题加以解决:A4纸上有两条线段AB、CD(见图7-7),但它们延长后的交点在纸外,请作出包含线段AB、CD的两条射线所成角的平分线,并用所设计的角平分仪完成任务。学生面临的问题是:如果两条线段延长线超出纸张范围,则必须对工件进行进一步改良,完成"角

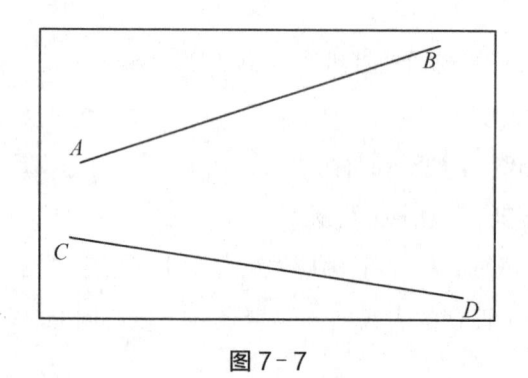

图7-7

平分仪工件"设计报告表(表7-1),并与同伴交流分享活动经验。

表7-1 "角平分仪工件"设计报告表

班 级		组长姓名	
小组成员			
任务分配			
工件示意图(以照片形式呈现)			
工件操作方法			
涉及所学知识和大概念			
子任务1的角平分线绘制(以照片形式呈现)			
子任务2的角平分线绘制(以照片形式呈现)			
活动收获与反思			

以上系列任务的设计,旨在让学生经历"明确问题——探求解法——制定方案——实施计划——讨论反思"这一问题解决过程,促进他们结合生活经验(实物)和所学几何知识进行自主建构,进而完成核心任务。

(三)以课程评价为支点,反思作业过程

评价和反馈既是衡量作业效果的重要手段,也是优化单元作业方案和上述过程的方法。因此,基于学生素养持续发展的视角,本单元作业评价可以采用自评和同伴评价相结合的方法,多角度展开,相应的评价主要包含以下两个维度。

任务完成方案:把提出问题的质量、制定方案的科学性和可行性、资料收

集的全面性和典型性作为评价内容,判断学生在作业任务完成过程中思维的参与度,培养学生分析、发现问题的能力以及对单元大概念的理解和应用情况。

任务实施过程:把学生问题解决思维的流畅性和敏捷性、独立思考能力、合作意识、表达观点作为内容,在关注学生思维活动的同时,也关注学生的核心素养的持续发展。

这样通过单元作业学习任务的评价与反馈,不断优化后续的教学。

对学生作业作品的评价主要采用表现性评价。对于任务1的作业批改和反馈,可采用等第制评价的方法,提倡由学生互评、家长投票、教师点评相结合的形式,可从工件图纸绘制清晰度、制作工件的精细度、工件使用的精密度、交流分享时的表现等多方面展开评价。评价的角度多样,可以采取表格打分制来实施(见表7-2),但应以鼓励为主,以下评价标准可供参考。

表7-2 "角平分仪工件"设计评价表

小组组长		小组成员	
评价量度表	满分	小组得分	
工件图纸绘制清晰度	5		
工件的简易程度	5		
工件的操作复杂度	5		
工件的实践准确度	5		
组员交流分享流畅度	5		
总计得分			
团队荣誉称号			

续表

评价量度表	满分	小组得分
个人荣誉称号		

注:团队荣誉称号有:最佳设计奖、最佳创意奖、最佳制作奖、最佳风采奖、最佳组织奖;
个人荣誉称号有:"小小绘图师""小小工程师""小小演说家""小小摄影师""小小CEO"。

- 优秀:能证明AP始终平分∠BAC,工件图纸绘制形象易懂,制作工件简易且容易操作,测量准确度很高,组内成员交流表达清晰,语言自信流畅。
- 良好:能证明AP始终平分∠BAC,工件图纸绘制较形象,制作工件较简易且操作相对较复杂,测量准确度高,组内成员交流能说清设计原理。
- 合格:能证明AP始终平分∠BAC,工件图纸绘制不够形象,制作工件及操作均较复杂,测量误差较大,组内成员围绕设计原理进行的交流不够顺畅。

(四) 小结

通过油纸伞伞骨设计等生活实例的应用,让学生感知角平分线平分角的实用性及对称美;抽离出伞骨平面示意图并分析数学知识背景,体现了数学建模的思想应用;设计角平分仪的示意图绘制及工件制作的自主活动和探索实践,旨在引导学生用数学思维和眼光从生活中去发现数学知识,再运用数学知识去解决新的生活问题。解决实际问题的过程有助于拓宽学生的视野,帮助学生感受数学与现实的联系,增强学数学、用数学的意识和能力,促进学生数学素养的提升。任务2让学生检测工件的合理性及精密性的作业设计,旨在让学生体会数学知识的实用性,而非纸上谈兵。让学生在学习过程中获得体验并进行数学交流分享,鼓励学生在实践活动中培养独立自主的精神,锻炼勇于克服困难、团结互助等品质。

四、总结与建议

在素养时代,创新型人才培养首先要从培养学生的问题解决能力着手,提高学生作业的内在动力,促进深度学习行为的发生。单元作业和问题解决在内涵、功能和发生机制等方面存在契合性,相互交叉、相互促进。我们通过比较分析,构建了基于问题解决的单元作业设计模型,并就模型实施设计四个领域进行解读,期待借此提高学生的问题解决能力和自身素养,为培养终身学习者和创新型人才奠定基础。但该模型的设计和实施对师生而言还存在很多困难,需要从实际问题出发,提高和增强对作业功能的认识。

(一)从课程标准出发,将作业目标聚焦在复杂问题解决能力的培养上

在"双减"背景下,教师在单元作业设计时可以通过研读课程标准规定理念、目标和作业设计方向,综合国内外理论与实践研究的精华,秉持认知神经科学、教育学基本原理、智能教育技术以及教育治理的多维视野,注重单元作业的思维化设计,改变指向低阶思维的浅层作业,开发和设计指向问题解决的高阶思维培养的作业目标,超越"补正课之不足"的狭隘立场;强化作业内容的整合,兼顾基础知识、基本技能,同时减少惰性知识传授,促进概念性知识和元认知知识的渗透;创新形式载体,基于学生问题解决思维方式和已有知识储备,设计个性化作业。基于情境问题解决的复杂性,单元作业设计和开发应该强化主体参与上的联动,组织和利用多种作业,营造适宜的作业环境。只有这样,学生才能在完成大概念单元作业过程中学会学习、评价和监控学习,从而提高问题解决能力。

(二)以"洋葱模型"为参照,整体设计作业内容和任务形式

鉴于复杂情境构成了基于问题解决的单元作业设计的宏观层面,教师在设计

作业时适宜借鉴生态理论,以"洋葱模型"[1]为参照设计基于问题解决的单元作业。该模型根据距离学生自身范畴的大小可大致分为五层洋葱圈,逐层拓展、逐级延伸、确定作业类型。核心指向是学生学习以及借此促进学生核心素养发展,并兼顾各个圈层的一致性目标和个性化差异,从学生、教师、家长等多主体协同,综合考虑选择作业性质和类型,实现"发挥作业诊断、巩固、学情分析等功能"的政策要求。另外,整体设计作业并不意味着否定课时作业等基础性作业的价值,而应该根据学情和各类作业的功能优势,设计和布置适量的书写类作业,助力学情诊断和分析以及知识巩固;设计有挑战的问题解决式的单元作业,促进深度学习发生。这种生态视角下的单元作业设计需要运用整体思维,设计出符合年龄特点和学习规律、体现素质教育导向的作业,调动学生作业的主体性和积极性,实现作业改革和发展方向性转变。

(三) 从学生作业中的"堵点",帮助学生找准需要解决的真实问题

在具体单元作业设计中,"对于特定主题或特定概念,我们很容易问一些无价值的问题……也很容易问一些无法回答的困难问题。关键是要找到一些可以解答的、有启发性的、起到媒介作用的问题"[2]。因此,教师在单元作业设计时,应该帮助学生找准需要解决的真实问题,开发一些能够激发学生深入思考和探究,而不只是给出标准答案的问题,引出有趣的和可选择的其他观点,聚焦推理,促进学生在已有知识、经验和需要学习的内容之间建立意义联系。这些问题是学生生活中会反复出现的重要问题,根植于终身性的问题中,内含某一学科核心思想和探究活动,也即指向学科大概念的问题;是学习核心内容所必需的东西,也有助于保障学生有效探究、厘清重要而复杂的观点、知识和技能等,搭起复杂情境问题的桥梁;能够最大程度吸引特定的、各级各类学习者关注的问题,也即能够吸引学生注

---

[1] 王学男,赵江山."双减"背景下作业设计的多维视野和优化策略[J].天津师范大学学报(社会科学版),2022(02):38-44.
[2] Bruner, J. The Process of Education[M]. Cambridge, MA: Harvard University Press, 1960:40.

意力的质疑和反思。

  根据洋葱模型,在"诊学作业"中,教师应该设置反思性问题和相应的任务情境,促进学生在完成作业的过程中不断自我诊断、自我剖析、自我提升,提高反思性思维;在"导学作业"中设置批判性问题情境,引导学生理解问题解决过程中方法和思路的重要性,引导学生基于事实、逻辑及价值观,进行质疑、辩论、判断,从而获取正确的结论;在"拓学作业"中设置开放性情境和挑战性任务,促进学生将生活情境转化为数学问题,将数学知识运用到真实情境中,从而促进创造性思维方式的养成。

第三部分

设计技术

第八章　大概念的判断、表述和提炼

大概念代表了学科本质,具有超越课堂的可持续价值,通过核心任务的探究和完成可以帮助学生理解和应用大概念。教师在单元作业设计中用陈述性观点表述大概念可以增加其可操作性和指向性,但如何基于课程标准和作业实际需要提炼统领性的大概念是他们面临的重要挑战。

一、大概念的特征和判断

大概念反映学科本质及其特殊性;能够将众多零散的事实、技能等丰富的学科内容关联起来,精简为一组命题,构建起学科框架;借此可以形成结构化的网络知识体系和统领性的核心观点,帮助师生洞察事实或定理背后的意义世界。那么是不是只要是一个表示学科内容的语句都可以成为单元作业的核心内容和组织框架?回答是:不一定。其需要师生掌握大概念的多重特征与属性。

(一)大概念是一个学科(跨学科)鲜明的观点,而不是描述单元主题的术语

在单元作业设计中,大概念是对作业内容涉及学科或跨学科本质的概括,能够引领学生对作业背后的学科理念和精神实质进行深入理解和建构,且不能模棱两可,含糊不清。但实践中,很多老师直接将单元主题或话题作为大概念,或许是

贪图方便，或许是对大概念内涵的不理解，将两者混为一谈。

表8-1 主题和大概念区别

主题活动话题	大概念
生物学科的"生态系统"	自然选择
数学学科的"图表"	最适合的数据曲线
语文学科的"寓言"	故事中所映射的含义
化学学科的"实验"	固有误差及实验方法和结果的不可靠性
历史学科的"事实与观点"	可靠的论点

作业单元中的主题或话题是对作业内容的非本质概括。对一线教师而言，提炼这种主题形式的语句不难，但无助于学生的理解，且意义受限，因此不是大概念。大概念是对学科内容和学生实际情况提炼和加工后生成的，从表述形式上看，鲜明且指向明确；从内容上看，具有一定的抽象性，直击学科本质和核心；从过程上看，具有明显的建构和理解取向，可以引导学生深入探究，并作为单元作业设计的棱镜。

我们都知道数学学科中有很多不难理解的陈述性主题，教师通过追问等提炼就可以转化为联系学生生活的大概念，可以解释学科中的很多现象。这里以"图形变换"主题为例，展示大概念的生成过程(见图8-1)。

"图形变换"是一个主题，也是数学术语，司空见惯的有平移、轴对称、旋转和割补等这些案例。但如果追问通过这些多样化图形变换的学习，老师和学生能够发现什么？或者本质上需要掌握什么？师生可能会发现他们实际上是在研究图形的"变"与"不变"。最后可以建构其数学学科的大概念："图形变换的本质是不变形。"这个大概念指向数学学科的本质，借此可以解释很多数学现象，如在对这

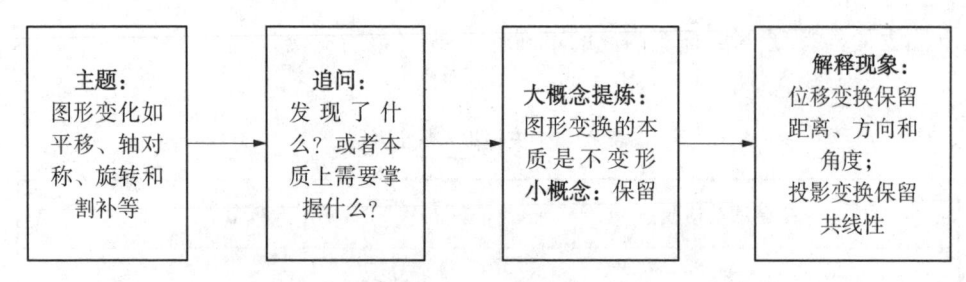

```
┌─────────┐    ┌─────────┐    ┌─────────┐    ┌─────────┐
│ 主题:   │    │ 追问:   │    │大概念提炼:│    │解释现象: │
│图形变化如│ →  │发现了什 │ →  │图形变换的│ →  │位移变换保留│
│平移、轴对│    │么?或者本│    │本质是不 │    │距离、方向和│
│称、旋转和│    │质上需要掌│    │变形    │    │角度;    │
│割补等   │    │握什么?  │    │小概念:保留│    │投影变换保留│
│        │    │        │    │        │    │共线性    │
└─────────┘    └─────────┘    └─────────┘    └─────────┘
```

图 8-1 "图形变换"主题转化为大概念的过程

些图形变换的概括中可以发现另一个术语或小概念,这也说明几何图形在一定条件下呈现形态发生了变换但留下来的是"不变"的性质。这一大概念也可以和生活对接,解释很多生活中的事件,甚至发生迁移。例如,如何理解"时过境迁","时过"和"境迁"都是在说"变",但留下的"实质"正是我们需要探究的问题和内容。

(二) 大概念具有深刻性,不是学科知识本身和显而易见的真理

大概念是在对学习材料的不断抽象和凝练中形成的,具有一定的深刻性,能够帮助学习者持续地理解信息、解决新问题。学生对大概念的理解是一个逐渐理解的缓慢过程,需要在教师的引导下不断探究、学习和反思,不可能在学习中通过死记硬背和机械训练来获得。一些老师将学科中贯穿始终的学科术语、定义、法则、公式以及生活中常见的和尽人皆知的真理视为大概念,这本身是一种误解。一些术语和定义等如果仅仅源自教科书式的定义,或为我们所熟知的公理,而不是用来进一步揭示内在的学科本质和规律,无助于学生进行深层次的感悟和理解,仅需要识记即可,就不能成为大概念。

悲剧是描述人物与占优势的力量(如命运等)之间产生不可调和的冲突而导致的悲惨或灾难性结局的文学或艺术作品。这一定义是从作品的基本结构出发做出的,是文学中的重要概念,但在单元作业中引入《骆驼祥子》等悲剧作品,不是要求学生记住这个注重形式的专业概念(专家等得出的结论),而是希望引发学生心灵的震撼和对当时社会人物命运的强烈反思,体会其中的批判性,以及悲剧为

什么比喜剧更具有发人深省的力量,进而产生迁移价值。因此,这一大概念可以改为:"悲剧是将美好的东西毁灭了给人看,让人感到遗憾的同时引发反思与觉醒,往往是作者想要表达的思想内涵。"这样的大概念具有广阔的解释视野,深刻反映学科内部的规律,集中体现了学科特质,而不是一种浅表的表达。以这样的大概念为引领的单元作业不仅要求学生掌握悲剧的形式特点,更重要的是促进学生体验人情冷暖,从而弘扬正义。

强调大概念的深刻性不是脱离学生生活体验的、抽象的概括和原理,而是适度的、能够让学生感受得到的。如:

1. 京剧孕育于民间,是融合了中国南北方戏剧元素而逐步形成的融唱念做打于一体的戏剧表演形式。

2. 中国是一个多民族融合的文明古国。

这两个表述是"简单的真理",以此为指导设计单元作业,学生可以通过完成作业学习到具体知识和技能,但很难激发其探究的好奇心,难以抵达核心素养的目标。"故事的寓言",听起来和直觉不相适应,但却是一个鲜明的观点、原理,是有意义的概括,是需要经历一系列丰富而深刻的探究活动才能获取的大概念。大概念一旦丧失了深刻性,偏离了生活价值,必然导致单元作业的价值缺位、错位和越位。

(三)大概念具有迁移性,不等同于教学目标

学习只有在学生达到迁移水平时才算完成。大概念作为组织思想和学习活动必备的认知工具,能够帮助学生通过对比陌生情境和大概念中的要素,发现新情境中存在的共同认知要素,对现实复杂问题进行审视和重新表征,变陌生为熟悉,进一步选取有效的信息、技能来解决问题。这就是大概念的本质和价值所在。在单元作业中,学生可以把大概念作为解释和解决学科乃至生活问题的基本思想和工具方法。例如学生在作业中理解了大概念"细胞是生物体结构和生命活动的基本单位"后,就会从"细胞"这个视角寻找生物学科乃至跨学科基本问题的答案;

理解了大概念"生物的多样性和适应性是进化的结果"后，就可以尝试应用生物进化理论解释生物界的复杂现象，乃至人类发展规律。

生活中人们对优秀的音乐和美术作品的认知往往停留在艺术表现形式和技法上，而忽略艺术的审美感知和文化理解。当然技法和表现形式是艺术作品的基础，但并不意味着有了高超的技法和表现形式就能创造出好的作品。事实上，好的作品往往不是技法最复杂的作品，例如抽象派的绘画就凭借简单的笔法承载强大的审美感知，刀郎的音乐"罗刹海市"仅凭借朴素的歌词和通俗的表现形式受到欢迎，但这些作品都富含深刻的思想性和文化理解。兴起于19世纪60年代的印象派绘画在构图上比较随意，凸显偶然性和主观意向的表达，直指生活氛围，因此受到欣赏者青睐和赞美。教师在设计单元作业中若能以大概念"艺术创作内涵重于形式，伟大艺术家的创作应该打破传统的技法和表现形式，关注思想和体验的表达"来架构作业目标和组织作业内容，则可以更好地丰富学生想象力，发展其创新思维和创意实践能力。大概念一旦被理解和掌握就可以借此指导学生将所学知识和技能与纷繁复杂的生活情境建立关联，产生更大的积极效应。

在新颁布的课程方案和学科课程标准中就明确提出了数目不等的核心素养内容，甚至列举了学科核心概念。但有些教师容易把大概念和教学目标混淆，甚至直接用课程标准中提出的核心素养作为引领单元作业设计的大概念。从功能上看，教学目标是引导教师的教和学生的学，体现出明显的靶向性，不同的单元作业的目标是完全不同的，甚至是对单元教学目标的重构；而大概念嵌入单元作业中，体现出强大的迁移性，从作业属性上升到素养层面，发挥宏观的导向作用。从撰写方式上看，目标的表述体例是"通过……获得……"，例如信息科技课程目标："通过学习身边的算法，体会算法的特征，有意识地应用于数字化学习过程，适应在线学习环境"，内含学习的预期结果和达成结果的行为、路径和程度，撰写质量的评价标准是清晰、明确、可测量的。而大概念的表述只对单元作业对应的学科和跨学科的本质做出客观的陈述，弱化对其理解方式和相应程度要求的强调，科学性和深刻性是对其进行评价的主要尺度。如艺术学科大概念："节奏时空的渗透性存在于生活的方方面面，人们可以利用多种方式加以表达"，跨学科大概念："服饰可以表达自我和社会文化"等。

二、大概念的表现和表述形式

（一）大概念的表现形式

大概念是居于学科"核心"的观念，是对个别的事实、技能和案例赋予意义与联结的概念、主题、问题等。而基本概念只是赋予定义、基本技能、经验法则等实践层面的意义并加以联结，其成为学生进一步学习的"基础"。因此，概念、主题、问题和小概念等就成为大概念的表现形式，而基本概念则成为大概念的次级表现形式，被置于整个概念网络中。但无论是大概念还是基本概念都是能够广泛应用的、有统摄性和迁移性的核心概念，且两者是相对的，对高中学生而言是基本概念，对初中学生而言就可能是大概念。

大概念反映的是我们对世界的理解，包括概念、原理、理论等多种抽象形式，主要有三种表现形式。[①]

一是概念。这里的概念是狭义理解的概念，是大概念的一种典型表现形式，从而解释为什么很多教师和学者用"概念"指称"大概念"。例如，"单位和度量是我们理解这个世界的最常见的方式"就是典型的概念形式的大概念。需要补充的是一些高位的概念，如"新生态""落实现象"等，可以覆盖很多概念和现象，因此也是大概念；一些关键概念，如"物质形态"对理解物理和化学现象非常重要，"情境"的设计直接影响单元作业质量，甚至制约学生作业的完成，因此它们也是大概念。

二是观念。观念常常反映了概念之间的关系，表现为一种观点和看法。相比于概念，观念的形式更加丰富和多样，如原理、法则、理论乃至观点等都用观念加

[①] 刘徽.大概念教学：素养导向的单元整体设计[M].北京：教育科学出版社，2022：38-39.

以表征。且观念的形成需要一定时间,经历一系列事件和案例,一旦形成便可以发生迁移,用以指导学生的行为。如"人们保护事物多样性可以维持生态平衡""不同文化语境下语言表达的形式差异可以帮助人们探究不同文化之间的联系和发展历程"。因此,观念是表达大概念最常见的形式。

三是论题。对一些很难获取明确答案或解答的大概念可以用论题形式呈现,这种形式在人文艺术领域很常见。例如,对一件画作的价值和特色判断,对一项文学作品的评价等,很难形成统一标准和规范,否则就无法体现百花齐放、百家争鸣的繁荣景象。在单元作业中利用相关论题开发学习目标并组织学生进行研讨和发掘,有助于建构知识链接,形成专家思维,进而提升他们的审美意识和鉴赏能力,培养批判性思维品质。因此,论题也是一种特殊形态的大概念及其表现形式。例如,在单元作业中布置学生探讨鲁迅小说特点的任务时,学生已经学习了很多相关作品,而且通过网络也可以得到和专家一致的答案。但如果作业任务上升到探讨艺术的本质和特点以及艺术鉴赏高度,这样就将作业任务聚焦到专家思维层面,探讨"艺术评价标准和欣赏视角",就可以激发学生深入思考。这样大概念就表现为论题形式了。

(二) 大概念的表述

无论是威金斯的逆向设计模式还是埃里克森等建构的知识结构和过程结构框架,其中的大概念都用少数几个词、短语、句子或问题加以表述。必须指出的是,大概念一般最好用句子表示,而不是一个词语。从提炼角度看,大概念是对学科内容及其教育价值和实践意义的客观描述。例如,"体育运动中基本技能是相通的,简单动作和复杂动作之间存在功能联系"。大概念也可能是对学科和跨学科本质的陈述。例如,"历史事件不能等同于历史,但其中存在丰富的历史信息和解读历史的视角"。从表述的句法上看,大概念在逻辑上是一个命题,相应的表述是一个可以判断真伪并得出结论的语句,多采用主谓结构或动宾结构。

在单元作业设计中建议教师采用陈述性判断的语句表述大概念。一则各个学科课程标准(除了数学课程标准外)中规定的核心素养都是以名词短语呈现的,如果在作业设计中再用短语,在操作上容易混淆,也不能实现核心素养培养和教学内容的衔接和关联。另外,如变化、独立、恐惧、复演论等都是大概念的名称或表现形式,而不是大概念本身。大概念是指向理解的,因此词语很难发挥这样的作用。进一步说,只有概括出来的学科或跨学科观点,才能体现大概念的情境性、复杂性、深刻性和迁移性等特征,对教师设计作业和学生完成学习任务才有现实指导意义。用单个词语和问题等表征的专家知识往往缺乏生长力和解释力,无助于学生深层理解,也无法解决生活中的复杂情境问题,自然会随着时间流逝而成为"忘却的纪念"。

大概念是一个学科或跨学科的观点,不仅要能引发学生思考,还要给出一个结论,因此大概念本身不应以问题的方式呈现。例如:

怎样才能声情并茂地进行演讲?

如何进行问卷调查?

这样的问题就不适合作为大概念,也不是大概念的科学表述方式。但通过提问和连续追问的方式可以提炼和设计大概念,这些问题背后可能就是我们需要提炼的大概念。学生在完成作业的过程中尝试回答和凝练的问题答案有助于接近大概念本身。例如,我们尝试回答"如何进行问卷调查?"这一问题时,得到的答案是:"问卷调查是指通过制定详细周密的问卷,要求被调查者据此进行回答以收集资料的方法。"这样的答案基本上可以作为统领单元作业的大概念了。

三、大概念的发现和提炼

单元作业设计的首要任务是遴选、提炼和分析大概念,剖析其内涵,明晰其层次结构,使之与单元作业完美契合。实践中大概念的遴选和提炼并不是专家提出、教师实践运用这样一个"各司其职"的过程,而是教师在借鉴专家思考问题的方式并接受其指导的基础上,积极参与并发挥主动性的专业行为。毕竟,教师面临一线教学任务,最接近和了解学生,在提炼大概念时自然会考量作业需求和学生实际情况,在此过程中专业发展得以促进。但鉴于大概念的复杂性、深刻性和统摄性等特质,很多教师在单元作业设计中会感觉无从下手,误认为提炼大概念是专家的事情,靠的是灵感,无路可循,甚至担心提炼的大概念会偏离学生实际乃至课程标准。为此,我们在总结从上到下和从下到上两种路径[1],以及通过利用"现成的"大概念、创生"全新的"大概念和架构"关联的"大概念[2]基础上,结合教师作业设计实际情况,提出遴选+解读、提炼+统合、架构+体系化三种路径,供教师在单元作业设计中开发大概念时参考。

(一) 遴选+解读模式

"遴选"意味着根据单元作业设计的需要,从"现成的"大概念中选择适宜的大概念;"解读"意味着结合作业目标和学生需求对"遴选"出来的大概念进行分解、细化,与相应主题、目标对接,从而统领作业内容和任务。

国际文凭组织开发的 IB 课程系列特别强调跨学科性,建构了跨学科课程"概念模型",组织均衡的课程体系,[3]旨在促进学生通过跨学科学习掌握"每个学科的精髓:知识、概念与技能"[4]。其中,PYP 项目利用五大要素和八大维度支撑的跨学科大概念,将 IB 课程六个领域的课程和教学内容有效衔接和联系起来,成为跨越不同领域的网络连接点,体现了跨学科内容背后的跨学科素养目标(见表 8-2)。该跨学科课程体系中提供的跨学科概念可以为教师设计跨学科单元作业提供参考。

---

[1] 刘徽.大概念教学:素养导向的单元整体设计[M].北京:教育科学出版社,2022:143-154.
[2] 章巍,等.未来教师的大概念教学设计[M].北京:机械工业出版社,2022:18-22.
[3] 李学书,范国睿.国际预科证书课程体系中创新素养的理论和实践研究[J].课程.教材.教法.2015,35(12):109-115.
[4] 李学书.基于核心素养的课程整合设计——IB 跨学科课程的经验与反思[J].当代教育科学,2020(05):13-19.

第八章 大概念的判断、表述和提炼

表 8-2 IB 课程系列中 PYP 课程框架

发展因素(目标)	跨学科概念	课程领域
知识、概念、技能、态度和行动	形式、功能、原因、变化、联系、观点、责任、反思	语言、个体及社会、科学、艺术和数学

新颁布的《新一代科学教育标准》(Next Generation Science Standards, NGSS,以下简称《标准》)提出科学教育要围绕三个维度：实践(practices)、跨领域概念(crosscutting concepts)和学科核心概念(disciplinary core ideas,即内容)组织实施[1]。其中，跨领域概念在所有科学领域中均可运用，体现了在不同科学领域中统一的思维方式，可以帮助学生将不同科学领域中相互关联的知识组织成连贯的、条理清晰的、基于科学的对客观世界的认知。跨领域概念包括：

- 模式；
- 原因与结果；
- 尺度、比例和数量；
- 系统和系统模型；
- 能量与物质；
- 结构和功能；
- 稳定性与变化。

学科的核心概念(学习内容)聚焦 K-12 年级涉及 4 个领域：物质科学，生命科学，地球与空间科学，工程、技术和科学运用，共 13 个核心概念 45 个分解概念的概念体系，并提出核心概念提取要满足以下四个条件：

- 能跨越多门学科或工程领域重要的概念，或是一个具体学科知识组织中的关键概念。

---

[1] 美国科学教育标准制定委员会. 新一代科学教育标准[M]. 叶兆宁,等,译. 北京:中国科学技术出版社, 2020.

- 能提供理解和研究更复杂概念和解决问题的关键工具。
- 与学生的兴趣和生活经验相关,或能连接需要科学和技术知识的社会或个人问题。
- 通过增加深度和复杂性,能持续地在多个年级的教和学中发挥作用。

哈伦经过长期研究将科学领域分为十大知识型大概念和四大过程型大概念。其中,知识型大概念包括:[①]

- 宇宙中所有物质都是由很小的微粒构成的。
- 物质可以对一定距离以外的物体产生作用。
- 改变一个物体的运动状态需要有净力作用其上。
- 在宇宙中能量的总量是不变的,但在某种事件发生的过程中,影响着地球表面的状态和气候。
- 地球的构造和它的大气圈以及在其中发生的过程,影响着地球表面的状况和气候。
- 宇宙中存在着数量极大的星系,我们所在的地球系只是其中一个星系——银河系中很小的一部分。
- 生物是以细胞为基础构成的,并有一定的生命周期。
- 生物需要能量和物质的供给,为此它们经常需要依赖于其他生物或与其他生物竞争。
- 生物的遗传信息会一代一代传下去。
- 生物的多样性、存活和灭绝都是进化的结果。

四大过程性大概念包括:

- 科学是究其所以,或是发现自然现象的原因。
- 科学上的解释、理论和模型都是在特定时期内与可获得的证据最为契合的。
- 将科学研究中得到的知识运用于工程和技术,可以创造服务于人类的产品。

[①] 温·哈伦.以大概念理念进行科学教育[M].韦钰,译.北京:科学普及出版社,2016:17-20.

- 科学的运用会对伦理、社会、经济和政治产生影响。

这些大概念能够用于解释和预测较大范围的物体、事件和现象，为高层次的科学决策提供科学基础，为人们回应和解答有关自身和自然的问题。

《普通高中生物课程标准(2017年版2020年修订)》和《义务教育生物课程标准(2022年版)》明确提出了学科大概念，要求聚焦大概念来组织和表达课程与教学内容并使之结构化，精简容量、突出重点、明确学习要求。其中，义务教育生物课程标准要求以大概念为纲，将相应的主要概念、次位概念按照其逻辑关系组成网络化概念体系，提高教师的教和学生学的成效(见表8-3)。

表8-3 《义务教育生物课程标准(2022年版)》中的概念及其对应的学习主题

学习主题	概　　念
生物体的结构层次	概念1：生物体具有一定结构层次，能够完成各项活动
生物的多样性	概念2：生物可以分为不同的类群，保护生物的多样性具有重要意义
生物环境	概念3：生物与环境相互依赖、相互影响，形成多种多样的生态系统
植物的生活	概念4：植物有自己的生命周期，可以制造有机物，直接或间接为其他生物提供食物，参与生物圈的水循环，并维持碳氧平衡
人体生理与健康	概念5：人体的结构和功能相适应，各系统协调统一，共同完成生命复杂活动
人体生理与健康	概念6：人体健康受到传染病、心血管疾病、癌症及外部伤害的威胁，良好的生活习惯和医疗措施是健康的重要保障
遗传和进化	概念7：遗传信息控制生物性状，并由亲代传递给子代
遗传和进化	概念8：地球上现存生物都来自共同祖先，是长期进化的结果
生物学与社会·跨学科实践	概念9：真实情境中的问题解决，提倡综合运用科学、技术、工程学和数学等学科的概念、方法和思想，设计方案并付诸实施，以寻求科学问题的答案或制造相关产品

大概念是聚焦学科本质的,反映的是专家的观点。因此,一些专家(尤其学科专家)和学者的一些论断和思维方式等都可以结合作业设计的需求进行重构和解读后加以遴选。近日刀郎推出新专辑"罗刹海市"引发了大量网友的热议,有些专家发表了自己的观点,如在音乐学领域"音乐不仅需要审美,更需要对音乐美的欣赏能力";在传播学领域"传播是大众心智的争夺,真实、真诚、真挚是必杀器";在经济学领域"精英和大众的冲突和话语权借势转移"等经过适当提炼和加工,就可以作为大概念来组织作业内容。

这些"现成的"大概念对广大教师设计单元作业具有重要的提示、引导和参考价值,有心的教师可以将其整理起来建立大概念资源库,以便备选。但很多大概念比较抽象,具有高度概括和学科凝练等特点,对课程开发和单元教学设计具有重要的指导价值,但在相对微观和实践层面就表现得适切性不强,与单元作业的主题连接薄弱,因此,一线教师要对其进行降维、分解和通俗化处理,以便增强适切性和实践性,进而统领单元作业设计。

(二) 提炼+统合模式

大概念理解为学科知识和技能等通过从下到上搭建了核心素养的阶梯,包括从生活价值、知能目标、学习难点、评价标准中提炼大概念。例如,大概念"人们根据不同的交流目的和语境,选择不同的语言表达方式"连接到核心素养"语言运用"和小学语文五年级第一、五两个教学单元内容,教师们可以从由上到下的角度理解,语言运用这一核心素养是指人们运用语言进行交际活动,是交际双方在一定的语境中进行语言表达和话语理解的活动过程的素养。语文完成了"从字、词、句到篇""从日常话语到正式(书面)话语"等多个层次,逐步扩大了语言表达方式和技巧,这是语言运用的学科意义和价值,指向学生的生活,从而将语言运用"下沉"或"渗透"到上述单元教学内容。教师需要引导学生在学习这两个单元的相关知识技能、过程方法和情感态度价值观的同时逐步聚焦上述大概念的理解和应用,从而达成语言运用核心素养的培养。因此,大概念是核心素养楔入作业内容蕴含知识的锚点。从由下到上角度来看,这两个单元承载的知识包括阅读、写作、口语交际、小练笔等。仅仅这些知识和方法的学习和掌握难以达到语言运用这一抽象的、统摄性的核心素养,教师需要引导学生在学习这两个单元教学内容的同时,向上思考和拓展语言本质、语言运用情境以及相应的思维方式,进而上升到学科观点,这样就接近语言运用这一核心素养。因此,我们说大概念是学科(跨学科)知识由下到上通往核心素养的阶梯。

提炼+统合模式要求教师在结合作业需求、解读课程标准等基础上,统合由上到下和由下到上两种路径,进而提出相对稳定的、有共识的和统领性的大概念。从而利用其统摄性、发展性和中心性,向上承载核心素养,向下统领和吸附知识内容,使单元作业形成一体化(见图8-2)。

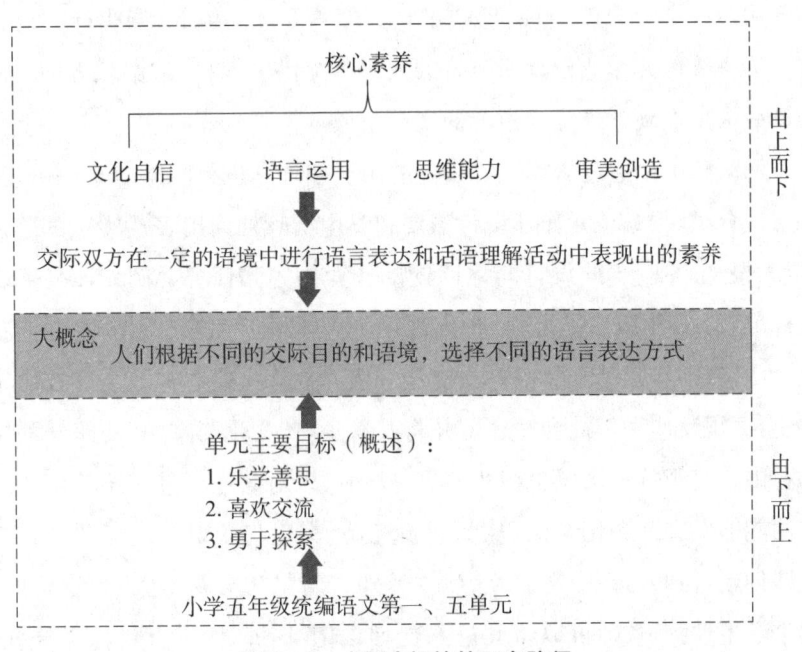

图8-2 大概念提炼的双向路径

1. 由上到下路径

这种路径重点围绕核心素养进行向下分维度、分层级解读，进而提炼大概念的途径。但核心素养相对抽象，内含在课程与教材等载体中，需要教师根据学生和教学实际情况进行细化，找到单元作业设计的重难点等。这种路径主要围绕核心素养分解和分层来提炼大概念，其抓手是对课程方案、课程标准、学业质量要求和教材的提炼与整合。

（1）从课程方案和课程标准等课程政策文本中提炼

通过分析和解读课程方案和课程标准提炼大概念可以确保不偏离课程与教学目标。课程标准中规定的"课程性质和基本理念"，一般规定了学科性质和属性以及基本理念和特征，进而明确了人才培养目标；"学科核心素养和课程目标"则进一步明确了课程核心素养以及相应的素养目标；"学业质量"是学生在完成课程阶段性学习后的学业成就表现，反映了核心素养要求。因此，课程标准对这些内容的规定为提炼单元作业设计所需要的大概念提供了素材、依据和方向。课程标准的解读成为由上到下提炼大概念的主要路径。

一方面教师可以通过学科核心素养的内涵和外延进行科学分析，并进行维度分解和层次分级，根据单元作业设计需要和学生实际抽离出表达观点的陈述性语句，形成大概念，并基于此设计与之匹配的作业内容和任务。例如，《义务教育历史课程标准（2022年版）》提出，唯物史观是历史学科五大核心素养之一。在单元作业设计中，教师可以基于"唯物史观"这一素养提炼大概念："社会存在决定社会意识，社会意识反作用于社会存在"，并将其落实在"文化与文明"的跨学科主题的单元作业中。鉴于这一大概念相对抽象，教师可以对其进行进一步分解："文化的互相作用能够促进跨文化交流，从而引发经济、文化与知识的改变""文化在历时性中发展创新，在共时性中交流互鉴"。另外，"文化""文明"是一个泛化的概念，为了促进学生理解，教师可以将其进一步具象化，提炼"中国古代优秀传统文化"等主题，通过相关资源设计和完成，促进学生理解和应用上述大概念，进而迁移运用于其他时空背景下文化现象的学习。

第八章 大概念的判断、表述和提炼

另一方面,教师可以从课程标准里的"课程结构""课程内容"中提炼大概念。课程结构主要规定了组成课程体系的学科门类及其内在关系体系,体现出了一定的课程理念的价值取向。它是针对整个课程体系而言的。课程的知识构成是课程结构的核心问题,课程的形态结构是课程结构的骨架,一线教师通过统揽整个学科和年段的教材,可以梳理大概念体系,架构单元作业内容。高中历史学科主要范畴包括"时间与空间""文化与文明""实证与思辨""延续与变迁""客观与价值"等,教师可对上述范畴进行整合。例如,从"时间与空间"的范畴提炼核心概念,如"东学西传和西学东渐在不同历史阶段社会发展的必然"等;从"文化与文明"的范畴跨越梳理核心概念,如"中华优秀传统文化的积淀和传承是人类智慧的结晶""人文主义思想对当今文化产生无形影响";从"延续与变迁"的范畴看,核心概念包括"多元文化影响社会发展进程""文化遗产是历史的见证"等。借助这些核心概念,教师可以设计相应单元作业的核心任务,引导学生真正理解大概念:"文化是在历史性发展中创新,在共时性中交流,只有不同文化的互动交流,文化才会历久弥新,丰富多彩。"(见图 8-3)

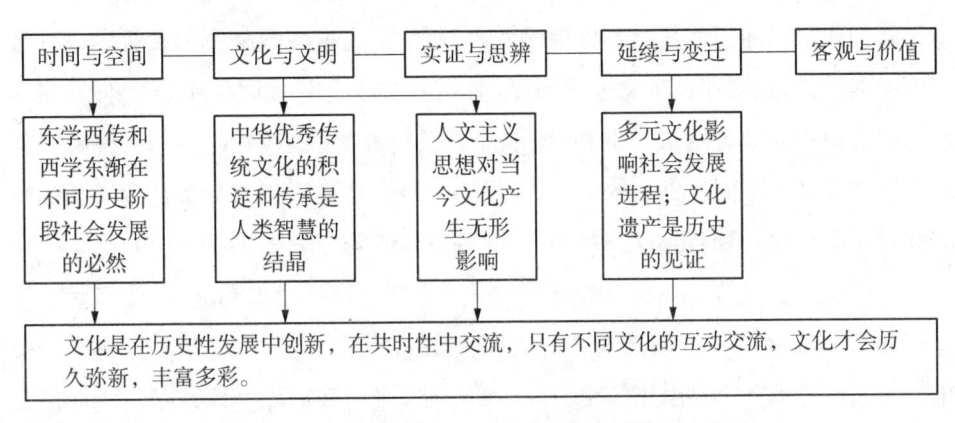

图 8-3 基于高中历史课程结构提炼大概念路径

由此可见,课程标准为一线教师理解和提炼大概念提供了重要依据和方向,

141

勾勒了这个专业的体系结构和改革愿景。但课程标准解读需要联系上位的课程方案，因为课程方案中明确了课程改革和发展的基本价值取向，以及育人整体方向，对其进行解读可以细化为跨学科大概念。如课程方案中提出：学会交流与合作，具有团队精神和组织活动的能力，具备全球化时代所需要的交往能力。教师可以借此提炼大概念："团队合作需要融合不同看法和观点从而产生1＋1＞2的效果。"

（2）从教材分析中提炼大概念

首先，教师可以从"单元导读"和"单元总结"部分发掘大概念线索。很多教材导读部分指向学生的真实生活，对单元内容做了整体概述。例如，浙江教育出版社出版的初中数学教材八年级下册第三章单元导读中就有丰富的内容，明确本章主要内容，教师可以结合学生实际、课程标准、教材、教师用书以及其他参考资料等相关内容和生活实践，提炼大概念："不同类型的数据从不同的角度对统计结果作出描述"，以便统领本单元作业设计和实施。高中生物教材的"单元小结"就直接总结和提炼单元大概念"细胞是基本的生命系统，生物学要研究各个层次的生命及其相互关系，首先要研究细胞"，并且这部分还明确了单元教学目标。

教师还可以通过教材内容分析提炼大概念，因为很多教材中都有教学设计和实施的提示，甚至对相关概念进行阐释，借此可以形成本单元大概念。另外，很多教材内容由不同部分组成。例如，统编语文教材五年级上册第五单元，教师可以结合这些课文的不同特点和构成要素，提炼大概念："说明文的类型是由说明的目的和对象决定的，不同类型说明文的语言风格和说明方法会有差异。"

应用这一模式的关键是教师具有"转化"和"分解"的意识和能力，能紧紧围绕课程标准和教材内容中关键概念，在适宜的维度和层面提炼出学科方法论、价值论以及学科思维和学科思想等相关观点和论断，进而利用陈述性判断句式加以表达，形成指向学科乃至跨学科本质的大概念。例如，以初中化学学科核心素养"科学探究和实践"转化和分解为例，教师可以根据科学探究的思维路径和实践过程，将这一核心素养分为：模型建构、推理论证、综合分析和质疑创新四个层次。鉴于这一分类还是比较抽象,可以进一步分解和聚焦,形成基于事实发现和提出问题、证据意识和收集能力、建立观点和结论与证据之间的逻辑、基于证据的质疑和评判四个层次。教师还可以根据单元作业设计的实际需要进行多次转化和分解,最后可以形成相应的大概念:"物质的性质和变化决定生活中的现象""物质的性质和变化规律连接了现象和结论的对应关系""等效替代的转化方法使隐藏的内容可视化""控制变量的单一性保障对比实验的科学性"。这样就可以借此将整个单元作业体系化,从而达成单元目标。教师在思考学科本质、体会学科价值、梳理内容框架、解读课程方案和标准的过程中,形成完整的知识体系,从而助推学生学科素质、专业能力等方面的发展。

2. 由下到上路径

这种路径就是从学科知识和技能出发,探究学习内容背后的学科和跨学科本质,并向上逐级凝练学习目标,深入思考学习内容承载的学科实践和生活价值等,进而指向核心素养,通过对学科方法、思维(包括专家和学科)、学科本质和思想等解读提炼大概念。这种路径的难点是如何确保大概念沿着正确方向上升到核心素养层面。这需要教师结合教学经验和学生生活经验不断追问,再综合更多的案例和小概念,逐步聚焦上位的、能反映专家思维方式和品质的大概念。

(1) 知能目标的升维

通过对知能目标向上升维和加工进而提炼大概念,要求教师首先要明确大概念来自于情感维、认知维和技能维三个方面,进一步说知识和技能是大概念的主要组成内容。鉴于知能目标相对于大概念和核心素养是下位目标,教师可以通过提升其能级获取大概念。例如,《义务教育数学课程标准(2022年版)》对小学数学第二学段(3—4年级)的内容要求是:

1) 在具体情境中,认识万以上数,了解十进位制计数法……

2) 结合具体情境,初步认识小数和分数,感悟分数单位……

……

5) 学会用数描述生活情境中的事物,逐步形成数感、运算能力和初步的推理意识。

  教师可以将这些知能目标上升为大概念:"相同的表达式可以与不同的形式情境相关联,不同的表达式可以与相同的现实情境相关联。"这一大概念不仅可以深化整数和有理数的认识,还可以用于拓展数的无限扩展的意识,同时结合生活中的计量单位如米、分米、厘米等,形成测量和运算意识。将知能目标提升到大概念,可以开阔教师的视野,深化对知能目标的认识;学生不仅可以掌握计数方法,还可以理解它们的内在关系。

  初中英语 8B An old man tried to move the mountain 单元学习目标包括理解和推测书面语篇上下文之间的逻辑关系;能够对所学内容进行简单概括、描述与评价;结合主题使用正确的词汇、句式和时态,表意准确、得体等。涉及的技能和策略包括过去时态应用、语篇衔接、跨文化理解等。但单元内容话题众多、知识点分散,教师需要对其中的学习策略和方法进行整合,在单元作业设计中围绕核心任务:"应用所学知识参加讲英语故事大赛,借此检验单元学习目标达成情况。"教师可以基于单元学习目标和核心任务,提炼大概念:"用不同语言讲好中国故事可以加强跨文化理解,从而促进学生明确语言学习策略和方法的重要性",进而掌握语言能力、文化意识、思维品质等核心素养。

  上述大概念的提炼过程是从课程标准中规定的单元学习目标入手,并结合单元话题、知识和技能对其进一步凝练和聚焦,形成关键能力和必备品格,进而提炼单元承载的学习策略和方法、价值意义和核心素养等,在此基础上提炼统领单元作业的大概念。

  (2) 从重难点中提炼大概念

  单元作业中的重点是学生必须掌握的核心目标,难点是学生学习过程中需要克服的瓶颈,教学实践中难点和重点往往是合一的。因此,教师在作业设计中要有意识地围绕重点,观察和收集学生困惑或质疑的相关信息和表现,剖析其中原委。实践发现很多学生在作业过程中出现的困顿多源于"不理解",不理解的对象为教师提炼大概念提供抓手和关注点。

例如，小学英语四年级上册第五单元 Dinners' Ready 的重难点都是中西方饮食文化差异及其原因，也就是说学生不理解为什么美食不仅带来味蕾的刺激，更映射着一个国家和民族的传统文化。因此，不能很好地完成为不同经历的亲人准备适宜美食的任务。教师可以将这一任务分解成不同子任务：在比较阅读中了解中西方饮食文化的差异，在烹饪中感受中西方饮食文化的不同等，进而通过探究建构大概念："不同语境下语言表达的形式差异可以帮助人们探究不同民族的文化之间的差异和联系。"换句话说，如果教师能够将这一大概念作为先行组织者，并提供相应的理解工具，可以帮助学生在完成核心任务的过程中掌握文化意识这一核心素养。

按照由下到上路径提炼大概念需要教师对教学和作业内容进行整体思考和梳理，重点关注相应的关键词和核心概念，厘清教学内容之间学科和跨学科逻辑，进一步凝练单元学习目标，进而向上分析作业内容中体现的方法、思维方式和相应思想观点，聚焦作业内容承载的社会生活意义和教育实践价值，从而提炼上位的大概念。这种路径对具有丰富经验的教师更加适用，同时也要求教师整体梳理单元教学内容，从而确定作业内容和方向，明确作业与学生生活的内在联系。在此过程中教师的专业素养和经验发挥关键作用。

在单元作业设计中，这两种路径不是孤立的，而是需要统整使用，既要基于核心素养和单元学习目标由上到下进行降维转化和分层分解，又要基于具体教学和作业内容由下到上进行凝练、挖掘，从而为一线教师提炼全新的大概念提供思考方向。教师必须意识到大概念提炼不是一蹴而就的，需要在核心素养和作业内容之间不断反思、整合和优化，并反复迭代和循环往复，从而建构起稳定的、有共识的和统领性的观点，来统摄单元作业设计和实施。

（三）架构+体系化模式

大概念作为具有统摄性和可迁移的陈述性观点或观念，不是孤立的而是体系化的存在。只有架构起关联的、结构化的大概念体系，才能因应核心素养培养的循序渐进过程和课程教学内容结构化之需。因此,教师无论是利用现成的大概念还是提炼全新的大概念,都必须结合核心素养培养和课程与教学内容体系,对相应大概念进行关联处理。换句话说,教师可以聚焦同一核心素养通过分解和降维方式来提炼和架构大概念,也可以聚焦同一主题或相似内容提炼并关联大概念。

(1) 分解同一核心素养架构大概念体系

核心素养的培养过程需要一系列大概念来统领不同学段和学习内容的教学。教师可以聚焦学科和跨学科指向的同一核心素养,开发并架构大概念才不至于偏离课程教学目标。

地理学科要培养的核心素养是一个相互关联的有机整体(见图8-4)。其中,人地协调观是地理课程内容蕴含的最核心的价值观,具有导向作用;综合思维和区域认知是学生建立人地协调观必备的思维方式和能力;地理实践力则是学生在分析和处理地理实践中所必须具备的行动力和意志品质。"人地协调观"的形成建立在人类科学认知基础上,而科学认知的对象是人类活动与地球环境关系,关键行为是人类采用互动和互赖的态度对待自然环境,从而使得人地关系由人地对抗到人地共存和人地可持续发展。从人地对抗关系的角度可以建构大概念:"人类活动不和谐影响社会和人类自身的发展";人地共存关系的角度可以建构大概念:

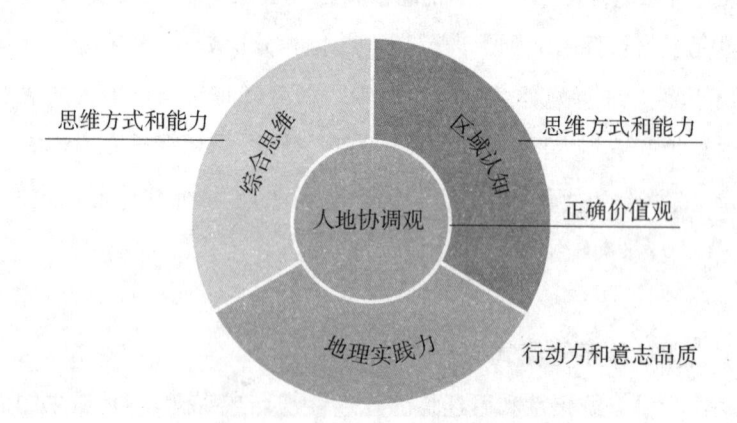

图8-4 地理学科课程核心素养构成

"地球是人类家园,人类活动应该关照地球的承载力";人地可持续关系对应当前共同体理念和可持续发展观,可以建构大概念:"可持续发展既能满足当代人的需要,也有助于提高后代人维系可持续发展环境的能力"。而人地协调观统摄下的区域认知是指人们从空间视角认识地理环境及人地关系的思维方式和能力,相应的大概念是:"人类生存环境复杂多样,将其划分为不同空间尺度,有助于学生形成地理空间观念,形成对世界的理解。"区域人文地理"农业"内容部分可以建构大概念:"因地制宜、科技强农、产业兴农可以促进农业可持续发展。"区域自然地理中"河流"内容部分则可以提炼大概念:"河流的水文特征存在时空差异,因此河流的开发与治理应该因地制宜、分类施策,兼顾社会、经济和生态的协同发展。"

依托同一核心素养构建关联的大概念体系是整合由上到下和由下到上两种路径,从核心素养出发对其进行降维分解的过程,可以依据知能目标和教材分析结果建构递进关系的大概念体系,也可以依据同一核心素养的不同领域形成平行关系的大概念体系,但这一过程需要教师结合对生活价值的解读和透析核心素养的内涵和教育意义,对课程标准尤其对其中的课程理念、目标体系和学业质量要求进行整体把握。

(2) 依托同一主题、大任务群之间的逻辑架构大概念体系

在大概念单元作业设计中,教师围绕核心素养和单元学习目标,梳理同一领域主题意义和核心内容之间的逻辑线条,发掘主题内容背后的知识、方法、思维方式和规律的进阶,解析出同一主题下的进阶发展,进而架构起关联的大概念体系非常必要。

教师需要在考察课程方案、课程标准和教材的基础上,审视整个课程与教学单元包含的关键概念,明晰它们之间的内在关系,并把这种关系用概念图形式画出来。当然概念图构建的方式之一是通过不断追问"关于这个单元主题的意义是什么""通过这一主题的学习我知道哪些内容""我现在处于什么认知水平""我应该达成的目标是什么"等问题,通过反思和梳理形成对单元整体架构的认知与局部内容的把握,为开展单元作业设计提供保障,以便促进学生理解科学概念和形

成科学思维。

以"物质状态与热量"单元为例,通过描述本单元中各概念的关系,构建了下述的概念图(见图8-5)①,从而为教师提取或整合单元目标提供了有力帮助,同时借助概念图确定大概念及其子概念。其中单元大概念是:"当物质受热时它将改变状态",而相应的子概念为:

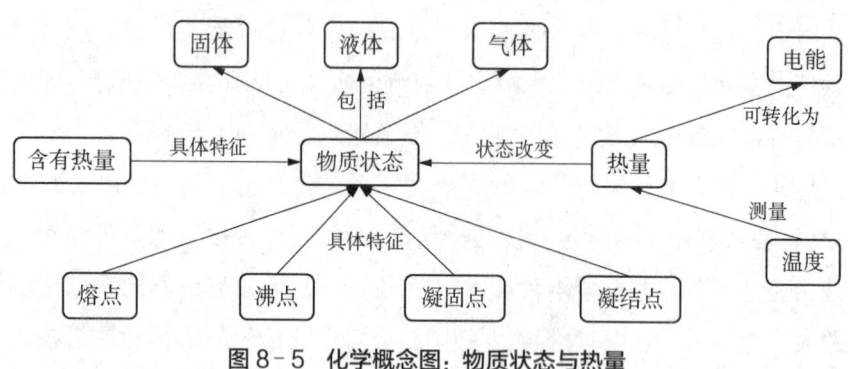

图8-5 化学概念图:物质状态与热量

(1) 不同物质含有不同热量;

(2) 热量是一种过程量,一种热能的表现形式,通过温度改变可转化为其他形式的能,并测量出其大小;

(3) 物质之间可以进行热量交换,物质状态可得以改变,但不同物质热传递速度存在差异。

教师通过理解与应用这些大概念及其子概念可以提炼本单元的作业目标,这也为单元作业的基本问题和子问题以及核心任务和相应子任务的设计提供了方向。

2012年,美国科学学会发布的课程文件报告《K-12科学教育的框架:实践、

---

① 邵朝友,韩文杰,张雨强.试论以大观念为中心的单元设计——基于两种单元设计思路的考察[J].全球教育展望,2019,48(06):74-83.

跨学科概念与核心概念《A Framework for K-12 Science Education：Practices，Crosscutting Concept，and Core Idea》，提出了学习进阶（Learning Progressions）的概念，并从总体上将科学课程分为科学与工程实践、跨学科概念、学科核心概念三个维度，每个维度都由若干个核心概念构成。而学科核心概念维度对应的主题包括物质科学、生命科学、地球与空间科学以及工程、技术和科学应用，提炼出四个一级核心概念，并在此基础上根据领域性质选出13个二级核心概念，按照学习进阶原则遴选出若干三级核心来支撑，这样就构成了完整的、逐层深入的三级核心概念体系，从而为课程设计者和教学实施者提供了清晰的单元课程和教学的指向和依据（见表8-4）。其中，"地球与空间科学"主题强调单元教学应遵循学习进阶的逻辑顺序，为每一个核心概念提供了一套等级划分，以便有序地发展学生的科学素养（见图8-6）。

表8-4 《框架》中科学课程的内容[①]

	维度Ⅰ：科学与工程实践	维度Ⅱ：跨学科概念	维度Ⅲ：学科核心概念	
内容	1. 提出问题和明确需解决的难题	1. 模式	1. 物质科学	PS1：物质及其相关关系；PS2：运动和静止；PS3：能量；PS4：波及其在技术和信息传递领域的应用
	2. 建立和使用模型	2. 原因与结果		
	3. 设计和实施调查研究	3. 尺度、比例和数量	2. 生命科学	LS1：从分子到生物体；LS2：生态系统；LS3：遗传；LS4：生物进化
	4. 分析和解释数据	4. 系统和系统模型		

[①] National Research Council. A Framework for K-12 Science Education: Practices, Crosscutting Concept, and Core Idea[M]. Washington, DC.: The National Academies Press, 2011.

续表

5. 利用数学和计算思维	5. 能量与物质	3. 地球与空间科学	ESS1：地球在宇宙中的位置；ESS2：地球系统；ESS3：地球和人类活动
6. 建构解释和设计解决方案	6. 结构和功能		
7. 基于证据的论证	7. 稳定性与变化	4. 工程、技术和科学应用	ETS1：工程设计；ETS2：工程、技术、科学与社会的联系
8. 获取、评估和交流信息			

一级核心概念　　　二级核心概念　　　三级核心概念

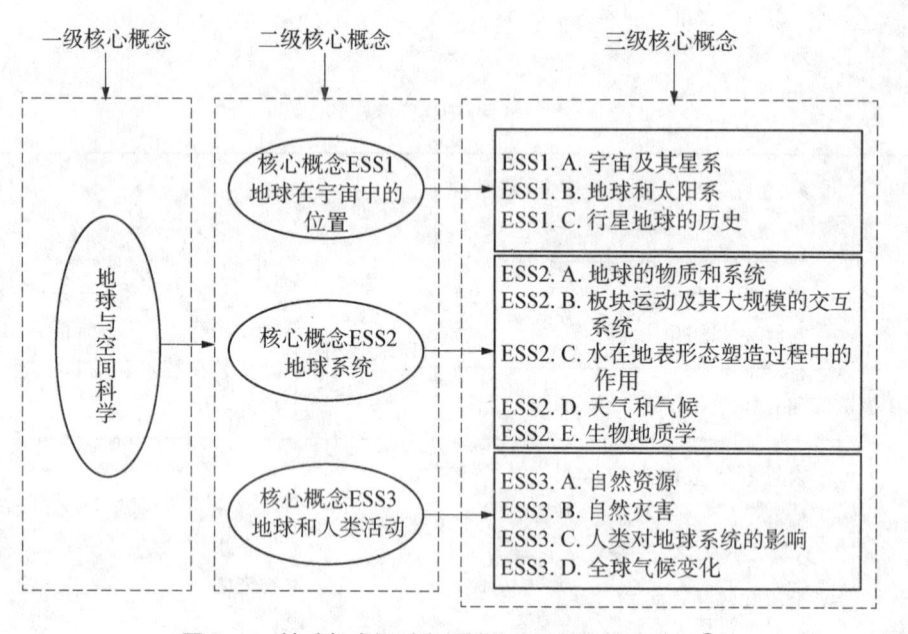

地球与空间科学
→ 核心概念ESS1 地球在宇宙中的位置
　　ESS1.A. 宇宙及其星系
　　ESS1.B. 地球和太阳系
　　ESS1.C. 行星地球的历史

→ 核心概念ESS2 地球系统
　　ESS2.A. 地球的物质和系统
　　ESS2.B. 板块运动及其大规模的交互系统
　　ESS2.C. 水在地表形态塑造过程中的作用
　　ESS2.D. 天气和气候
　　ESS2.E. 生物地质学

→ 核心概念ESS3 地球和人类活动
　　ESS3.A. 自然资源
　　ESS3.B. 自然灾害
　　ESS3.C. 人类对地球系统的影响
　　ESS3.D. 全球气候变化

图 8-6　地球与空间科学领域的三级核心概念体系[①]

[①] National Research Council. A Framework for K-12 Science Education: Practices, Crosscutting Concept, and Core Idea[M]. Washington, D C.: The National Academies Press, 2011.

第八章 大概念的判断、表述和提炼

教师在进行单元学习和作业设计时可以对上述进阶性概念体系进行加工,提炼成为陈述性观点,以概念学习的进阶发展为基础,帮助学生不断建构或修正原有的知识体系形成课程实践能力;通过选用有限的大概念,避免对大量的科学概念和知识内容进行浅尝辄止覆盖方式的弊端,保证师生有充足的时间进行科学调查和讨论从而深入理解核心概念。另外,框架强调对科学解释的调查求证,借此丰厚实践探究和发现的基础。

第九章　单元作业目标开发

当前,越来越多的教师在理解并接受单元教学的同时,仍然没有摆脱知识导向、文本导向等观念的桎梏,普遍存在着结构化程度不高、单元作业目标不清晰或不合理等问题,以至于影响单元作业任务的设计和实施质量。我们在参照相关理论和模式的基础上,提出拟定大概念单元作业目标设计的基本原则,结合案例逐步呈现单元作业目标的研制过程,为一线教师设计大概念单元作业和评价提供参考和依据。

一、UbD 作为课程目标开发框架的借鉴

学生学习预期结果是单元作业设计的出发点和主要参考,但实践中教师也要意识到单元作业目标体系中不同目标指向的重要性存在差异,而且通过教学活动已经达成的目标可以作为基础但不应该再作为作业目标,否则容易造成学习活动的重复,进而导致学生学业负担加重。换句话说,单元教学目标的差异性由目标本身的差异性决定,也即由作业目标的具体表述和对作业完成和评估的价值决定。

上文阐述的逆向设计的过程希望用一种熟悉的方法帮助单元教学设计者更理性和谨慎地思考和开发预期结果,并适时将其视作学习目标,规避作业过程无目的灌输等现象。逆向设计提供的目标体系模板(见图 9-1)聚焦既定目标、理

解、基本问题、知识和技能等预期结果,强调每一个预期结果代表什么、为什么重要。[①]

在目标G栏中,我们确定一个或多个目标(例如:内容标准、课程或项目目标、学习成果)。 G

预期的理解是什么?

学生将会理解……
在理解U栏中,要基于可迁移的大概念来确定持久性理解。大概念赋予内容意义,将知识和技能联系起来。 U

我们需要思考哪些基本问题?

在问题Q这一栏中,要确定基本问题,用以指导学生进行探究学习,关注教学过程以揭示所学内容的重要概念。 Q

作为单元学习的结果,学生将会获得哪些重要的知识和技能?

学生将会知道…… K
我们确定关键知识K和技能S,希望学生知道并能够操作。要达到的知识K和技能S有三种类型:(1)为了达到预期理解U而建构的基础知识;(2)明确阐明或暗示的目标G中所包含的知识和技能;(3)为完成阶段二中的复杂评估任务所需的"使能"知识和技能。 S

图9-1 逆向设计提供的目标体系模板

既定目标是国家或区域层面通过课程标准等确定的正式的、长期的目标,为

[①] 格兰特·威金斯,杰伊·麦克泰格. 追求理解的教学设计(第二版)[M]. 闫寒冰,宋雪莲,赖平,译. 上海:华东师范大学出版社,2017:62.

具体课程和单元教学短期目标提供基本依据,需要教学和评估优先考虑。它是各种学业目标的复杂混合体,通过事实积累、概念理解、程序应用、倾向体现、专业行为等表现出来。在大概念单元作业设计中应认识到长期目标,尤其是核心素养等优先顺序的重要性,以便作业设计者能够明白作业设计的重点:学生能学到什么、重点聚焦在哪里、需要弱化的地方、是依据什么作出合理判断等。整体而言,当前教师的作业设计的最大缺陷是在课堂、单元教学乃至整个课程学习中重点不够聚焦,知识点缺乏必要联系,忽视了大概念的理解,陷入大量零碎知识和技能的漩涡之中,不利于学生问题解决能力的培养。这也是国家课程标准特别重视内容标准和学业质量要求的原因,从而借此优化作业设计流程、聚焦主要目标,避免知识贫乏和支离破碎。从根本上说,这种现象也是因为我们将所有目标等值看待且彼此割裂,缺乏具体情境。

在逆向设计阶段一强调基本问题的价值,尽管这些问题都不是典型的目标,甚至有些问题相对模糊。但单元作业中核心素养培养的最终达成取决于基本问题的解决,作为学习结果(目标)不仅仅是"回答问题",更重要的是"认证探究问题"。

理解作为有意义的推断,可以被视为学生在作业中探究和反思活动的预期结果,其因具有高通路迁移性而成为核心素养培养的手段,甚至是同一过程。为了强调理解的重要性威金斯等特别区分了它和"知道"的关系(见表9-1)。[①] 理解是学生借助作业过程中的探索、讨论、反思、表现等行为明确所学内容和课程的意义,是建构知识体系的结果,而知识是对直接的事实和概念的总结,这些知识可以借助于学习活动和教学活动获得;理解必要经历思维过程的"领悟",不仅仅是通过活动"获得",而是从精心设计的、有良好支持的体验中掌握,大量知识可以从阅读和听讲座中获得。

[①] 格兰特·威金斯,杰伊·麦克泰格.追求理解的教学设计(第二版)[M].闫寒冰,宋雪莲,赖平,译.上海:华东师范大学出版社,2017:39.

表 9-1　知道和理解的区别

知　　道	理　　解
● 事实	● 事实的意义
● 大量的相关事实	● 提供事实关联和意义的理论
● 可证实的主张	● 不可靠的、形成中的理论
● 对或错	● 相关程度或复杂性
● 知道一些正确的事情	● 我理解为什么它是知识，什么使它成为知识
● 根据所知回应提示	● 我能够判断何时使用以及何时不使用所知的内容

　　逆向设计中技能目标是通过设计者的指导、实践和训练，学生能够"做什么"的预期结果。它不仅是指那些离散的技术，还涉及复杂的程序和方法。单元作业中的技能主要关注的是学生通过相应的学习活动所掌握的技术、方法和过程，是需要通过复杂长期的单元和课程学习，并不断整合才能习得的结果，因此是一种"使能"技能，是学生能够将所学知识运用到新问题或情境中的能力。教师应该根据长期的过程目标、单元表现性目标、理解好基本问题等推断出使能技能，帮助学生学会学习。虽然合作学习、探究性学习等成为作业实践中重要的设计理念，但学习技能、演讲技能、设计技能、管理技能等作为学生技能培养的活动，很少成为重要的目标和评价指向，导致教师在作业设计中很少提供相应的情境营造、技术支撑等方面的条件，无法确保最终结果的公平。总之科学的目标分类，根据不同目标选择作业学习的方式和方法，对更好地开展教学、作业设计和相应评价具有直接而实际的意义。

二、大概念单元作业目标设计原则

（一）立足课标，指向核心素养的培养

课程标准所规定的学科课程理念、目标和学业质量要求等是大概念单元作业目标设计的基本指向。其中学科核心素养成为单元作业设计的上位目标。《义务教育英语课程标准（2022年版）》确立了语言能力、文化意识、思维品质、学习能力四大核心素养，并以此作为该课程的总目标，规定着对应的课程与教学以及单元作业的整体目标。课程标准中规定的理念和目标太宏观，不接地气，考验教师的理解能力。每一个理念和目标都有可能成为他们终身研究的课题，对作业设计者来说因太宽泛而帮助不大，但通过课程标准所确定内容标准和学习结果的解读，有助于明确作业设计的方向和学生知道什么、能做什么。另外，课程方案中提出以大概念统领课程与教学设计的设想，但在具体学科中如何操作没有详细说明和可操作的描述，从而导致相应的课程、教学和作业设计最后还是停留在知识点传授和考查上。在作业实际实践中，很多教师认同课程标准中规定的理念和目标，知道学业质量要求对单元作业设计的价值，理解单元作业设计应立足课程标准，将目标聚焦核心素养的培养，但由于对课程标准相关规定内容的理解面临挑战，不知道这样的规定对自己来说要做什么？应该怎样评估？因此，这种相对宏观的课程目标规定会直接导致教师将课程目标摘录和汇总或者稍作合并处理后作为单元作业目标。

统编语文九年级上册第二单元均是议论性文章，主要素养目标是培养学生的"思维能力"。若教师仅简单演绎这一核心素养，确定单元作业目标为"掌握逻辑思维的方法和能力，勇于探索创新，养成积极思考的能力"。不难看出，这样的目标表述过于笼统，可操作性差。

其实可以结合课程标准规定的理念和目标，结合教材和学生学习经验，将上述目标具体化，改成如下更具体的单元作业目标：

（1）理解并掌握论证方法：通过阅读本单元的课文，学生能够理解并掌握常见的论证方法，如举例论证、道理论证、对比论证和比喻论证等。

（2）批判性思维：学生能够运用批判性思维对单元课文中的论点、论据和论证过程进行评估，理解其合理性和局限性。

（3）写作技能：学生能够通过模仿本单元课文的写作技巧，撰写一篇议论文，论点明确，论据充分，论证有力。

（4）口语表达：学生能够通过演讲的形式表达自己的观点，并能够对他人的观点进行评论和反驳。

（5）拓展阅读：学生能够通过拓展阅读，了解更多关于议论性文章的知识和技巧，提高自己的阅读和写作水平。

以上目标更具体、可操作性强，能够帮助学生更好地掌握逻辑思维的方法和能力，养成积极思考的习惯。

（二）整体设计，呈现目标之间的关联性

大概念的理解和应用指向核心素养。但大概念的统摄性、发展性等特征，以及核心素养的综合性和情境性等特征，要求大概念单元作业沿袭大单元设计的方式，强化目标之间的链接并在此基础上加以修订和完善，形成新的、有针对性的目标体系，建立单元教学目标及其各环节、各项目、各课时目标之间进阶性的逻辑关系，避免遗漏缺失。实践中很多教师机械地按照"三维目标"的表达形式分项罗列知识与技能、过程与方法、情感态度与价值观等。有些教师出于课程政策的规定或是出于"赶时髦"直接呈现学科课程标准中规定的学科核心素养的一些条目，混淆了课程目标和单元目标以及基于此的大概念单元作业目标之间的联系，且无视各环节、各条目之间彼此渗透、相互融合的重要性，更没有意识到在不同的单元中不同学习任务所承担目标培养的落实是有所侧重的，而不是并列的、平面的。

人教版小学四年级下册"运算定律"单元,很多教师撰写的单元作业目标如下[①]:
(1) 理解并掌握加法交换律和结合律。
(2) 能用字母表示加法交换律和结合律。
(3) 应用运算定律进行简单计算。
......

这些目标是对课程标准规定的课程目标进行简单处理后得到的,脱离情境,逻辑上层次不明确,经完善后基本可以作为单元作业目标:
(1) 探索和理解加法交换律和结合律,乘法交换律、结合律和分配律,并能进行简单运算。
(2) 能结合具体情境,灵活选择相应算法解决实际问题。
......

这种表达方式反映出教师具有了设计开发单元作业目标的整体视角,在思维方式上呈现整合意识,但仔细分析可以发现是对课程目标和教材的导语的整合,没有指向关键能力培养,且操作性差。

(三) 基于学情,体现教学目标的适切性

目标设计和开发的前提是准确把握学生当下知识掌握和大概念理解水平和预期之间的差距。关键是因应学生社会经验,关注学生的个体差异,充分体现学生学习的主体地位,同时应有适当超越,在此基础上考虑学生的单元课程和教学的学习情况、学习资源和教师的教学情况,合理选择大概念单元作业的学习任务和学习方法。

高中语文下册第一单元"中华文明之光"叙写的单元教学目标[②]如下:
深入研读文本,探究作者论事说理的不同风格,说出每篇文章是如何理性而

---

① 邵朝友. 大观念导向的单元教学设计——模式与技术[M]. 上海:华东师范大学出版社,2022:116-117.
② 高翀骅,王纪田,于海生. 素养导向的高中语文单元教学目标的研制和表述[J]. 基础教育课程,2023(06):24-33.

有条理地表达内容的。

通过教材内容分析可以发现,本单元入选的为先秦两汉时期的五篇文言文作品,包括三篇诸子散文、两篇史传文。这些语篇都是经典,文体特征鲜明,但思想内容和表现体裁差异明显。教材单元导语提出"阅读史传文,要关注其叙事曲折有序、写人生动传神的特点"。通过分析可以发现,上述目标让学生"说出……主要观点""说出……理性而有条理地表达内容",但完全没有涉及对词语及语法等文言知识的积累和梳理,脱离了学生的学力水平和学习起点。同时这两条目标也忽视了文本的文体特征,脱离了教材单元设置对学习内容的基本定位,且存在知识性错误。相应作业目标建立的思路和结果见图9-2。

目标样例:
深入研读文本,探究作者论事说理的不同风格,说出每篇文章是如何理性而有条理地表达内容的。

→ 分析与解读 →

教材内容:
三篇诸子散文、两篇史传文都是经典,文体特征鲜明,思想内容和表现体裁差异明显。

教学重点:
关注其叙事曲折有序、写人生动传神的特点。

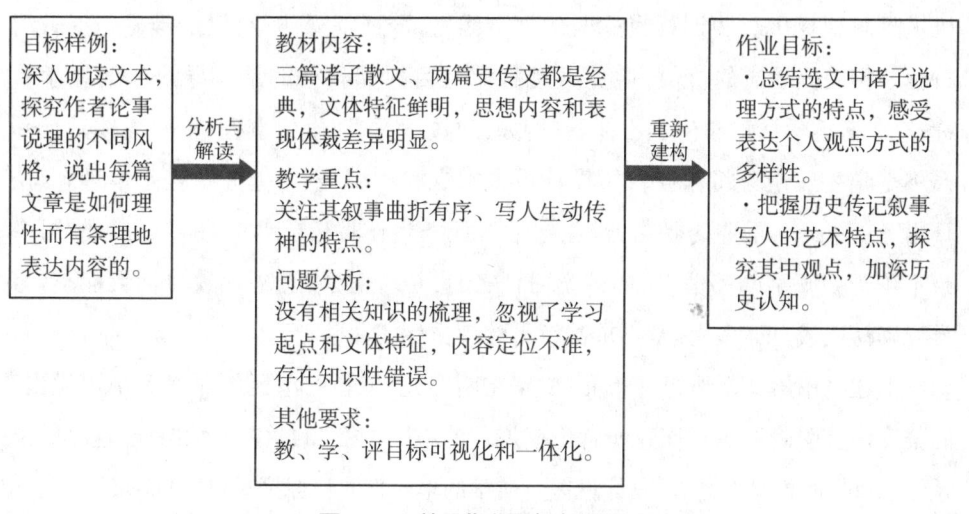

问题分析:
没有相关知识的梳理,忽视了学习起点和文体特征,内容定位不准,存在知识性错误。

其他要求:
教、学、评目标可视化和一体化。

→ 重新建构 →

作业目标:
· 总结选文中诸子说理方式的特点,感受表达个人观点方式的多样性。
· 把握历史传记叙写人的艺术特点,探究其中观点,加深历史认知。

图9-2 单元作业目标叙写思路

(四)通过可视化途径,实现教、学、评在目标上的一体化

以核心素养为中心对教学、学习和评价活动进行一体化设计的背景下,大概念单元作业设计应以课程目标为依据,以主题意义为引领,有机整合作业内容,精心设计作业学习任务,进行一体化设计。但实践中很多教师仍在和表述模糊的作

159

业乃至单元教学目标做斗争。

单元作业目标的表述应尽量选用能将学生的学习水平外显为可操作、易观察、可测量的行为动词,力求能够正确描述和表征学生的认知水平和能力,让教师目标设计、学生围绕目标完成作业和讲评反馈等环节都聚焦学生完成作业任务中的表现和思维特征,并能借此及时调整作业进程和方法,实现目标、内容与评价的一致性。为此,英语课程目标从三个层面进行规定:明确上位的核心素养的内涵;基于学科核心素养提出了英语义务教育阶段课程总目标;以学段为纵向维度,以语言能力、文化意识、思维品质、学习能力为横向维度并将其细化为不同的表现维度,以表格形式加以阐述,以便达成教、学、评一体化目的。

大概念单元作业目标设计要着力于学科核心素养的培养进行整体设计,避免机械理解课标中表述课程目标时的划分维度,分项罗列作业目标;准确把握教材特征和相关提示语的价值,避免直接将课程目标和教材的单元导语作为教学目标;充分考虑学情和学生学习体验(例如:通过学习,使学生掌握……,主体是教师而不是学生),避免将作业目标设计得太宏观和模糊;全面把握课程基本理念,认真思考辨析一些重要的概念,避免把学习任务当作目标(例如:在目标出现"写一封不少于 800 字的书信"这样的学习任务),以及生搬硬套易导致目标大而空,盲目堆砌易造成目标多而杂,不求甚解易致使目标浅而碎。

上述高中语文下册第一单元"中华文明之光"叙写的单元作业目标中,"说出"的程度没有明确说明,"探究作者论事说理的不同风格"的学习方法缺乏,这样的单元作业目标的可操作性、可测评性差。科学的单元作业目标撰写思路见图 9-2。

三、围绕大概念撰写单元作业目标

(一)厘清目标间的关系

课程目标是学生通过完成规定的课程与教学内容和任务(包括作业活动)所应达到的预期学习结果,是总的人才培养目标在每个阶段的某些/个阶段的某些/

个方面的具体体现,它受到教育目标、培养目标制约。教学目标是师生通过教与学活动预期达到的结果或标准,是对学生通过教与学以及作业活动后能做什么(解决实际问题)的一种明确的、具体的表达,终极指向是学生必备知识、关键能力和科学价值观的变化。单元教学目标对落实课程标准、进行教学设计、开展教学评价以及单元作业设计等方面起着主要的导向作用。

近年来,为明确课程与教学目标,辅助教师教学和学生学习,在单元教材上提供了辅助性和提示性资料,如小学科学教科书中配有"单元概要分析""单元概念图表""单元活动的基本活动框图"等课前提示内容。教师可以结合这些辅助性内容,实现对单元教学的理解和解读,确定单元教学目标和任务设计的方向。现行教材中还提供了配套的练习题和相应的作业设计要求,为教师单元或课时作业布置提供参考。但教师要结合课程标准、单元教学设计和学情分析等开发大概念单元作业目标,处理好各个层次作业目标及其上位课程和教学目标的关系。

大概念单元作业设计强调教师秉持大作业观,以便和大课程、大单元教学对接。单元作业和单元课程、单元教学在达成目标上相互补充的同时,应发挥作业独有的优势,在促进学科核心素养培养的同时,达成综合素养培养目标,进而达成学生全面发展的教育目的。

为此,教师首先要正确理解课程目标。课程目标即课程标准规定的经过课程学习学生达到的总体目标和要求。学科课程标准是指导学科课程、教学和作业发展的指导性文件,其中规定的课程理念、设计的目标体系和学业质量要求等,构成了指导学科课程发展的方向和总体要求。但课程标准规定的理念、目标和学业质量是一门学科对全体学生的基本要求,对个别学生的差异性、针对性方面的考量往往存在不足,导致目前的课堂教学更多地反映出普遍的需求。不同区域、不同学校、不同班级在学习资源等方面存在不同,这就要求教师在设计大概念单元作业目标时,要强化个性化设计,综合课程目标、单元和课时教学目标达成情况、学生差异等因素,而不能完全按照课程标准设定的作业要求;要根据学生的差异、作业评价结果等因素来调整和重构作业目标,体现作业目标的稳定性和灵活性、动态性与流程性的统一。

其次要科学处理好单元作业目标与单元教学目标之间的关系。受制于时空场景等多因素的影响,以课时为单位的课堂教学不利于学生综合能力和实践能力的培养。因此,大概念单元作业作为学生的能动学习任务,不仅能够巩固教学内容,还可以充分利用课余时间和空间的学习资源培养学生的创新思维和问题解决能力。例如,利用课余时间,设计和布置社会实践类大单元作业,促进学生运用所学知识和技能解决生活中的问题,在开阔视野的同时提高他们的社会责任感,从而达成课堂教学无法实现的课程和教学目标。可见,单元作业与单元教学并非单纯的依存关系,在学习目标、学习内容、实施方式等方面相互补充和相互促进,两者在目标达成方面既有重叠,也有所超越。

(二) 掌握单元作业目标研制要素

研制单元教学目标首先要掌握其构成的基本要素。一是目标的行为主体,即单元作业的行为主体是学生不是教师。预期学习结果的结构化就是核心素养,也就是学完这个单元作业后,学生能获得什么样的学习成果,形成何种素养。因此,预期学习结果作为重要的单元目标,表述的主语(主体)一定是学生,阐述为学生学到了什么,而不是教师教了什么;是指"学到(会)了什么"而不是"学了什么"。目标的撰写要用"能认出……""能解释……""能设计……""能对……进行评价""根据……对……进行分析和解读"等"使能"动词表述,而不要用"使学生……""让学生……""提高/培养学生……"等句式描述。例如,学习《山行》这首古诗时,若单元目标设定成"播放古诗的动画,帮助学生准确识读生字,感受秋景的美好和作者的思想情怀"就有问题了,因为主语是教师而不是学生。

二是行为动词一定是可观察、可测量、可评价的具体行为。用可观察、可操作、可检测的行为动词来表述单元作业目标是课程标准规定的,也是核心素养和评价有效对接的方法。传统的行为动词"掌握""了解"相对来说比较模糊、笼统,表达了学生的内部心理过程,但往往难以检验。而"分析""说明""解释""认/说出"等行为动词意义明确,易于观察和检验。KUD模型中的K是知道,U是理解,D是做,也就是技能。① 这一理论的核心是理解,因为只有理解了才能对知识有全局性把握,才可以融会贯通地使用相关技能。这里"知道""理解""做"都是具体行为。"不同类型的目标所使用的行为动词不同……目标表述所使用的行为动词代表可观察的学生的行为表现。采用不同的行为动词,可以拉开目标达成的档次,区分实现目标的层次。"②

三是行为条件。单元作业目标需要表明学生在什么条件或情境下、在什么范围完成指定的学习任务。"有时单靠行为动词无法将目标清晰地表达出来,因此需要一些附加限制条件,如学习情景、工具、时间、空间等的规定。"③常用的句式包括:"通过小组调查和讨论后,制定……""借助小实验,体验……""用所提供的材料探究……"等。

四是表现程度。这意味着大概念单元作业目标需要明确完成相应的学习任务后学生所达到的表现水准,借此评价或测量学生作业成效,即达到的程度。这种水准或程度一般借助副词或状语句子加以表述。如"**详细地**写出……""**正确地**说出……""**客观评价**……"等,这样就限定了目标水平的表现程度,以便加以检验。

例如将单元作业目标确定为:"汲取经典中的思想智慧,从不同的角度思考传统文化的现代价值,选择合适的说理方式表达自己的观点",其中"汲取""选择"等动词明确、具体,且主语是学生,"从不同的角度""选择合适的说理方式"等状语描述目标中的条件。

为方便教师撰写大概念单元作业目标,我们建构了目标的五要素表格(见表 9-2)。

---

① 林恩·埃里克森,洛伊斯·兰宁.以概念为本的课程与教学:培育核心素养的绝佳实践[M].鲁效礼,译.上海:华东师范大学出版社,2018:270.
② 李冲锋.确定语文教学目标要以学生的语文学习为中心[J].云南教育(中学教师),2020(03):46-48.
③ 崔允漷.教学目标——不该被遗忘的教学起点[J].人民教育,2004(Z2):16-18.

表9-2 大概念单元作业目标设计的五要素

目标要素	要素内涵	内涵表述举例
行为主体	学生	学生,但表述时常省略
行为条件/情境	情境、方法、手段、过程、经历等	• 借助工具书/查阅资料/…… • 通过调查/实验…… • 分组讨论/角色扮演……
行为内容(指向大概念)	核心素养 学科本质	• 科学知识和操作技能 • 情感、态度、价值观表达 • 探究过程、方法 • 思维特征
行为表现(动词)	水平一(知道,K)	• 识记、背诵、感受……
	水平二(理解,U)	• 感知、概括、发现……
	水平三(运用,解决问题,D)	• 掌握、分析、解读……
	水平四(综合,养成品质,Be)	• 鉴赏、评价、体验、推断……
表现程度	结果性目标	• 记住、知道、说出…… • 设计、推断、欣赏、探究……
	体验性目标	• 认识、感受、确立…… • 品味、领会、研判…… • 生成、历练、培养……

作业具有培养学生核心素养、评价和诊断学生高阶能力的多重功能。因此,教师如何设计与实施体现核心素养导向的作业,不仅是义务教育课程标准颁布后的难点所在,也是落实"双减"政策的关键所在。鉴于核心素养的抽象性和发展性特征,对其达成度的判断需要通过表现性目标加以体现。表现性目标指向学生模

仿和创造等作业任务的过程和结果,其设计和表述方式是与表现有关的开放性目标,聚焦学生的动作表现,借此可以描述学生核心素养的达成度,主要应用于艺术、探究操作、学科实践等领域。吴刚平等认为表现性目标水平主要包括复制和创造,分别通过相应的行为动词和行为对象进行设计和描述(见表9-3)[①]。

表9-3 表现性目标设计和表述案例

目标水平		行为动词	行为对象
复制	按照教师提示重复某项活动,根据现有资源复制某项产品、作品或创造活动,按要求利用多项简单技能从事某项任务等	从事、做、说、画、写、表演、模仿、表达、演唱、展示……	背唱歌曲 复述课文 ……
创造	根据提示从事某项复杂的创作,按自己的思想和已有资源完成某项任务,利用多种技能创作某种产品等	设计、制作、绘画、涂染、编织、雕塑、收藏、编写、创作……	绘制童装 设计效果图 ……

(三) 单元目标研制过程

单元作业目标研制一般按照以下步骤:研读课程标准——把握教材——分析学情——确定单元教学(作业)目标——规范表述教学(作业)目标——完善与整理目标,这一过程也是教师在实践中反思、调整、深化自己的认识的过程。

1. 解析课程标准,确定关键词

解析课程标准是研制单元作业目标的前提。在素养导向的课程改革背景下,以单元为视角解读课程标准从而为教师设计作业目标提供整体背景,更好地表征课程标准在目标设计中的价值和意义,从而提炼出单元设计所需要的大概念,以

---

① 吴刚平,郭文娟,李凯.课程与教学论[M].上海:华东师范大学出版社,2023:78.

便统领单元学习任务。在对大概念进行理解和应用中制定学习要求,教师可以从整体上看待和把握单元教学、目标和方法等内容。但课程标准解读是一项专业性很强的工作。首先,需要教师借助专家的解读,调用自身的知识储备和教学经验,做好学情分析和教材内容的整体把控,在研读课程标准的过程中划出描述学生行为的动词和应掌握的核心知识和概念,以及起修饰作用的形容词和副词等。通过对这些关键动词进行解读,揭示其基本内涵和相应行为动词,分析内涵的知识、技能等内容并进行拓展,从而获取更具有针对性的系列动词以及研制相匹配的行为内容或核心概念。其次,在此基础上参考修订版布鲁姆教育目标分类法、韦伯深度知识理论和马扎诺教育目标分类法,通过"情境+所能+应知"方式撰写知能目标。再次,在设计教学评一体化课程教学和单元作业时,教师需要结合作业内容,提炼大概念并在此基础上明确学习要求,从而形成以大概念为代表的单元总目标和知能等目标,两者经过加工和整合形成单元目标体系。

为帮助教师在解读课程标准的基础上撰写单元作业目标,我们提供威金斯等撰写的内容标准解析框架(见图9-3)。[1]

2. 辨析单元定位,确定单元教学目标的行为内容

教材是单元设计和教学实施的主要载体,内含学科课程标准规定的理念和目标,当前教材也是以单元为单位编制的。因此,教师需要通过教材内容分析,明确单元教学在学科核心素养培养中的定位。教师需要明确单元主题和基本目的指向是什么,统揽整个单元教学的核心内容(包括章节划分和前期教学储备、后续教学内容要求等),借助教材中的"单元导语""学习提示""配备练习"等素材,确定学习任务群、核心知识和相应概念体系,明确单元主题、学习任务和核心素养的内在关系,确定相应的大概念,借此确定单元目标的行为内容。

以普通高中语文统编教材必修高一上册第二单元教学目标的设计为例,该单

---

[1] 格兰特·威金斯,杰伊·麦克泰格.追求理解的教学设计(第二版)[M].闫寒冰,宋雪莲,赖平,译.上海:华东师范大学出版社,2017:70.

第九章 单元作业目标开发

所确定的目标: (G)
所有学生通过理解数学概念的内在联系以及在其他学科和生活中数学和数学建模所起的作用,将数学学科和其他方面的学习联系起来。

——新泽西数学标准4.3

名词和形容词中所陈述或暗示的大概念:

- 各个学科和生活中的数学建模。

在动词中陈述或暗示的现实世界中的绩效:

- 例举几个关于真实生活数据或现象的有效数学建模。
- 在一个给定的真实生活情境下,批判性地评价数学建模的适用性。

可能的基本问题: (Q)

- 什么是模式?
- 如何知道你的数学建模(对于特定情境)是否合适?

关于理解的思路: (U)

学生将会理解……
- 数学建模帮助我们使用数据来简化、抽象和分析经验。使我们能更好地理解它们之间的关系。
- 必须批判地对待数学建模,这样才不会误导我们。

可能的表现性任务: (T)

- 让学生为选定的真实生活状况创建一个数学模型(例如季节性温度),真实生活状况包含复杂凌乱的数据和各种貌似合理的关系模型。
- 让学生以批判的态度评论特定情境下数学模型的适用性(比如以二维码方式表征地球的墨卡托投影)。

图9-3 **标准解析**

元的主题是"劳动光荣",收录的六篇作品包括三篇人物通讯、一篇新闻评论和实用性阅读与交流的学习内容。本单元在整个高中语文教学中的定位是承上启下作用。"单元导语"对媒介素养的形成提出要求,并指出从不同角度彰显劳动的伟大意义,体现劳动精神的传承和发展。"学习提示"部分则针对具体课文提供了基础性的阅读理解,并就学习方法和学习资源等提供参考建议。"单元学习任务"是围绕"劳动光荣"的主题研讨,指向培养实用性表达与交流能力,在此基础上可以明确单元教学目标的行为内容[①]。

(1) 正确的劳动观念。

(2) 通讯的报道角度。

(3) 事实与观点的关系。

(4) 新闻评论的观点和阐述观点的方法。

(5) 新闻的报道立场。

(6) 媒介素养。

……

这些行为内容本身就是由一些概念组成,是各种关系的核心,又是使事实容易理解和有用的一个个概念锚点。但它们本身不是目标,而是目标过程的基本元素,需要借助于动词和相应条件副词或状语加以链接。

3. 聚焦问题情境分析,确定单元教学目标的"行为条件"

学情分析是设计单元作业目标的主要基础,也是所有作业学习任务和活动设计的基本保障。因此,教师不仅要专业地解析学科课程标准,熟练地驾驭教材,更要真正了解学生已有的知识经验、心理认知、生活经历、学习能力和风格以及学习资源等特点,从而将目标确定在学生的"最近发展区",开发出适用于不同领域、不同学科的不同学习任务。学情分析的方法包括教师的日常观察、部分学生的访谈、数据调研和作业批改等。

---

① 高翀骅,王纪田,于海生. 素养导向的高中语文单元教学目标的研制与表述[J]. 基础教育课程,2023(06):24-33.

上述高一语文单元设计中,学生在初中学习时接触的是较短的新闻作品,对新闻的基本类型和特征有所了解,但对新闻通讯、新闻评论等细分文体认识不足;如何把握长篇作品、如何进行群文阅读对学生而言是新内容;对于一些反映专业领域的作品内容缺乏相关经验,有效的阅读策略掌握不够。教材上建议的"选择一份报纸或一个新闻网站,浏览一周的内容,从中挑选出三四篇你认为比较优秀的新闻作品"这一任务可以借助表格梳理、讨论、评选等方式克服操作方面的困难,同时通过有组织的专题研讨等学习方式创造某些条件,解决上述问题。

另外,教师还需要思考的是两首古代诗歌在本单元学习中的目标定位,结合本单元的学习情境,摆脱一般的诗歌教学指向文学作品的阅读和鉴赏价值追求的影响,将其中的两首古诗作为我国古代劳动场面的纪实来进行解读和场景营造,展现劳动的繁忙与欢乐的细节。

综合考虑,以下"行为条件"是可以落实并进入单元教学目标的:

(1) 梳理《喜看稻菽千重浪》等三篇现代文的脉络,……

(2) 运用诵读、品读《芣苢》《插秧歌》,……

(3) 在掌握《从工匠精神雕琢时代品质》的思路基础上……

……

4. 确定关键动词,描述学生"行为表现"

大概念单元作业要求教师围绕任务设计挑战性基本问题,继而围绕问题解决设计单元作业,并结合学生可能会遭遇的难点设计引导性问题,促进学生在完成作业任务中选择、运用、调整、生成方法和组织学习资源,这些行为历程也就是教学目标中的行为表现。

在上述单元作业中,教师可以结合学科核心素养,将相应的学习任务分解为抓住新闻角度、提炼新闻观点、描述新闻细节、确立新闻立场等四个方面;将"为五一献礼、汇编劳动文集"这一单元总任务分解为分享诗歌朗诵脚本、组织新闻评选会、撰写劳动文集等子任务,这些"分解、细化"过程中提炼的动词就构成了本单元作业目标的行为表现(见表9-4)。[①]

表9-4 单元作业目标设计要素

作业子任务	行为内容	基本问题或引导性问题	行为动词
分享诗歌朗诵脚本	正确的劳动观念	1. 辨析和把握报道立场的方法有哪些？ 2. 新闻的真实性如何识别？ 3. 如何刻画真实人物？ 4. 怎样理解劳动光荣的价值意蕴？	分享、表达、阐述
新闻评选会	通讯的报道角度		掌握、理解、总结
	事实与观点的关系		发掘、分析
	新闻评论的观点		提炼、理解
	阐述观点的方法		建构、梳理、掌握
	新闻的报道立场		确立、辨析、判断
撰写劳动文集	撰写人物通讯		把握、组织、描写
	撰写新闻评论		分析、理解、评价

5. 应用学习进阶，区分单元作业目标的行为表现程度

学习进阶作为当代基础教育科学课程改革的核心理念，是对学生连贯且逐渐深入的思维方式的描述，学生呈现对大概念的理解逐级深入和持续发展的过程。大概念单元作业目标设计可以借助该理论，使教师深刻认识到单元作业目标不应只是按照课程标准规定的理念和目标、教材编排中学习目标进行简单线性排列，需要借助一体化的目标深度整合作业学习内容和任务，有效避免仅关注教学目标要素的逐一梳理罗列。同时，教师要关注学生的知识运用能力、学习能力的进阶，

[①] 高翀骅,王纪田,于海生.素养导向的高中语文单元教学目标的研制与表述[J].基础教育课程,2023(06): 24-33.

而不能无视学生素养发展的层级性、阶段性和连续性特征,要体现出各项目标间的层次关系。

上述单元中的"劳动光荣"这一主题可以基于学生学习进阶规律,分为体认劳动价值、发掘劳动之美、分享和呈现劳动收获三个层面。教师教学可以将教材中置于单元最后一课的诗歌学习提前,为单元教学(作业)铺垫。从学生的语文学科关键能力培养上看,梳理文本、创意写作、评选汇编的学习过程由易到难,也符合学习进阶的层级分布特点。而学生劳动观念属于科学价值观范畴,是在完成各项语文学习任务中渐进形成的,应该渗透到整个单元素养目标中。另外,梳理观点和通讯报道解读等阅读写作策略目标也需要强化文本的整合,而不应仅通过具体课文篇目解读一带而过。具体案例可以参见相应课程标准中学业质量要求的撰写方式。

6. 统筹思考,完善与整理目标

单元教学目标设计的完成只是单元教学的开端,为单元作业目标设计提供了参照样本。但在具体的作业设计和完成实践中,教师需要时时以单元教学目标为"锚点",确保教学评一致,共同促进学生发展核心素养的落实。但单元目标作为一种假设,处在不断变化之中,而不是凝固的、静态的,教学目标和作业目标以及作业设计流程之间有着复杂的辩证关系。单元作业目标应基于单元教学目标,但绝不是照抄照搬,避免围绕已经达成的单元教学目标设计和布置作业任务,否则会增加学生的课业负担。另外,教师应把握单元教学(作业)目标预设与生成之间的关系,在整体设计的基础上适时适当超越,并在实践过程中不断探讨、修正与完善。

第十章　单元作业问题设计

大概念单元作业作为能动学习任务,需要布鲁纳所谓的"启发性问题"来架构。这样的问题包括基于问题解决的单元作业中关注的挑战性问题、基于学科实践作业中关注的本质性问题、基于综合实践作业中关注的基本问题和基于项目的作业关注的驱动性问题等。它们指向单元作业中的大概念的理解和应用,提供问题化的作业组织结构,从而明确作业内容和完成的方式方法。

一、问题和练习题的区别

为了提出富有挑战性和驱动性的问题,教师需要区分问题和练习的差异。传统的练习作业脱离情境直接执行,或仅仅通过查阅资料和百度一下就可解决,而问题是表现的内涵,需要考虑情境中学生会面临什么样的挑战和选择。在篮球运动中进行的传球和投篮训练,因忽略对手的防御情境,只能是练习。这些练习可以培养基本的技能,但高阶能力得不到培养。典型的科学实验室呈现的是练习而不是问题情境,按照实验步骤执行就可以得到路径和标准答案,而真正的科学实验应该是行之有效的、考虑成本的、令人费解的现象。所有实践学科都需要通过问题解决,因此无论任务是作为学习活动抓手,还是评价的载体都必须基于真实问题。

需要指出的是,逆向设计的阶段二的目标是找到适宜的问题解决能力的证据,而不是项目、任务和活动本身。这也是本书为什么强调大概念单元作业评价要用评价员思维而不是活动设计者思维方式的原因。很多项目和练习是有趣的,能够激发学生思考,具有意义,但不能实现阶段一中提出的目标指向,或不能提供足够证明学生完成作业后的目标达成的证据,造成这种现象的原因之一是"过多放权",让学生自由选择作业的内容和完成方式(独立完成还是合作完成)、问题解决方法以及展示方法,教师缺乏引导和必要的指导。同样,传统的作业练习相比于复杂的学习(评价)任务,往往缺少吸引力,尽管能够提供达成目标的确凿证据,但不是学生需要的,违背学生的兴趣趋向。

将练习题作为作业内容并借此建构评价机制,容易忽略核心素养培养及其评价所强调的真实表现和行为的精髓。真实学习行为和表现内含着对大概念的理解和应用,能实现知识和技能的高通路迁移。迁移能力是核心素养的内核,也是学生概念性理解的重要表现,在没有教师提示和情境线索的情境下,学生完成作业需要独立思考需要哪些知识和技能,已具备哪些条件和还需要创造什么条件才能解决作业中设计的基本问题。这恰好是高度结构化的、具有正确答案的练习题所不具备的。但无论是学习活动还是评价都是一个连续体,练习对低阶知识和技能巩固是有价值的,但对发展学生的核心素养存在严重不足,不能全面达成或表征学生对大概念的理解和应用情况。两者的区别和联系见表 10-1。

表 10-1 问题和练习题的区别[①]

维度	问　　题	练习题
任务制定	陈述简洁明了,但很少提供架构、表征和解决的线索和提示	任务要么简单,要么通过题目中的关键信息、线索和提示变得简单

---

① 格兰特·威金斯,杰伊·麦克泰格.追求理解的教学设计(第二版)[M].闫寒冰,宋雪莲,赖平,译.上海:华东师范大学出版社,2017:176.

续 表

维度	问 题	练习题
方法	需要不同的方法和策略,弄清楚问题的类别和性质,挑战在哪儿,要通过策略加以判断,应用逻辑方法和反复试错也是必要的	有一个没有明示的方法,蕴含在题目设计过程中,识别能力和正确策略成为关键目标
情境	本身具有真实的干扰和复杂性,甚至呈现因目标指向、对象理解、评价指标等差异而出现不同的权衡变量	类似于投篮和指法操作,经过简化确保单一变量是目标技能和知识
解决方案	可以是通过变量比较、规范推理与论点和方法支撑的正确的答案,但目标指向兼顾需求、可行性的、科学的解决方案	目标指向正确答案,尽管有挑战但通过回忆、联想和链接些许知识即可知道结果
成功证据	焦点从正确答案转向方法和方案的合理性	答案的准确性和正确方法的选择

二、基本问题开发

(一)基本问题判定

威金斯和麦克泰格认为问题是大概念的航标,高质量的基本问题能够让我们了解事物的本质。[①] 如,教育公平是如何实现的?它的价值是什么?作者的观点和主张是什么?对这些问题的不懈探索能够使我们的理解不断深入,也可以使我们思考更多的连带问题。但这些问题又不是太宽泛,直接指向一个特定话题、问题或研究领域的核心所在。因此,可以说每一个学术领域都是由基本问题来定义的。

为了帮助大概念单元作业设计者和实施者在理解基础上运用好基本问题,我们再用例子加以说明:

[①] 格兰特·威金斯,杰伊·麦克泰格.追求理解的教学设计(第二版)[M].闫寒冰,宋雪莲,赖平,译.上海:华东师范大学出版社,2017:121-124.

问题1:教育减负意味着什么?

问题2:为了减轻学生作业负担,学校和教师该如何行动起来?

不难看出,问题1相对抽象,但解释力更强,迁移可能性更大,指向概念性理解,可以架构整个单元作业的设计和实施,而问题2更适合作为项目式作业中的驱动性问题。

基本问题具有四重内涵:一是在我们一生中会反复出现、超越时代的主要问题。它们是有争议的,范围比较广,没有固定或唯一答案。如:艺术欣赏是品位问题还是有固定规则?这个问题我们可以获得或拥有自己的理解,但有可能需要讨论和帮助,问题本身是永恒的但答案可能是暂时的。高质量的作业根植于这些基本问题,在设计过程中不应该仅仅关注作业内容而忽略学生对它们的理解。

二是指向某一学科的核心和探究的焦点。基本问题指向课程和单元教学的核心或前沿技术知识。它们在相应领域或跨学科领域频繁出现,承载着历史意义。如:历史学家们在描述社会或个人历史时,会不会对某些事件视而不见?这个问题在过去若干年前曾经引起激烈讨论,迫使专家和新手不得不加以重视,思考所有历史发展过程中潜在的偏见。

三是学习核心内容所需要的因素和条件。这些问题可以促进学生进行高效探究,掌握复杂的观点、知识和技能,架起学生从记忆专家的结论到形成专家思维的桥梁。例如,采访运动员时提出如下问题:我们怎样才能赢得更多的比赛?面对这样的提问,运动员必须反复理解并自问:我们怎样在进攻时创造更多的空间?如拉开对方的防守、密切配合队友创造更多传球机会来增加得分。

四是能够最大程度地吸引特定的、各类学习者。需要指出的是,一些成人提出的问题可能对一些重大事件的解决有帮助,但对特定学生群体而言可能会因与其生活和学习相关性不大,而不被学生重视。因此在大概念单元作业设计和实施过程中设计和开发一个学生感兴趣的、从而维持他们注意力的基本问题特别重要。

威金斯和麦克泰格提出的六条判断指标[①]，可以为教师在大概念单元作业设计中设计和开发基本问题提供参考。

（1）真正引起学生对大概念和核心内容的相关探究；

（2）激发学生对更多问题的深度思考、热烈讨论、持续探究和产生概念性理解；

（3）要求学生考虑其他不同观点，权衡证据，论证自己的思考和回答；

（4）激励学生对大概念、假设和已有经验教训进行必要的持续反思；

（5）促进学生把所学知识和个人经历建立有意义的联系；

（6）能够在概念性理解的基础上，创造将概念迁移到不同情境和学科的机会。

上述指标的使用需要结合具体语境或情境。毕竟一个问题是否具有"基本"的属性，取决于提问的目的、受众和影响。在大概念单元作业设计中教师要思考：你需要学生用你设计的问题做什么？你的问题指向是让学生进行激烈讨论、深入探究还是获得唯一正确的答案？教师希望利用问题引发学生提出自己对所学内容的质疑，还是要获得一个常规的解释？是希望单元教学完成后问题仍然存在并反复出现，还是希望单元作业结束时问题得到解决？大概念单元作业设计中教师通过基本问题呈现与大概念理解有关的目标并促进探究活动的开展，而一个问题是否"基本的"，取决于教师为什么提出或突出它，希望学生如何解决它，以及该问题相应的学习活动和评价是怎样的。为了强化基本问题的可操作性，一般会在上述指标前加上前缀"在什么程度上，该问题能够……"。

一般说来，"……是什么""……是/不是……""何人、何事、何时"之类的问题有可能是要寻求复杂深入的探究（基本问题），也有可能需要一个简单的定义（不是基本问题）。如"小说是什么？"这一问题，如果仅仅希望学生了解小说的六要素，就不是基本问题，但如果希望通过这个问题让学生在提炼经典小说中的元素基础上，再探究后现代小说特征，并借此来重新定义小说的内涵和本质，这个问题

[①] 格兰特·威金斯，杰伊·麦克泰格.追求理解的教学设计（第二版）[M].闫寒冰，宋雪莲，赖平，译.上海：华东师范大学出版社，2017：137.

就成为基本问题了,相当于在大量铺垫(对学生来说就是持续探究)后追问:那么小说到底是什么?

"……为什么发生/会出现"之类的问题,可能是希望学生回顾过去学习的内容,也可能是需要更高层次的研究结果。可见,一个问题能否成为基本问题,其目标指向更关键,需要通过整体设计尤其要借助最后评价加以甄别。一些看似寻常的问题,若答案充满争议和冲突,且表述形式清晰,需要深入挖掘,这样的问题可能变得富有启发性,成为单元作业设计的基本问题。基本问题影响和制约着大概念单元作业的整体设计框架,而科学的整体设计框架也有助于对基本问题的理解和解决,达成对大概念的理解和应用目标。

(二) 基本问题设计

设计高质量的基本问题是一项专业性很强的活动,需要设计者运用整体思维,以专家视角结合学情分析和作业目标,从其产生的源头做起。常见的方式是通过疑问副词加以表达,如小学道德和法治学科中"友谊"这一大概念,可以将其提炼为:"什么是伟大的友谊?"另一种方式是通过"疑问副词+大概念+动词+大概念"提炼,这种方式主要适用于两个大概念之间关系的基本问题的提取。对应于"市场机制是理性的"这一大概念,可以提炼成:"在多大程度上市场机制是理性的?"再如一个单元教学涉及价值观和冲突两个大概念,单元教学要求和学业质量要求聚焦在"价值观引起冲突"这一大概念来诠释中美贸易摩擦,就可以应用"为什么""如何"等副词,以及动词"影响"提炼基本问题:"为什么价值观会影响冲突?""价值观是如何影响冲突的?"

1. 对大概念进行解读和演绎

基本问题指向大概念的理解和应用,大概念是其源头,通过明晰大概念可将其转化为基本问题。例如"生物是由细胞构成的"这一大概念,就可以按照上述方法写出基本问题"为什么生物是由细胞构成的""如何证明生物体是由细胞构成的"等。

《中国画和油画欣赏》单元教学中可以设计如下基本问题:在美术馆欣赏作品时,如何应用美术欣赏四步法走入作品深处,并生发情境交融的心灵感受?学生在回答上述问题时,通过运用美术欣赏四步法,生成对大概念的深层次理解。教师在设计这一单元作业基本问题时还需要深入探索问题链,这些子问题包括:1)在你进入美术馆欣赏作品时,有可能应用什么方法使自己更好地走入作品深处?2)你能否应用两三种形式的语言,简要说说其中一幅作品在形态、色彩、构图等方面画得最好的地方?3)你能在深入感悟作品文化背景的基础上,用一个词或一句话概括当时萌发的独特感受吗?4)设计文创产品后,你对喜欢的作品有没有新的心灵感受?这些子问题形成问题链/群,以便丰富学生的各级各类知识和学习经历,为基本问题的深入探究搭建思维支架(见表10-2)。

表10-2 《中国画和油画欣赏》问题链设计[1]

问题类型	问 题 链
非艺术基本问题链1 ↓ 艺术基本问题链 ↓ 非艺术基本问题链1 ↓ 艺术基本问题	欣赏《渔夫》,你能从人物表情读到什么?这幅作品还有哪些画得特别好的地方?
	回忆上述欣赏过程,你觉得在美术馆用什么方法才能更好地走入作品深处?尝试应用四步法欣赏其他作品,选一幅最好的谈谈感受。
	你知道什么是文创产品吗?能否应用你最喜欢的作品形式设计文创产品?
	你能从文创产品形式、技法和独特想象等视角介绍你设计产品的美术特色吗?

---

[1] 张丹妮,李润洲.基于大概念的小学艺术素养教学——以小学美术教学为考察中心[J].课程.教材.教法,2023,43(03):154-159.

2. 发掘课程标准和学业质量要求中的相关规定

设计者可以从课程核心素养、内容标准和学业质量要求等方面加以提取和提炼基本问题。核心素养是关键能力、必备品格和科学价值观,理应成为大概念单元作业的指向性目标;学业质量要求是评价的依据,应该成为大概念单元作业的评价标准,在实质上代表学科乃至跨学科立场的大概念。例如美国艺术教育国家标准规定:将舞蹈理解为一种创造和沟通意义的方法。据此我们可以提炼基本问题:"通过舞蹈我们可以表达什么样的思想?""动作如何传达感情?""艺术家能够做哪些非艺术家不能做的事情?""科学探究"素养包括问题、证据、交流、解释和协作等要素,据此可以提炼"如何有效论证"这一基本问题,贯穿于不同学段的物理大概念教学中。而"'力是维持物体运动的原因'这句话是真理吗?适用于所有情境吗?",这一基本问题可以作为单元作业的基本问题。

3. 整合加工技能性问题和学科问题

由于大概念的学习要求存在不同层次,在广度和深度方面差异很大,所对应的问题自然呈现出不同的表现和表达形式。威金斯和麦克泰格针对一线技能性学科教师(数学、化学、体育和阅读等学科)在提炼和开发基本问题的困境时指出,大概念是所有技能的基础,基本问题可以围绕有效技能学习相关的四大概念类别来架构:关键概念、目的和意义、策略和战术、使用情境。"在技能领域,只有在真正的行为挑战的背景中被问及的问题才是基本问题,在这种情况下需要不断进行判断……需要我们具备在具体情境里从全部技能中做出明智选择的能力:知道何时使用何种技能,如何使用以及为什么使用这种技能。"[1]如,所有数学思想和问题解决的核心都涉及这样的问题:"这是什么模式?你怎么知道的?"如果相应的作业评价只关注简单的、有提示的练习情境和结果,脱离情境,仅通过简化的数据就足以回应,这个问题就没有意义了,因为评价忽略对知识迁移和判断的要求。威金斯和麦克泰格还将基本问题分为专题性(是学科取向的)基本问题和综合性基本

---

[1] 格兰特·威金斯,杰伊·麦克泰格.追求理解的教学设计(第二版)[M].闫寒冰,宋雪莲,赖平,译.上海:华东师范大学出版社,2017:128.

问题,教师将专题性基本问题整合加工,就可以形成我们所需要的基本问题。例如,可以将体验学科中的专题性基本问题"我们如何用最大力击球而又不失控"转化为"什么样的练习可以达成熟能生巧的目标"。再如,可以将专题性基本问题"《故都的秋》是怎样展现作者内心世界的"转化为"生活中人的内心表征方式多种多样,其选择标准是什么"。

为了提高大概念单元作业设计中教师对基本问题的理解和开发能力,本书提供威金斯和麦克泰格开发的综合性问题和专题性问题列表(见表10-3)、评价理解的六个侧面(见表5-1)供参考。

表10-3 综合性问题和专题性的基本问题细表[①]

意图	范围	
	综合性	专题性
开放性:挑战学生更深入地、创造性地思考反复出现的、悬而未决的重要问题。 教师把提出这些有争议的问题作为一种手段,使学生像领域专家一样思考问题。不要求有明确的答案。	以下问题是学科里仍然或永久存在的开放、广泛而深刻的问题。它们跨越单元、课程,有时会跨越学科的界限。 ● 美国历史在多大程度上可以说是一部进步史?"进步"体现在什么地方? ● DNA在多大程度上起决定性作用? ● 真正的朋友是怎么样的?	以下问题激发了对单元内重要思想的探究和深入理解,并不要求在单元学习结束的时候得到解答。 ● 20世纪五六十年代国会是如何更好地保护少数人权利的? ● 我们需要采集每一个罪犯的DNA样本吗? ● 青蛙是否应该对蟾蜍说谎?
指导性:引导学生向更深入理解大概念的方向进行探究。教师把提出这些问题作为揭示	以下都是跨越单元、课程和学科界限的综合性问题,会产生一个或多个所需的理解。	以下是具体单元的问题,向一个或几个重要观点的固定理解靠拢。

[①] 格兰特·威金斯,杰伊·麦克泰格.追求理解的教学设计(第二版)[M].闫寒冰,宋雪莲,赖平,译.上海:华东师范大学出版社,2017:129-130.

续表

意图	范围	
	综合性	专题性
所需理解内容的一种手段。学生在解决问题的过程中构建意义。	• 美国自成立以来在公民权利方面取得了多少进展？ • 基因学的最新发展是如何影响先天遗传和后天培养的争论的？ • "酒肉"朋友有哪些表现？	• 民权运动的决定性时刻是什么时候？ • 如何保证 DNA 测试的可靠性？ • 故事中青蛙在哪些方面表现得像朋友？

（三）基本问题的价值、局限和超越

基本问题之于大概念单元作业设计和实施的价值呈现多样性特征[1]，表现在以下几个方面：

1. 凸显学生高阶思维培养。高质量问题能够链接学生已有知识、生活体验和当前作业内容之间的意义，促进学生基于挑战性问题解决进行思考和探究，培养学生的问题探究和终身学习能力。

2. 帮助教师确定重点的、优先的作业目标。大概念单元作业设计聚焦多元化的学习内容和目标，而基本问题作为敲门砖，指向大概念学习要求和学科课程的核心学习目标，以此为抓手设计单元作业有助于关键目标的达成，而不是那些琐碎的知识点掌握。

3. 有助于学生及时掌握作业完成进程和程度。大概念单元作业对学生来说是一个探究过程，是其人生旅途的一部分，一个个问题和障碍的解决意味着美好风景的不断呈现。基本问题就是为学生提供的一个个锚点，也是理解单元大概念的基石，经历锚点、踏过基石意味着一步步靠近目标。

---

[1] McTighe, J. & Wiggins, G. Essential questions: Opening doors to students understanding [M]. Alexandria Viginia: ASCD, 2013:17-25.

4. 促进元认知发展。教师设计大概念单元作业、学生完成作业的过程,总是伴随着反思和反馈。指向大概念的基本问题解决能够促进学生思维模式的构建,形成一系列的思维洞见和策略,因而完成作业的过程就是自我反思过程。

基本问题指向大概念的理解和应用,为通过大概念单元作业培养学生核心素养搭建了桥梁,应用起来也非常接地气,但仅靠基本问题不能解决单元课程与教学中的所有问题,存在如下局限性。[①] 首先,基本问题能够为大概念单元作业提供一个大方向,为作业的整体设计提供锚点,但对课时作业关照不足,基于基本问题开发问题链对很多教师是一个挑战。另外,基本问题更倾向于单元逆向设计,致力于作业目标设计和开发,对技能领域作业设计指导不足,因此教师在大概念单元作业设计时需要强化研究,积极行动,明智决策。其次,大概念单元作业有时涉及生活问题的解决,需要师生整合家庭、社会和社区等资源和来自家长、学校领导和专家等的支持。而基本问题开发多基于班级和课堂层面,往往忽略对学校和社区的影响因素的考量,很多基本问题,尤其是专题性(学科)问题大多指向学科课程及其素养培养,对跨学科、跨时空探讨存在局限。再次,基本问题解决指向学科或跨学科大概念的理解和应用,是达成核心素养目标的重要手段,但核心素养培养不可能靠一节课或一次单元作业就可以达成,需要螺旋式课程的支持,从而借助不同学段和不同学科作业的实施促进迁移能力的培养,但目前教师在课程体系的螺旋化设计和实施中存在困难。

为了突破上述局限,我们可以采取如下做法:一是为大概念单元作业配置1—5个基本问题,并尝试把这些基本问题和作业内容及任务建立链接。同时以基本问题为统领,将其分解成一系列子问题,形成问题链,并将这些子问题和作业活动联系起来。这样整个大概念单元作业既有基本问题的统领,各个学段作业或不同学科作业也就有了子问题渗透,从而助力单元作业目标的达成。二是通过作业管理文化创设弱化班级和课堂边界,使基本问题走向学校和社区,形成和谐统一的

---

① 邵朝友.大观念导向的单元教学设计——模式与技术[M].上海:华东师范大学出版社,2022:130-131.

作业情境文化,有利于明确教师、学生和问题在大概念单元作业过程中的角色和责任,提供安全、民主的作业环境和资源支持,营造课内外作业问题探究场域,构建专业学习共同体,对作业探究过程、阶段成果和最终成就进行全面评估,促进教师之间主动分享基本问题、学生主动吸纳批判性意见和建议,以及分享作业成果。三是通过大单元设计促进作业功能进阶。基本问题倾向于螺旋式课程开发和实施,为此学校应争取高校支持,在专家指导下开展大单元教学设计,弥合基本问题对不同学段、不同学科跨学科课程作业指导不足的困境。另外,可以采取主题作业形式,促进九年一贯制学校开展课程和教学整合,强化教师课程目标的进阶式设计。四是强化基本问题的使用技巧培养。[1]

- 围绕基本问题组织项目、课堂教学和单元作业,使作业内容成为问题的答案。
- 基于基本问题选择和设计相应的评估任务和指标体系。
- 划分作业内容和任务的优先顺序,以便使学生专注于几个重要的问题探究。
- 用学生可以理解的语言和方式设计和表述基本问题,使其符合学生年龄特征,进而更富有吸引力和启发性。
- 确保每一位学生都能理解基本问题并体认其价值,必要时可尝试开展调查。
- 为每一个基本问题配置适宜的探究活动。
- 根据问题的重要性进行排序,以便使之自然过渡。
- 使问题个性化和趣味化,让学生分享案例、成长故事和直觉感受,利用剪报、手工艺品等使问题生动有趣。
- 为作业问题解决提供充分时间,根据学生年龄、经验和学习任务开发子问题,提供问题解决概念图,明晰问题的关联性。
- 主动分享在大概念单元作业设计中提出的基本问题,促进作业设计的跨学

---

[1] 格兰特·威金斯,杰伊·麦克泰格. 追求理解的教学设计(第二版)[M]. 闫寒冰,宋雪莲,赖平,译. 上海:华东师范大学出版社,2017:128.

科连贯性,并指向真实生活。

三、驱动性问题开发

驱动性问题可以帮助教师将大概念单元作业设计重点聚焦在解决问题所需要的知识、技能、条件和活动上,是学生的试金石,也是指导他们围绕作业目标开展探究的重要工具。

(一)高质量驱动性问题的特征

一个高质量的驱动性问题,是成功设计和实施单元项目式作业的第一步。根据项目化学习实践,结合相关的研究成果可以看出优质的驱动性问题具备以下四个特征:

1. 具有真实性与贴己性使之能够吸引学生参与。只有基于学习者经验、认知水平和真实的生活情境的问题,才具有代入感和贴己性,才能真正引发学生的学习投入。但由于年龄和经验的有限性,很多学生难以将驱动性问题提炼到学科大概念的高度,但不能因此而否定让学生参与的价值,只是需要教师、家长等帮忙加以提炼。对学生来说,这些真实情境的驱动性问题应该具有以下特征:

- 学生听得懂,且能够感受到内涵的启发性、趣味性和价值性。
- 与学生年龄、背景、生活社区等匹配,适合他们的参与。
- 不是教室或教材中经常出现的经典问题,但能使学生产生探究的愿望。
- 能够促进学生进一步提出相关问题并开始探究过程。
- 能够关联到当地场景,让学生产生问题解决的责任感,提高项目式作业的参与热情。
- 促进学生产生主人翁意识。

2. 具有的开放性便于学生对大概念进行多向度探索。大概念集中体现学科核心素养及要素与要素之间的关联,借此可以架构其学科结构的骨架,搭建多向

度的探索空间,便于学生理解和应用大概念并迁移到新的场景中。驱动性问题的开放性体现在:

• 有多个而不是指向唯一的标准答案,需要学生经过探索才能回答,且答案本身具有原创性。

• 答案呈现复杂性特征,需要学生运用批判性思维。

• 可以是一个是非题,但要具有可解释性或内含相应推理。

3. 对应单元学习目标,为学生高阶思维能力和核心素养的培养搭建脚手架。大概念单元作业中涉及的问题必须能充分调动学习者的沟通合作意识,让学生主动分享彼此的作业成果,调动相应的学习资源。在项目实施过程中,培养学生高阶思维能力与核心素养。驱动性问题的目标指向性体现在:

• 问题的回答要求学生运用情境性知识和概念理解,使用相应工具,并练习相关的成功技能。

• 问题不是简单复述课程标准和学业质量要求的内容,而是对课标和相关政策中的表述进行深刻理解,但其前提是不能影响学生的积极性和主动性,太长则不利于学生理解。

• 不要太宽泛,要能在规定作业时间内完成。

另外,项目式单元作业中的驱动性问题要能搭建通向多维度产品产出的操作性脚手架,具有可操作性和可持续性,能激发学生作业的内在动力,导向探究结果的生成,且提纲挈领地指出持续思考和探索的方向,并能提高作业产出的丰富性。

为了排除师生在设计驱动性问题过程中的常见错误,我们引入巴克教育研究院项目式学习计划编著的《项目式学习指导手册》中一些典型的驱动性问题的初稿以及如何改进过程,供广大教师设计单元作业时参考(见表10-4)。

表 10-4 驱动性问题初稿及其改进建议[1]

驱动性问题初稿	评论	改进后的驱动性问题
动物为了在不同栖息地生存会做出哪些适应性调整？	不够吸引人，听起来好像是教师提出的或教科书中就有的问题	狗能在沙漠中生存吗？
如何有效地编写儿童故事？	不够吸引人，语言可以更生动一些，和当地的实际情况相结合可能更好	我们如何才能为社区中的孩子创作生动的故事？
如何在统计篮球数据时应用数学知识？	不够吸引人，太宽泛，缺乏激励性	勒布伦·詹姆斯是有史以来最好的篮球运动员吗？
我们县哪些建筑因承载了重要的过去，而应被列入为历史建筑，并受到人们的保护？	不够吸引人，因为使用的语言比较成人化，并且对可能的答案做出了暗示	拆掉我们县城的老建筑会对当地的发展有何影响？
我们是否应该开发自然区域？	如果更具体联系当地情况，该问题就有吸引力了	我们所在城市河边的土地上是否可以建造新的住宅？
电影和原著有何区别？	不够吸引人，加上"哪个更好"会更吸引人	原著和电影哪个更吸引人？
人们在为上大学或买房子作财务规划时，应该考虑什么？	问题如果更具体，并让学生觉得有责任采取行动，就更吸引人了	我们会给家庭"客户"什么样的理财建议，以便他们做出正确决策？
为什么基因工程是一个不明智的想法？	吸引人，但有一定的倾向性	我们应该允许定制婴儿出现吗？

---

[1] 美国巴克教育研究院项目式学习计划. 项目式学习指导手册：每个教师都能做 PBL（中学版）[M]. 潘春雷，陆颖，译. 北京：中国人民大学出版社，2023：58-59.

续 表

驱动性问题初稿	评 论	改进后的驱动性问题
我们如何使用测量技能和几何学来规划一个公园?	陈述了学习目标,但不一定要这样做;问题缺乏目的性或为什么	我们如何规划一个人们喜欢去的公园?
作为电影制作人,我们应该如何制作一则保护婴儿健康的公益广告?	合格的问题,但可以通过添加"以此……"(表示目的的语句)或成功标准加以改进	作为电影制作人,我们如何才能制作一则保护婴儿健康的公益广告,以此对人们产生一定的影响?

(二) 优质驱动性问题设计

如何设计驱动性问题对很多教师来说是一个不小的挑战。下面提供一些参考方法。

1. 将作业中的具体内容问题提炼为指向学科或跨学科本质的问题,这种方法适用于那些擅长根据文本或具体内容提问的教师。

例如:在《三国演义》这部名著中谁才是刘备最好的朋友?

这个问题特别具体,学生很容易回答,因此不容易发生知识和情境的迁移。如果去掉一些细节对其进行提升,能够成为上位的、指向学科知识本质的相对抽象的问题:

什么才是真正的朋友?

这个问题会驱使学生进一步思考"朋友"这个大概念的内涵和外延,并将重新审视不同文本中的人物关系作为例证来理解什么才是真正的"朋友",真正的友谊建立需要经历怎样的过程。

生活中的冲突很多,就此可以提出的问题也很多。如:冲突的原因是什么?造成的影响是什么?这些问题虽然吸引人,但不够抽象,不易发生概念性理解,因此很难迁移,自然不能成为作业中优质的驱动性问题。但如果我们这样提问:如何化解生活中的冲突进而构建和谐社会？

这个问题可以成为一个大概念结合体，引发学生对冲突的分析、比较以及化解冲突方法的思考，同时理解冲突和社会和谐关系以及进行如何构建和谐社会的探究。

2. 将基本问题和学生生活经验联系起来

这种方法主要针对基本问题太概括和抽象，脱离情境从而致使学生不易理解的情况。如："为什么要写作？"这样的问题等。因此将这些问题根据学生的年龄特征，适当缩小范围，或放置在具体情境中有可能就成为一个优质的驱动性问题。上述问题改成：生活中好的作家为什么都把写作视为生命活动？

3. 将学生提出的事实性问题概念化处理

对驱动性问题而言，内容胜于形式，为什么要问这个问题比怎样表达更重要。进一步说，孩子问的问题大多是事实性问题，通过局部抽象和概念化处理就可以成为优质的驱动性问题。[①] 如孩子经常会问：帽子是什么做成的？对我们有什么用处？帽檐是什么形状？什么样的帽子更能防晒？我们可以将这些问题概念化处理成：事物的形状是如何影响我们的判断的？

4. 在教师的鼓励、引导、监督和评估之下由学生自主提出

教师可以通过带领学生进入真实的情境、一起观看视频等方法，激发学生的探究欲望。例如，在设计"生物的多样性"单元作业时，教师可以带领学生在校园中观察各种植物，或者让他们留意身边的树木等，不经意间学生会问："为什么有五颜六色的花朵？""为什么树的形状都不相同？"等问题。

教师帮助学生使用KWL(Know, Want to Know, Learned)的策略，将他们的想法或疑问转变成想要探究的驱动性问题。例如，学生已掌握了柳树枝条形态、樱花颜色等知识，教师可以结合学生已有知识和经验帮助他们将疑问转换为想要探究的驱动性问题："为什么柳树枝条是长长的""为什么不同花的颜色差异那么

---

① 夏雪梅. 项目化学习设计：学习素养视角下的国际与本土实践[M]. 北京：教育科学出版社，2018：61.

大""校园中有哪些种类的植物"等。

引导学生设计驱动性问题的关键是,教师需要鼓励学生养成深入思考问题的习惯,帮助和指导学生精练和完善问题,并以其关键特征作为评估标准,开展自我评估、小组互评。

四、几类问题联系和转化

在大概念单元作业设计和实施中,教师通过问题引发学生对大概念的思考和探索,促进学生概念性理解。这些问题不是一般意义上的问题,而是威金斯等所谓的基本问题。[①] 这类问题因指向学科本质而被称为本质性问题,因其特有的抽象概括性和内涵的庞大体系使之不容易为学生理解和接受。有人提出将其转化为驱动性问题(尤其是项目式作业中),以便激发学生探究欲望,从而增加作业投入,进而使作业不再是一种负担,而成为一种富有情趣的学习活动。但无论是基本问题、本质性问题还是驱动性问题,对学生来说都是挑战性的,都是基于学生真实生活情境,具有强大的复杂情境性、真实性等。这些特性和大概念的基本属性相一致,因此以基本问题解决和回答为指向,以大概念为统领进行大概念单元作业设计和实施就有了内在机理和依据。

大概念单元作业中的本质性问题是学科本质的问题化表征,是学科发展、作业设计不可回避的问题。例如,数学领域中"数学可以怎样描述生活",语文领域中"文字是如何承载文化变迁的",历史领域中"写作者的社会和个人视角有可能不影响历史撰写吗"以及在写作领域中"最成功的作者通过什么手段吸引并黏住读者"。

这些学科本质性问题能够发挥统摄作用,将相应学科中分散的学科知识(包括事实性知识、程序性知识和概念性知识等)和各类技能(运算技能、书写技能、语

[①] 格兰特·威金斯,杰伊·麦克泰格.追求理解的教学设计(第二版)[M].闫寒冰,宋雪莲,赖平,译.上海:华东师范大学出版社,2017:119.

言沟通技能等)整合起来,从而形成概念性理解和问题解决能力。对本质性问题的回答需要对相应学科本质的深度理解。跨学科基本问题指向生活发展、人生历程和宇宙演进等复杂生活情境问题,因此更加抽象和广义,具有普适性,如什么是友谊? 科学世界和生活世界能否走向统一?

无论是学科本质性问题还是跨学科基本问题,都是争议的、开放性的、没有标准答案的,很难通过一节课学习的知识和技能就可以解决,也很难用一些简单话语进行回答,其作用短期内也很难见效。但在大概念单元作业中,它们就像在学生平静的心中抛下一颗小石子,会激起一圈圈涟漪,甚至是千层浪,扩大学生思考范围,打破既有的思维定式,开启学生心智的自由空间。

驱动性问题是本质性问题和基本问题的具象化、情境化,是以事实性问题为基础但更需要大量相关的知识和情境支持,因此也是开放的,没有封闭性答案的问题。例如,"植物的种类有哪些"这是一个事实性问题,而"为什么一些珍奇的植物种类濒临灭绝"这一问题就比较开放,对其进行回答需要很多背景知识,同时需要学生理解影响植物生存的条件和因素,熟悉环境和社会生产变化等特征的知识等等。可见驱动性问题指向概念性知识、对学生有强烈的代入感,但并不意味着降低理解和思考的质量,而是指向高阶思维发展。例如:

问题1:明末皇帝崇祯是哪一年死的? 为什么会有这样的结局?

问题2:如果崇祯帝逃跑了,明朝政权还能延续吗? 请从政治、经济、社会和军事等方面加以剖析。

不难看出,问题1主要聚焦知识点记忆,或者通过网络搜索即可回答。而问题2作为一个驱动性问题,则需要梳理大量的有关政治、经济、社会和军事方面的知识体系,并需要借助唯物史观和王朝更替规律性知识加以解决。在这一过程中学生要进行很多阅读、信息检索、整理以及批判性思考和讨论。

基本问题和驱动性问题既有区别,也有联系,基本问题相对抽象,而驱动性问题更强调学生感兴趣的情境。进一步说,驱动性问题是将抽象的、深奥的本质性问题,通过概念性理解转化为适合学生特点的问题。有时有趣的、内含情境的基

本问题就是驱动性问题,两者又是统一的概念。如:

光像波浪一样运动的条件是什么?

聪明能够模仿吗?

在这两个问题中,"光""波浪"和"聪明"三个概念是学生有所体认的,相应的话题也非常有趣,这两个基本问题可以作为驱动性问题使用。有些抽象的基本问题可以通过趣味化处理,并以情境性方式呈现出来,也是两者的转换方式。例如,与跨学科大概念"营养均衡"的理解和应用相关的本质性问题:"营养均衡对人们生活有哪些影响?"这个问题就比较抽象,对学生来说太枯燥。但换一种问法:

如何设计一个中秋节菜谱,使回国探亲的叔叔、忌糖的爷爷、感冒中的奶奶、吃素的妈妈都满意?

这个问题的探究就需要学生运用所学的各种营养健康知识,分析哪些食品中含有糖分、荤腥,在综合考量的基础上设计满足各种限制条件的菜谱。

巴克教育研究所在设计项目化学习"黄金准则"中,建议将"驱动性问题"改成"挑战性问题",因为挑战性问题都有哲学味道,指向学生的价值判断,如:"争取自由权利就意味着不要纪律和规则吗?"同时,挑战性问题都具有抽象性,容易导致认知冲突,而驱动性问题强调情境性和对学生的代入感和亲和力。但问题如果对学生的挑战太大超出学生能力范围就会失去驱动力,学生完成作业的主动性和积极性就会消失;如果只有驱动性(觉得好玩)而对学生没有构成挑战,就无法达成概念性理解,无法促进核心素养培养,这样的作业自然无效。

在实践类作业中,问题是有待提出解决方案的对象,其能否具有驱动性力量,提问和表述方式起着决定性作用。如:"什么是小孔成像的原理?"这一问题在脱离情境时是一个事实性问题,加以情境化则指向问题本质,属于基本问题。但换一种问法:"树荫底下的光斑为什么是圆的?"这种问法和前一种问法所要达到的目标是一致的,但后一种能够让学生产生好奇,从而产生更强大的探究动力,因此是常用的驱动性问题。

第十一章　单元作业学习任务设计

学习目标和基本问题确立后,大概念单元作业就明确了方向,学生可以围绕学习任务完成和问题解决开展探究与反思活动,促进深度学习的发生和发展。因此,学习任务的开发是大概念单元作业设计的重要工作。

一、核心任务内涵和功能

在教育领域,为了达成教育教学目的和目标,教师几乎每节课都会设计一个或若干任务,如朗读课文、解某一道数学题、做一项实验、完成一个角色扮演等。所谓学习任务就是教学过程中落实学生核心素养培育的必要的学习手段和有意义的实践活动,是单元教学中学生开展创造性学习的有效载体。

各学科课程标准中对学习任务的创设都有明确要求。《义务教育语文课程标准(2022年版)》明确指出,义务教育语文课程结构遵循学生身心发展规律和核心素养形成的内在逻辑,以生活为基础,以语文实践活动为主线,以学习主题为引领,以学习任务为载体,整合学习内容、情境、方法和资源等要素,设计语文学习任务群。而语文学习任务群由相互关联的系列学习任务组成,共同指向学生的核心素养发展,具有情境性、实践性、综合性。[1]

---

[1] 中华人民共和国教育部. 义务教育语文课程标准(2022年版)[S]. 北京:北京师范大学出版社,2022:19.

在大概念单元作业设计中,为实现核心素养培养目标,教师一定要确定一个综合性的且带有一定挑战性的核心任务。所谓核心任务是在单元作业设计和实施中,为促进学生形成概念性理解而设计的、能够统领大单元作业过程的表现性任务。它是一个综合且带有一定挑战性的学习任务,贯穿整个单元作业,发挥"核心"作用使整个单元作业要素、环节紧密联系在一起。核心任务不是学生通过一节课或解决一个简单问题就能完成的,而是一项复杂的任务,需要学生整合利用单元学习的知识、技能、策略来完成。基于大概念单元作业是深度学习任务,是学科核心知识在情境中的再建构与创造,而不是学科的活动化。其设计不仅要指向学科本质和主题意义探究,还应注重凸显大概念的引领作用,必须综合考虑知识、技能、思维、方法、价值观、审美、体育和具体复杂情境等多种要素,将知识学习和理解、实践应用、创新迁移和情感体悟等多元要素有机统一,促进学生在完成任务的过程中勤于动脑,善于思考,并不断进行批判性反思,从而提供创新性产品等。

在很大程度上,核心任务是体现目标、教学(作业)、评价的基本单位。具体功能体现为以下三方面。

第一,使课时作业单元化。核心任务是统领整个单元作业的学习活动,明确了作业的重点和方向,节省学生的作业完成时间,使学生高效达成作业目标,减轻学生作业负担;体现了教师单元作业设计的整体设计思路和策略,基于核心任务的子任务或活动就是完成作业的具体方法和策略。在核心任务指导下,教师的作业设计可以更好地聚焦单元整体目标,不至于偏离目标,同时选择相应设计方法、实施和评价方法,对学生作业完成情况进行及时反馈和完善。学生以核心任务为载体展示对大概念的理解和应用情况,通过作业作品达成真实的作业过程和评价一体化。

第二,体现课程标准的指导意义和价值。威金斯等认为单元教学中"学生之恶"是以活动和内容导向的教学,它往往失去了明确的目标,学生所获得的知识和技能碎片化,不利于核心素养培养。当下基于课程标准的教学设计,建议基于学习任务群开展教学活动,但学习任务群需要一个核心任务进行统领。因此,核心任务成为课程标准规定的理念和目标转化的载体,使课程标准可操作化。在单元作业中核心任务指向学生做什么,展现教师作业设计质量和学生完成的实际情况。另外,课程标准中规定教师要进行核心素养导向的教学设计,核心任务设计和完成就是培养问题解决能力,需要教师结合复杂生活情境,促进学生综合运用所学知识和技能。

第三,实现教、学、评一体化的追求。教学一体化设计必然要求作业整体设计。这也就意味着作业辅导、批改和评价应嵌入作业设计和完成过程,而不是作业完成后的事情。需要教师秉持评价即学习理念,把课程标准规定的课程理念和学业质量要求视为学生作业要求,借助学生完成作业任务过程中的表现,对作业进行指导、反馈,进而调整作业设计方案,达成作业学习目标。因此,核心任务和相应学习任务群链接了学生作业评价和单元教学,成为评价学生作业过程中问题解决的手段,进一步使教学和评价之间关系透明化。

在设计地理学科"区域地理"单元教学方案时,教师可以设计"东南亚旅游方案"这一作业核心任务,通过与学生生活息息相关的核心任务的设计和完成,激发学生的探究兴趣和热情,促进学生对区域的地理位置、自然环境、风土人情等要素关系的理解并发生迁移,进而回答本单元基本问题:"一个区域的地理位置、地形地貌、自然气候、政治经济文化等要素之间是怎样的关系?"借此打通深入理解大概念的各个关节,增强对单元大概念"地理区域的各类组成要素相互作用和影响"的理解。

由此可见,核心任务是基于大概念的理解和应用进行单元作业设计的主要要素,是单元作业设计的主要对象,是学生完成作业探究进而培养核心素养的重要载体,也是学生回答和解答基本问题的实践途径。

二、核心任务设计中的主要问题

(一)背离任务设计的初衷

在大概念单元作业中如何设计综合性学习任务,即核心任务成为广大教师面临的一大挑战。核心任务设计的根本目的是促进学生深入思考和解答单元作业中的基本问题,从而理解作业的主题意义和大概念,因此其起点是大概念和基本问题。换言之,核心任务是手段而不是目的,一些教师过分关注任务的完成而忽略对大概念的理解和应用。还有一些教师利用既往经验,先入为主地想到一个自认为很好的任务,而忽略其与大概念和基本问题的内在联系,结果是任务完成很完美,但学生忘记了对基本问题的思考和解答,更不用说对大概念的理解和应用了。

(二)任务缺乏挑战性

在单元设计实践中,很多教师设计了大量的学习活动,并聚焦任务完成,但忽略活动本身内含的评价意义和价值;尽管一些教师按照专家的提示围绕单元主题设计了所谓的学习任务,但忽略学生在任务设计中的参与,且因任务之间缺乏综合性而引导性功能得不到体现;一些学习任务和教材内容及目标联系不紧密,缺乏深度,因此不能在教学评一体化设计中发挥统整作用。高质量单元作业是学生在"内需"的驱动下完成富有挑战性的学习任务,任务完成需要学生"跳一跳"才能摘到"桃子",同时经历"让思维飞一会儿"的探究过程。一些教师直接不加"设计"地将教材上的例题作为任务,或将简单动手或操作视为任务的完成,虽然学生能顺利地解答问题,但只是无内需、无目的、无猜想、无验证的"动手"和"操作"。这一过程中学生没有深刻的学习体验,自然缺乏完成作业的内驱力,更不可能在完成任务中如"拔节"般生长。

(三)任务结构化设计不足

作业中的学习任务具有复杂性和结构化,但实践中很多教师将习题或练习结构化设计视为任务序列化,出现随意堆砌现象。例如小学数学周长计算后,教师设计如下练习任务。

任务一:一个长方形纸板的长是6厘米、宽是4厘米,它的周长是多少厘米?
任务二:一个正方形花坛的边长是8米,它的周长是多少米?

......

任务六:芳芳沿着长 320 米、宽 120 米的长方形跑道跑了 4 圈,她一共跑了多少米?

上述六个任务看似形成了有结构"系列",但实质上就是习题不加整合的简单堆砌,缺乏一个核心任务加以统领。孩子们在"纸板""花坛""操场"等情境中"跳来跳去",貌似解决了教师设计的学习任务,但这些任务不是植根于真实情境,缺少对"策略"的运用和思维训练,充其量是用简单学习活动代替学习任务。系列化的任务不是练习题的随意堆砌,而是"牵一发而动全身"的结构化、进阶性任务的整合和提炼,促进基本问题解决和大概念理解及应用。核心任务的形式很多,相应的活动只是完成任务方式而不是任务本身。在实践中,活动导向的作业设计如果学生只动手不动脑,为活动而活动,就算学生真的有所领悟和收获,也是伴随着有趣的体验偶然发生的,未必能让学生有很多智力上的成长。

三、核心任务的设计原则

单元作业中核心任务设计的质量,将直接影响学生对大概念的理解程度,决定了单元作业过程的学习体验,进而影响作业目标的实现。我们认为一项高质量的核心任务设计应遵循以下原则。

1. 一致性原则

在课程领域,一致性多指课程的不同构成要素之间的契合和匹配程度,其中课程标准、单元教学和评价的一致性尤为重要。目标、教学和评价一致性缘起于泰勒关于课程开发的四个基本问题。20 世纪 80 年代后,随着评价改革深入推进,目标、教学和评价一致性理论和思想得到了进一步发展。近年来,教学评的一致性成为开展课程和教学的重要原则,被贯彻到学期、单元和课时教学中。在素养导向的课程改革中,一致性成为单元设计的重要视角和原则,核心任务设计作为重要环节,利用其统整功能开发学习活动,从而落实评价目标。在单元作业设计中,核心任务应该和学习目标、大概念和基本问题相呼应。只有这样的核心任务才能架构起整个单元设计,整合作业涉及的知识、技能、情境理解等要素。

在大概念单元作业设计中,强化学生心理和知识逻辑的对接是贯彻一致性特征的主要方面。学习任务的设计要关注学生学习心理需求,也要体现学科知识组织和形成的逻辑。杜威曾指出最好的课程组织是从"心理化"向"逻辑化"发展的。教师应该利用好任务情境在"学习心理"和"知识逻辑"之间有效对接和迭代,开展基于学生的学习经验并关注学生自身的经历、需要、兴趣、爱好和疑虑的作业设计与布置。让学习者交流校内外的生活体验,有助于促进学生经验与课程内容的整合。① 作业是这种整合或互动交流的主要手段和途径,促进学生完成核心任务,深入思考单元的基本问题,进一步理解大概念,通过概念迁移应用培养学生问题解决能力。

外研社修订版高中《英语》必修第三册"Unit 5 What an adventure!"单元的主题为探险,大概念是 People should take risks and stand up for setbacks,着力探讨的基本问题是:Are the benefits of taking adventure worth the risks? 主题意义是 The toughness nurtured by adventure can help us face difficulties or setbacks 等。教师可以设计核心任务:分享一位令你羡慕的中外探险家的探险传奇,相应学习活动包括:匹配航海家及其航海路线,口头表达徐霞客的探险传奇和相应品质,以书面形式介绍一位你羡慕的探险家。

2. 真实性原则

核心任务的真实性体现在两个方面:一是任务本身的真实性。这意味着任务本身是学生通过努力可以完成的,太简单,不能构成挑战,但太难的学习任务容易使学生产生畏难情绪,不利于激发学生的好奇心和求知欲。富有挑战性的学习任务完成需要基于一定情境并创造条件,经历一个反复、曲折及艰辛的探究过程,让学生明白做好任何事情都不是一帆风顺的,从而锤炼其意志、塑造品格。二是情

---

① L. W. 安德森主编. 教育大百科全书:教学[M]. 郭华,等,译. 重庆:西南师范大学出版社,2011:201.

境的真实性。这意味着任务最好来自学生生活,或者具有"逼真性",模拟现实体验或情境。单元作业中核心问题将抽象大概念转化为学生可以解答的具体问题,再通过富有真实性的核心任务促进生活和作业任务建立链接,让学生有充分的代入感。

但在实践中学生的大多数学习是很难在"真实"的现实世界中进行的,多发生在预设的模拟环境中。因此,教师在核心任务设计时可以通过"非良构"问题解读,强化任务的"逼真性"。教师的作业任务设计应尽可能接近现实情况,或近乎完全模拟"逼真"的真实世界,提高"逼真度",尽量做到在物理上看上去很像,在心理上感觉差不多。[①]

教师完成苏科版初中生物七年级(上册)第4章"合理的膳食"教学后,为促进学生理解大概念"合理的膳食需要考虑多种因素,所要解决的问题:如何设计合理的膳食从而保持生命健康?"教师可让学生以小组为单位,罗列出一个生活中常见的食物清单,运用所学知识,设计一个合理搭配的食谱。学生通过动手操作、实践探索,理解营养搭配在现实生活中的作用和价值,养成科学的饮食习惯。

3. 情境性原则

学习任务植根于情境中,而情境则为任务的设计和完成提供工具和线索,从而促进学生综合运用知识、技能、思想解决现实生活中的诸多挑战性问题。但这些现实问题直接成为学生单元学习情境的可能性很小,尽管也不可能轻易直接应用,这就需要教师精心创设,挖掘其中的育人价值,让学生充满期待、积极主动参与任务的完成。因此核心任务设计需要强化情境任务和活动的整合,相应的问题解决也就自然分为真正的解决和模拟的解决,但其中的任务都是真实的,对学生的挑战是一样的,解决这些情境中的问题的心理反应机制是一致的。核心任务作为践行学科实践的主要途径,坚持素养导向,观照主体行为、实现的目标、合作关系、时空情境和育人导向等要素。从本质上说这些要素的整合就构成了学习任务的情境。

[①] 杰罗姆·范梅里恩伯尔,保罗·基尔希纳. 综合学习设计[M]. 盛群力,等,译. 福州:福建教育出版社,2015:44.

例如,第三届中国进口博览会在上海国家会展中心如期举办,在全球抗击疫情的背景下,精准防疫成为本次"进博会"保障的"重中之重"。在上海国家会展中心的俯视图中(见图11-1),某一个场馆可近似看作(图11-2)封闭图形$ABCDE$,其中点A、B、C为该场馆的三个入口。

(1) 根据防疫要求,为了在后台能够监控场馆内的人流总量,需要在场馆内部安装一台信号接收器。如果要使它到三个入口A、B、C的距离都相等,请在图中确定信号接收器点F的位置。

(2) 为保障室内新鲜空气的流通,场馆内部还需安装带有净化功能的新风系统。如果要使出风口到AE、DE、CD三面墙面的距离都相等,请在图中确定出风口点G的位置。[①]

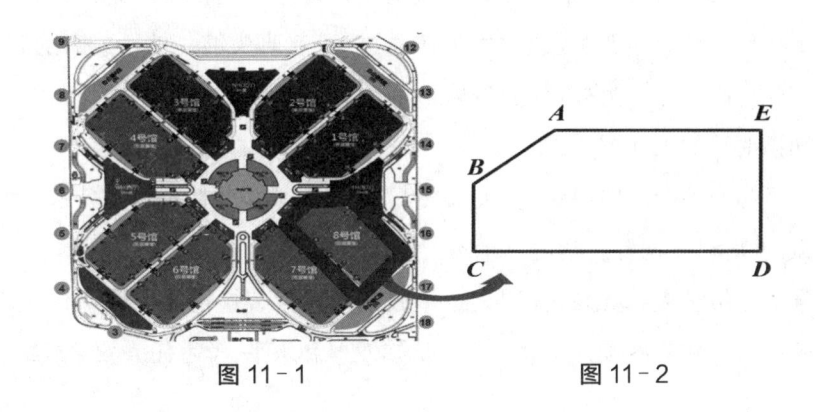

图 11-1   图 11-2

4. 进阶性原则

学习进阶是描述"学生在学习某一核心概念的过程中,所遵循的一系列逐渐复杂的思维路径"[②],呈现学生在科学知识、能力和理解等方面发展的连贯性,借此

---

① 本案例由上海市虹口区教育学院胡军副院长提供,稍作改动,在此表示谢忱!
② Smith C., Wiser M., Anderson C. W., et al. Implications of Research on Children's Learning for Standards and Assessment: A Proposed Learning Progression for Matter and the Atomic-Molecular Theory[J]. Measurement: Interdisciplinary Research and Perspectives, 2006, 4(1-2):1-98.

可以围绕学科或跨学科核心概念构建学生的认知体系,强化多学科间的融合,呈现多种概念发展顺序和概念的网状结构,使学生认知发展进程可视化。它是由进阶终点、进阶维度、多个相互关联的成就水平、各水平的预期表现、特定的评测工具五个要素构成。强调核心任务的进阶性设计意味着任务设计要以大概念的理解和应用为基本目标,呈现学生认知发展历程并提出有针对性的作业改进方案。大概念单元作业设计应通过设置进阶性问题情境和挑战性任务,改变"广而浅"的作业内容和停留在浅层探究的学习现状。[①]

　　进阶性的任务能够开启学生自我系统,开动脑筋,激发内驱力,解决真实问题,也为学生的作业过程指明思考和探究的方向,培养高阶思维。这样的任务应该基于复杂情境,否则学生轻而易举就完成了,无法体验"风雨之后见彩虹"的收获感。进一步说,进阶性的学习任务应该基于一定的问题情境和条件,与学生的知识水平和认知特点相匹配,让学生个体通过"踮起脚尖够一够",或者通过小组合作探究就可以解决。另外,任务进阶性的设计,要特别关注学生的某方面能力成长和知识对接的内在逻辑。

　　教师可参照韦伯的知识深度 DOK 模型,设计和实施进阶型学习任务,摆脱浅层知识点的掌握,走向深度学习。

　　小学二年级结束,老师布置调查二年级学生牙齿替换情况的假期作业,提高学生数感素养。相应的设计见表 11-1 认知发展和水平、学习任务和学习结果。

表 11-1　认知发展和水平、学习任务和学习结果

DOK	学习任务	体现认知要求	学习结果
DOK1(记忆、复述)	统计你所在班级学生的掉牙数据	回忆和收集事实信息	浅层学习

[①] 李学书.指向核心素养的课程整合[M].福州:福建教育出版社,2020:175.

续 表

DOK	学习任务	体现认知要求	学习结果
DOK2（技能、概念）	通过图表呈现掉牙情况	利用信息或概念即可完成	
DOK3（策略性思维）	利用所设计图表预测整个学校二年级学生的掉牙情况，证明答案的科学性	具备逻辑思维能力，制定计划	深度学习
DOK4（拓展性思维）	设计一个模型预估一年内全国二年级学生掉牙情况，通过收集数据建模并加以解释	通过调查和整合相关知识、技能解决复杂情境下的问题	

5. 可评价性原则

核心任务不仅使基本问题可操作化，还承担着作业评价功能，因此核心任务又被称为表现性任务，是作业评价的目标载体。鉴于核心素养的中心性、统摄性和发展性特点，相应的评价大多通过学生在学习任务完成过程中对大概念的理解和迁移应用加以表征。因此，核心任务应该是学生完成作业后可见的结果，或可视化的思维以及是否达成目标的明确证据。这些证据最好是能够被物化、展示、表演，包括语文学科的学习档案，数学学科的小论文、调查报告，英语学科的海报制作，科学学科的创意制作，美术学科的绘画集等。

展演任务是核心任务的主要形式，是完成单元作业学习的总结与拓展，也是学生经历探究实践、合作互学、总结提炼、修改优化等的思维进阶过程，并形成了属于自己或团队的较为完善的有形成果或产品。要求学生在真实情境中采用方案解读、比赛评选、产品推介等形式呈现学习成果，展示创作的作品；通过对比发现差距以便弥补不足，完成总结性评价，树立优秀范本，强化应用拓展，形成对单元大概念的整体认识,从而使学生全面客观地认识自己完成单元作业目标的达成度、自我学习情况。

四、学习任务设计程序

学习任务的设计是一项专业的教育活动,需要秉持专业精神,调动教师专业共同体力量,齐心协力,按照系统而科学的程序和流程进行,通过规范和精细化的开发过程,将课程标准规定的理念、目标和学业质量要求落实到作业中,实现单元开发、教学实施、作业设计和管理一体化,培养学生核心素养。我们整合了有关核心任务的设计程序[①],以人教版数学三年级下册"面积"单元作业为例,阐述相关设计的程序和步骤,供广大读者参考。

步骤一:明确学习任务在单元教学中的定位。

教师及其共同体首先应明确单元主题意义、核心内容和学科本质等根本性问题,以便为设计单元作业的学习任务体系提供方向和价值支撑。

"面积"单元属于"图形与几何"板块中"图形的认识与测量"部分,对应的核心素养目标是初步形成几何直观,建立量感和空间观念,发展抽象思维。主题意义是帮助学生能够科学确定度量单位、经历测量过程和整理相应数据,学会描述生活中的简单现象,发展量感;促进学生在对图形大小、特征和属性的描述、想象、分析和推理中形成量化观念、推理能力和空间观念,进而提高问题解决能力和创新意识。相应的单元大概念是:科学度量有助于认识和优化真实生活世界。为了促进学生将所学单元知识和技能应用于实际生活问题的解决中,教师布置的单元作业是:以小组为单位测量教学楼1和教学楼2露天连廊面积并设计铺砖方案。

步骤二:围绕主题意义设计学习活动。

在明确单元主题意义基础上,教师及其共同体围绕主题就学生作业中有可能

---

① 邵朝友.大观念导向的单元教学设计——模式与技术[M].上海:华东师范大学出版社,2022:138-144.

与主题相关的学习活动、过程和环节进行头脑风暴,打开思路,提出富有创意的想法。要特别强调的是,教师不能忽略学生的智慧和力量,调动学生参与积极性和主动性,及时收集相关内容并以大纲或图表形式加以整理,删除与主题无关的或无法完成的学习活动,形成进阶性的活动系列,在此基础上建构子任务。教师明确"面积"主题定位,结合单元教学目标,整理作业活动如下:

1. 与学生讨论如何测量课桌或教室物体面积;
2. 播放地质测量录像;
3. 掌握测量要求;
4. 收集面积测量方法;
5. 介绍测量数据记录和处理技巧;
6. 开展网络调研并鉴别信息;
7. 学习表格使用技巧;
8. 开发测量工具;
9. 确定度量单位;

……

步骤三:修订学习任务。

核心任务是上位概念,一般包括若干学习活动和子任务,而学习活动是实施学习任务的方法和手段。在相应活动分类和整理的基础上提炼学习任务或核心任务,要求教师研读课程标准中相关规定,重点关注"教学建议"和"学业质量要求"中涉及单元主题和核心任务的规定和建议,应用其中的理念和术语撰写学习任务,结合教学实践经验,建立学习任务和课程标准的链接,从而修订和完善学习任务,建构单元作业中的核心任务。

"面积"单元在《义务教育数学课程标准(2022年版)》的第二学段要求:

- 认识面积单位,能通过具体事例描述面积单位。
- 结合实例认识周长和面积及其关系,探索长方形、正方形面积公式。
- 在认识和测量图形过程中,增强量感和空间观念。

《义务教育数学课程标准(2022年版)》教学建议部分提出：

• 在熟悉的情境中，直观感知面积概念，经历选择面积单位进行测量的过程，理解面积的意义，形成量感。

• 采用类比方式感知面积的叠加性，形成长方形和正方形面积计算公式，在基于情境探索过程中，初步形成几何直观和推理意识。

根据相关规定内容解读，整理和提炼的子任务如下：

子任务1：测量连廊面积。

子任务2：调查地板砖相关信息。

子任务3：设计铺砖方案。

子任务4：推介设计方案。

步骤四：完善核心任务。

核心任务是单元教学内容、子任务和系列活动的整合，是单元作业的核心，因此其科学性和可行性直接影响作业设计和完成的质量。教师在核心任务设计时要考虑以下几个方面：(1)明确学生是作业任务完成的主体，核心任务关照到学生的需求和所知、所能。(2)核心任务和课程标准中规定的理念、目标和学业质量要求一致，尽可能做到匹配。(3)核心任务的表述简单、明了，具有挑战性和复杂性，不是知识罗列。课程标准解读、学情考察、教材分析是其建构基础，相应的表达应该建基于学生和教师的实践经历，增加可理解性。(4)学生完成作业任务后达到课程标准规定的学业质量要求和理解大概念内涵并加以迁移，否则核心任务需要进一步改进和修订。(5)核心任务完成时间是在"双减"政策规定时间内，且核心任务是单元作业内容的整合，其完成占整个单元作业时间的60%以上。

"面积"单元作业要求学生运用所学面积知识和测量技能，在测量连廊面积的基础上，根据地砖属性特征和价格，设计铺设方案并加以推介和优选。这一任务建立在三年级学生的最近发展区，源于课程标准规定要求，是能够完成的。

步骤五：使任务完成结果可视化。

核心任务要能支撑评价的运作和开展。"面积"单元的核心任务是：为学校两座教学楼连廊设计铺砖方案。相应的评价对象包括开发的测量工具和方案、地砖调查数据等过程产品，以及最终成果是连廊地砖铺设的最优方案。

通过上述呈现可以发现，核心任务设计的基础性工作是教师研读课程标准。"研读"意味着教师要领会课程理念、单元教学内容和作业内容的育人价值，在对其进行解构的基础上结合学生作业需求和知识水平转换成单元教学和课时目标，这是作业设计的前提条件，从而明确作业任务设计的方向。另外，核心任务设计程序内含大概念提炼，并在大概念引领下进行开发和完善。因此，教师要明确单元作业中的大概念，借此强化课程标准和核心任务的联系并加以系统化设计，体现教、学、评一致性（见表 11-2）。①

表 11-2 "面积"单元作业相关内容

单元主题意义和总目标：通过主题"面积"单元学习，学生初步形成几何直观，建立量感和空间观念，发展抽象思维	
单元大概念：科学度量有助于认识和优化真实生活世界	
基本问题：生活中一切事物是否都可以量化和设计？	**核心任务**：为学校两座教学楼连廊设计铺砖方案
子问题1：是否可以使用自选单位预估和测量图形面积？	子任务1：测量连廊面积
子问题2：多样化问题解决方法如何优选？	子任务2：调查地板砖相关信息
子问题3：用什么方法可以求解图形面积？	子任务3：设计铺砖方案
子问题4：为什么要学习"面积"这部分内容？	子任务4：推介设计方案

---

① 张华,任燕,廖伟.小学大观念教学:设计与实施[M].北京:教育科学出版社,2023:79-95.

五、任务群设计

（一）学习任务分类

学习任务的分类因标准不同而类型多样。根据课前、课中与课后不同的学习目的,学习任务可分为前置任务、研学任务和展演任务三类。前置任务主要在单元学习活动开展前,唤醒学生旧知和体验,引导学生自主发现问题,从而对新知的学习产生预期;研学任务主要指教学过程中探究新知的学习活动,逐步形成解决问题的思路、模型、策略等;展演任务主要指课后展示有形成果过程的交流、分享活动,学生借此发现存在的问题和需要进一步解决的问题,从而完善学习表现和成果。[1] 在实践中三类任务互相交叉,教师可根据学习进展随时转换,让作业目标明确,完成过程精准高效,素养真实可见。

《普通高中英语课程标准(2017年版2020年修订)》提出了以学习活动为载体,发展学生核心素养的课程内容组织方式,"坚持学思结合,引导学生在学习理解类活动中获取、梳理语言和文化知识,建立知识间的关联;坚持学用结合,引导学生在应用实践类活动中内化所学的语言和文化知识,加深理解并初步应用;坚持学创结合,引导学生在迁移创新类活动中联系个人实际,运用所学解决现实生活中的问题,形成正确的态度和价值判断"[2]。单元作业设计和实施中,三类活动强调的重点不同,学习理解类活动指向学生对语篇感知和注意、获取和梳理、概括与整合的能力培养;应用实践类活动关注语篇的描述与阐述、分析与判断、内化与应用的能力培养;迁移创新类活动强调对超语篇的推理和论证、评判与评价、想象与创造的能力培养。英语课程标准就英语学习活动的设计和规定体现了核心任

---

[1] 刘娜."学习任务"设计的类型、原则与方法[J].基础教育课程,2023(02):4-10.
[2] 中华人民共和国教育部.义务教育英语课程标准(2022年版)[S].北京:大学出版社,2022:3.

务的进阶性和一致性原则。相应的学习活动结合学生实际,加以情境化并在核心任务统领下提炼成子任务,促进学生探究。

用学习任务群架构课程内容开拓了未来语文课程探索的新空间。其中,《高中语文课程标准(2022年版)》提出18个任务群;《义务教育语文课程标准(2022年版)》提出学习任务群按照内容整合程度的进阶,分三个层面:第一层"语言文字积累与梳理"是基础型任务群;第二层"实用性阅读与交流""文学阅读与创意表达""思辨性阅读与表达",属于发展型任务群;第三层"整本书阅读""跨学科学习",是拓展型任务群。这些任务群不是固定的,教师应该根据学段特点有所侧重。[1] 学习活动的情境化和任务化将语文认知活动变成语言实践活动,在核心素养培养加持下,在大概念的统领下学习活动可以转化为学习任务,有利于实现语文学习发展的综合和实践转向(见表11-3)。[2]

表11-3 学习活动和学习任务的区别和联系

学习内容	学习活动	学习任务	任务化途径
积累古诗	背诵古诗名句	开展"古诗周活动"	设置情境
书写	抄写一首诗歌	抄写一首诗歌送给家人作为礼物	与生活需求关联
说明文阅读	学习说明方法	根据一组说明文内容,回答同学的提问	提问题,完成挑战
记叙文写作	完成习作《我们的学校》	为老校友介绍学校形状	赋予社会角色
文学阅读	阅读《西游记》	介绍我的读书体会	基于学生所思所想

---

[1] 中华人民共和国教育部.义务教育语文课程标准(2022年版)[S].北京:北京师范大学出版社,2022:19-36.
[2] 郑桂华.义务教育语文学习任务群的价值、结构与实施[J].课程.教材.教法.2022,42(08):25-32.

学习任务借用的是社会生活话语。在社会生活中,学生做一顿晚餐,写一份读书报告,设计一则宣传栏等。在这些活动过程中,行为主体、活动内容、达成目标融为一体,构成了学习任务,而读一段小说、发一会儿呆、划一上午船等,这些活动只是从空间、时间、容量等外在尺度加以描述,"任务性"不强,不属于学习任务。综上,无论是学习任务、大概念理解还是核心素养培养都指向生活价值,相应的行为与生活意义关联密切。但鉴于大概念理解和核心素养培养的复杂性和发展性,不可能仅仅通过一个或几个活动和任务就可以实现,因此,基于核心任务构建学习任务群就被提到重要位置。

(二) 子任务的设计

在大概念单元作业整个系统中,学习任务是基本单位,若干任务围绕大概念理解和应用,即组成一个任务群。若干层级的任务群在内容和情境上不断整合,功能上不断拓展,目标上不断升级,最终构成作业整体框架。单元作业学习任务群是一种立体结构,它由系列子任务构成,同时需要核心任务加以统领。核心任务往往考查学生综合能力,一般相对抽象和复杂,需要加以分解和稀释,形成子任务系列。子任务就成了核心任务的支撑,发挥脚手架作用。王素等通过大量实践研究,从"目标—评估对应关系"视角构建相应模型(见图11-3)。[①] 由图可知,子任务对应单元知识和技能的评价,通过任务完成实现阶段性概念性理解,进而达成核心任务指向的目标。

进一步说,核心任务可能是子任务整合提炼的大任务,也可以是子任务进阶的结果。子任务之间可以以并列形式展现核心任务的不同侧面,也可以通过递进方式展现核心任务内涵,达成相应的目标。以下提供两个参考案例。

案例一:完成高中化学"金属"一章教学后,教师将单元作业的核心任务设计为:为外出旅游提供一个加热食品的器皿方案,子任务1:调查身边常见的金属材

---

① 章巍,等.未来教师的大概念教学设计[M].北京:机械工业出版社,2022:111.

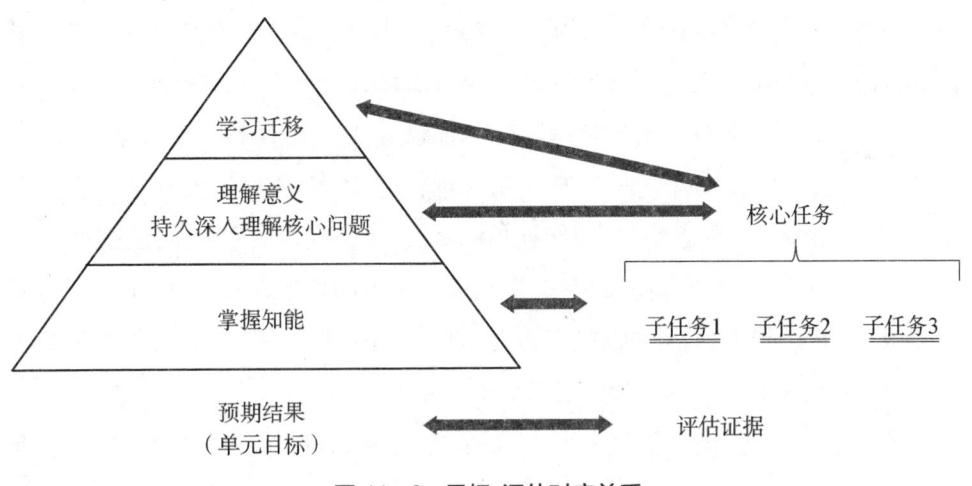

图 11-3　目标-评估对应关系

料,包括组成、性质和用途等(关注金属的物理性质);子任务 2:制作金属活动思维导图(关注金属的化学性质);子任务 3:历史上金属材料的应用调查(采用资源、成本视角);子任务 4:探究金属生锈和腐蚀的原因(采用环保视角)。[①]

案例二:教师完成 Natural Disasters 这一主题单元的第二板块"The Night the Earth Didn't Sleep"教学后设计了三类子任务:

一是学习理解任务:教师引领下的数据解读。研读第 2、3 两个自然段,找到段落中的系列数据,提高学生快速定位信息的能力;组织学生开展小组合作探究,对这些数据进行归类和提取主题词;建立地震过程及其破坏性思维导图,呈现文本理解成果。

二是应用实践任务:小组合作的数据解读。学生通过小组合作运用"识别—分类—提取"三阶段图式,构建其知识结构图,组织学生解读数字隐含的主题意义。

三是迁移创新任务:自主探究修辞手法分析。这项任务包括三个子任务:

---

① 章巍,等.未来教师的大概念教学设计[M].北京:机械工业出版社,2022:111.

(1)请学生按照时间线索,复述唐山大地震过程,内化语言;(2)分组讨论上述几个问题;(3)角色扮演活动:一个记者和一个幸存者,编写对话并加以表演。

子任务设计一般是在细致梳理目标的基础上,通过分解核心任务来完成的。例如,五年级下册第六单元是"思辨性阅读与表达"学习任务群,要理解的大概念是:理解故事中人物的思维过程,能够加深对故事的理解;相应情境是:假如自己有机会去某地方某进行探险,设想会遇到哪些困难和挑战,采取什么样的行动加以克服;基于上述内容设计的核心任务为:创作一个探险故事,结合核心素养培养和教材内容将核心任务分解为以下三个子任务:

子任务1:研读《神龙寻宝队》一文,从人物、场景、装备、险情、应对等角度分析这个探险故事;

子任务2:探秘,即通过表格梳理本单元三篇课文中人物的思维过程并加以评价和反思;

子任务3:创作一个探险故事,举行探险故事分享会。

子任务的设计和核心任务一样,遵循上述设计原则,贯彻课程标准理念和教学建议,通过具体的、可见的学习活动达成核心素养培养。另外,教师在设计单元学习目标和课时目标时,就要思考如何将任务设计得具有"表现性",并收集学生作业完成过程中可能产出什么样的学习证据,以便进行作业诊断和评价。

第十二章 单元作业情境设计

加强课程、教学、作业内容与学生生活、现代社会和科技发展的联系,促进课程内容情境化,在学生学习过程中创设与生活关联的、任务导向的真实情境,从而为学生适应社会生活与未来发展做好准备,已经成为重要趋势。

一、作业情境内涵、分类和功能

(一) 情境内涵

情境,指在一定时间内各种情况的相对的或结合的境况和境地等。梅耶认为高质量的情境未必是学生亲身经历,但都是学生能够想象出来的。[①] 当学生感受到自己拥有的知识、经验、方法和策略等条件缺乏,不能解决新的复杂问题时,所产生的一种解决问题的渴望和需求就是问题情境。通过实践可以发现,不同专业发展层次的教师在情境的设计上差异很大,也因此造成学生完成作业的动机和思维活力具有差异性,甚至不适宜的作业情境会影响单元目标的达成。例如,语文学习任务包括六大情境要素:涉及要做什么(主体行为)、做成什么(达到结果)、与谁一起做(人际关系)、何时何地(时空情境)、用什么做(语言文字)和有什么用(育

---

① Meyer, M. R., Dekkert, Q. Context in mathematics curricula[J]. Mathematics teaching in the middle school, 2001(9):522-527.

人导向)[①]。这六大情境要素赋予语文学习实践性特征,使之区别于传统的以"要求与指令"为主的语文学习任务,凸显了任务的"综合性"。

情境设计有两种不同路径。一是"以讲为中心"的问题情境,其目标一般仅限于让学生感受到"我已有的知识不够了",可以发挥导入作用,激发学生的学习动机。例如"动量定理"教学完成后,教师可以在导入作业中设计一瓶矿泉水瓶从空中落下的情境并提出问题:矿泉水瓶与地面撞击时,瓶子对地面的作用力有多大?先让学生猜一下,然后通过自制的力传感器进行测量,得出一个出乎学生预期的结果,这时教师导入新课,以便解决这个疑问。

二是"以学为中心"的问题情境,其目标既是为了激发学生的学习动机,同时也在于启动并保持学生高水平的思维活动。例如,教师设计"动能定理"主题作业时,先让学生结合所学物理知识猜想动能的表达式并加以证明,说出选择的证明方式。当学生完成"光滑水平面上物体受到水平恒力作用"情境下的功与动能变化表达式推导时,教师会继续提出问题:这一表达式与牛顿第二定律的区别和联系是什么?为什么?有价值吗?你还想到哪些情境中可以利用上述表达式?这样推理下去,学生的理解逐步靠近单元大概念:"科学是有限度的,会因情境不同而得出不同结论"。

但无论是"讲为中心"的问题情境还是"学为中心"的问题情境设计都必须思考以下问题:这个问题情境与学生的生活经验有关联吗?是否建立在学生最近发展区上?这个问题情境是否针对作业目标?这个问题情境最适合哪类作业?

(二)情境分类

在单元作业设计中,问题和情境存在天然联系,情境是问题的背景,也是问题性质的体现,是知识应用的出发点。关于情境类型划分,国内外广泛使用的分析框架是 PISA 测试对情境的分类。该框架根据情境与学生关系的紧密程度分为个人情境、职业情境、社会情境和科学情境。这种类型的划分按照由远及近原则,体现出一

[①] 文艺,崔允漷.语文学习任务究竟是什么?[J].课程.教材.教法,2022,42(02):12-19.

定的层次性和逻辑性。阿尔玛依据情境在问题解决中的参与程度,在"现实情境的数学表达"和"数学结果的现实解释"两个维度上建立分析框架。表达维度划分为 0—2 三个水平,依据是数学问题表达过程中是否需要情境提供的信息和情境中信息获取的难易程度。解释维度也同样划分为 0—2 三个水平,依据是是否需要在现实情境中解释和评价数学结果,体现了数学应用的过程性,并得到有效检验。[1] 高中数学教科书中的情境设计,应将问题情境类型与高中生的经历建立联系并由近及远依次划分为个人情境、简单科学情境、职业情境、社会情境和高级科学情境(见表 12-1)[2]。

表 12-1 现实情境的分类框架

情境类型	解 释
个人情境	在学生生活或教育环境中已经接触过的与个人、家庭及朋友相关的情境,如游戏、运动、学校、购物、个人交通、旅游、日程安排、身体健康等
简单科学情境	学生在物理、化学、生物、地理、信息技术等课程中已经熟练掌握的科学知识和科学实验,如运动与力、功、玻意耳定律、配制溶液、酸碱性、细胞分裂、种群与群落、天气与气候、四季更替等
职业情境	真实世界中的各种工作,涉及各种工种和技术水平,如测量、考古、海事、产品开发与订购、公司运营等
社会情境	地方、国家和世界范围内人类群体的情境,如公共交通、公共政策、人口统计、缴税纳税、经济金融等
高级科学情境	学生暂未学习过的科学知识,需要理解情境内容,如简谐振动、交变电流、火箭运行、放射性元素半衰期等

---

[1] Almuna, S. F. Developing a theoretical frame work for classifying levels of context use for mathematical problems[C]//WHITEB, CHINN APP AN M, TRENOLMS. Opening up mathematics education research. Adelaide: MERGA, 2016:110-117.
[2] 王一粟,范良火.从情境视角分析我国最新高中数学教科书的数学应用特征[J].课程.教材.教法,2023,43(05):109-116.

（三）情境在单元作业中的功能

1. 设计真实生活情境呈现学生学习过程，提高作业的趣味性

根植于真实生活情境的作业才能激发学生的好奇心、兴趣和探究欲望。单元作业中的问题解决任务不是纯粹指向知识与技能的机械训练，它很可能就是学生日后生活中遇到的真实情境，这样的作业任务可以为学生的有效学习创造有利的心理条件，培养学生知识和技能的迁移能力。因此，"双减"通知明确要求，将作业与生动、新奇的情境联系起来，增加作业任务的趣味性和吸引力，使作业成为创造性学习活动，提高学生做作业的兴趣和主动性。

例如，统编语文教材八年级上册第一单元是一个以"新闻"为主题的活动探究单元，其意义是让学生通过学习掌握新闻的重要性和重要特点，学会就身边发生的事情撰写新闻稿，宣传好人好事，推广先进经验等。

为此，教师在开学之初完成单元教学后，设计了一个真实生活情境：开学初，为了让新同学尽快熟悉学校环境，报道学校丰富多彩的开学生活，请以"欢迎新同学，迎接新学期！"为标题制作一期墙报，报道开学初学校面貌变化和周围感人事迹，通过消息、通讯、特写、新闻评论等不同体裁，反映学校的真实生活和学生精神面貌，进而将所学知识运用到问题解决中，借此巩固和拓展所掌握的单元学习内容。接到任务后，由班级学习委员担任召集人，组织"写作班子"和资料员。团队成员对自己的能力进行评估后明确分工和工作重点："写作班子"着手设计方案，资料员开始通过观察和采访等方式收集和整理素材。墙报制作过程中有些学生发现自己虽然见过并读过报纸，但对消息、通讯、特写等体裁特点和功能不完全了解，为此教师指导学生将这一大任务分解为小任务，布置相应的阅读探究活动了解新闻报道特点和规范，通过写作实践类作业，掌握新闻报道要领和不同体裁的样式，建议学生咨询出版行业的专业人员，引导他们逐步完成墙报的制作，具体作业任务如下：

- 了解消息、特写、通讯等的基本元素和特点，提炼阅读和写作消息要领。

- 掌握墙报制作流程和规范,研制相应的评价标准,完成作品设计和制作。
- 发布和展示作品,接受各方面意见和建议,对作品进一步完善。

作业中的情境能够使学生沉浸在完成学习任务的过程中,调动学生完成作业的内驱力,通过利用情境线索以及教师的指导和反馈,丰富"道道难关道道过"的体验,避免了应付作业的敷衍心态,序列化的作业任务也能引导学生循序渐进地形成问题解决能力和素养。

2. 设计虚拟生活情境,提高作业综合性和学生创新能力

真实生活情境侧重呈现现实中的具体任务和场景,但实践中完全应用真实情境开展深入探究不现实。而运用虚拟现实(VR)、增强现实(AR)、教育元宇宙等智能技术营造虚拟生活情境是一个不错的选择,更具有逻辑的真实性,从而克服传统作业多指向零散、割裂、碎片化的知识以及只停留在记忆水平的认知活动的弊端。作业一旦嵌入"逼真"的情境中,学生可以借助鲜活、动态和复杂的情境,且动态效果的呈现,有利于激活目标以外的知识,并通过空间转换更好地拓展思维和思考问题方式,获得不同的体验,促进知识整合与综合学习的开展、激活高阶思维。既可以考查学生对新情境的感知能力,提高大概念的理解和建构能力,也有助于培养学生面对未曾体验过的事物、任务和情境的想象力与分析能力。

例如,发朋友圈对数字土著的学生来说,司空见惯,体验深刻。在逻辑上"古人发朋友圈"也是可以的。在教授九年级语文上册第三单元时,教师可以给学生设计作业任务:你认为苏东坡游历赤壁、马致远羁旅途、徐霞客游黄山、张岱雪夜游湖心亭、欧阳修游览醉翁亭之后,他们各自会如何发朋友圈,上传什么样的图片,撰写什么样的导语和标题,以及和哪些人物交流心境。[①]

这一基于虚拟情境的作业形式,根植于学生生活,不仅可以帮助学生掌握朋友圈内容、功能、篇幅、观看权限等方面知识,在评价指标的引导下也很容易将重点放在说明发了什么内容,解说如此设计的理由,从而促进学生的脑洞大开,加深

---

① 王维维. 以表现性评价理念撬动作业改革——以初中语文作业设计为例[J]. 基础教育课程,2022(17):69-75.

对课文的写景、抒情以及作者的志趣追求的理解。但许多学生用自己习惯的语言形式详细介绍张岱所见的图景和奇遇,虽然图文并茂,但也很容易忽略游历情境和移情性理解,以自身体验代替作者的情感感受。鉴于此,教师可以引导学生收集他们的生平和境遇并加以分析,抓住"独""强""痴"等关键概念进行深入辨析和解读,强化学生理解后,自觉修改之前作业的任务,并再次检测学生的理解程度,引导学生全面掌握单元主题和大概念。

嵌套情境后的作业可以引发三个层面的综合学习。[①] 第一层面是学科内的综合学习,即将目标知识与本学科其他知识综合,回应了当前单元作业设计和改革的理念,通过整体设计克服"低""散""浅"的倾向,从而为学生提供综合运用一个单元所学习的核心知识与方法解决嵌套在情境中的真实而复杂问题的机会。第二层面是跨学科知识综合学习,即将不同学科知识整合起来,引导学生进行跨学科主题学习,有助于推进综合课程建设,也是促进学生深度学习的重要手段。例如,数学作业要求学生解决经济发展预测问题,就可以引导学生整合经济学和市场知识,而不是孤立地学习百分数。第三层面是超学科综合学习,这是最广泛意义上的综合学习,即将学科知识与广阔的生产生活实践相结合,调动所知、所能和已有观念与经验去分析和解决实际问题,引导学生从"走近"生活、"走进"生活到"融入"生活。这种高水平的综合,使纯粹的学科知识学习转变成综合实践活动,教材与学校只是情境的一部分,促进学生的作业过程由"教材世界""教育世界""科学世界"走向真实的"生活世界",从而因应大概念和核心素养指向生活价值的基本取向。

3. 设计实践性情境,提高问题解决能力

大概念单元作业要求学生在应用所学知识、技能分析问题性质的基础上,识别隐含在真实情境中所要解决问题的条件、策略、工具等并加以选择,必要时还须整合更多知识甚至跨学科的知识,经过"实践——反思"过程,探寻解决问题的办

[①] 赵德成.什么样的作业是好作业:作业设计新理念[J].课程.教材.教法,2023,43(06):45-53.

法,从而建构新的知识体系和高阶认知。相反,脱离情境的作业大多指向客观知识的练习,一般仅涉及孤立的知识和机械的技能,无法形成真实高阶迁移能力,面对真实情境中的问题束手无策。因此,无论是学科实践还是单元作业,都不是学生个体自发的或偶然的行为,需要教师加以系统组织和设计,将作业任务嵌套在情境中,教会学生活学活用,将学会的活知识运用到真实问题的解决中。可见,在大概念单元作业设计中强化情境性,有助于培养和准确反映学生的学习进步情况,也为教师进行教学反思与改进提供重要依据。

完成初中物理"电阻原理"教学后,教师如果将作业设定在电阻原理记忆和欧姆定律公式应用习题操练上,学生往往积极性不高,且获取的只是一些"专家结论"。如果教师设计真实的学习任务:让学生思考、探究如何运用电阻原理调节家中电风扇风力大小,或者让学生动手将普通台灯改装成可以调节灯光明暗程度和闪动的台灯。这样一来,作业活动就能指向生活价值,将学习任务和生活实际建立联系,具有一定的挑战性,学生就可以像专家一样开展创作过程,而不再是简单背诵或机械练习有关的物理知识,学生的主体性和创造性就可以得到更大程度上的调动。

4. 设计表现性学习情境,提高学生的表现能力

素养立意的单元作业指向学生高阶思维品质的提升和高质量学习目标的达成。相应地,在单元作业设计中,学习任务是制约学生学习活动和评价设计的关键环节,需要激发学生的学习表现,还原学生在现实情境中解决问题的条件和过程,反映他们在真实情境中综合运用所学知识和技能进行探究与表现的能力。因此,为了能真正促进学生完成作业任务,正确地考察单元评价目标的达成情况,在设计作业情境时需要强调:基于学生表现结果建构学习任务的情境,设置能够反映评价目标的学生表现结果。

无论是作为组织大概念单元作业内容的学习任务,还是作为评价方式的表现性任务,其目标设计都要求"尽可能是可检测、可观察的、明确具体的、基于情境的行为表现"。为此,在作业情境的设置中首先要求教师基于作业整体目标,逆向思考学生可以围绕单元学科大概念、学科实践等做些什么,在此基础上描述评价目标所对应的学生表现结果的可能样态。表现结果或作品的呈现通常需要满足三个主要方面的要求:(1)强调依据的重要性,从学科实践出发描述教师想让学生实施的任务表现;(2)尽量使用评价目标中的语言和表述方式并进行组合,构建相应的评价维度,确保目标和评价的一致性;(3)确保足够一般化而不是抽象地、个别地呈现表现结果或作品,可借此指导单元作业设计。

美国斯坦福 NGSS 评价项目依据总体单元评价目标"分析和解释数据,为生态系统中资源可用性对生物体和生物体种群的影响提供证据",经过专家解读和教师实践探索,研制了诸如"为了预测环境和人类因素影响种群的可能性,建构分析种群数据的模式""为了保持动物种群的增长和稳定对如何管理人类和环境因素进行科学论证"等一系列能够反映该目标的学生表现结果(见表 12-2)。这些表现结果指向"生态系统的相互依存关系"等学科大概念的理解和应用,且将其评价贯穿于单元作业的全过程。学生通过拓展性单元作业建构学习经历和生活体验,不仅促进学生对跨学科概念"因果关系"进行意义建构,还可以提高"分析和解释数据"的学科实践能力和表现能力。

表 12-2 单元评价的表现结果设计[1]

表 现 结 果	对应的评价目标和学习目标
学生能够: • 为了预测环境和人类因素影响种群的可能性,建构分析种群数据的模式 • 为了保持动物种群的增长和稳定对如何管理人类和环境因素进行科学论证	科学实践——分析和解释数据 跨学科概念——因果关系 学科大概念——LS2.A 生态系统的相互依存关系 跨学科概念——稳定与变化

---

[1] 林秋雨,周文叶.单元设计中的评价:以表现性评价促进"教-学-评"一致——以斯坦福大学 NGSS 评价项目为例[J].上海教育,2021(32):30-35.

续 表

表 现 结 果	对应的评价目标和学习目标
• 使用证据来描述人类活动如何影响动物种群的增长和稳定 • 就如何管理人类和环境因素以保持动物种群的增长和稳定写一篇科学论证报告	学科大概念——LS2.C 生态系统的动态、功能和恢复力 跨学科概念——因果关系,稳定与变化 科学实践——用证据进行论证 跨学科概念——因果关系,稳定与变化

二、情境创设常见问题

随着新版课程方案和课程标准的颁布和实施,以及"双减"工作的持续推进,越来越多的教师有意识地依托情境开展教学,从趣味性出发设计情境作业,或重视作业设计的情境性,加强学生学习与生活以及现代社会的联系,但实践中还存在一些认识误区和亟待关注的问题。

(一) 情境创设的失真

情境的真实性直接影响着大概念单元作业设计的质量以及学生解决问题的效果。有些学科及其知识体系比较抽象,在现实生活中的应用过于复杂,而真实情境的嵌入则可以让学生迅速置身其中,形成良好的认知观感。因此教师在设计作业的情境时要尽量真实或"逼真",接近学生能够真正应用知识的工作场所、公民生活、个人生活等场景。但有些教师在作业设计中所模拟或描述的情境过于虚假,例如,生活不存在或极少情况下发生的境况等,这样必然会冲淡主题,喧宾夺主,甚至对问题的解决起负面作用。例如,在数学学科反比例函数章节的作业中教师铺设了妞妞用阻力臂为 3 米的木棍撬大石头;冲冲不小心把一块正方形玻璃摔成了两个三角形等。在生物学科"细胞的能量通货——ATP"单元作业设计中,教师根据自己的经验引入国外某萤火虫童话公园里萤火虫发光的作业问题情境,设问:"萤火虫发光需要的能量由什么物质直接提供?"由于学生没有见过这样的公园,相应的感受和体验缺乏,这样的情境便是徒增负担,自然无效。正如虚假的互动等于没有互动一样,大概念单元作业中植入虚假的情境等于没有情境性,甚至起干扰作用,实为画蛇添足之举。

(二) 为了情境而情境

情境的创设是为单元作业目标达成服务的,要能够调动学生为解决问题而形成一个合适的思维意向。有些教师在作业设计中很牵强地联系情境,甚至嵌入了家国情怀、文化意识等育人因素,但两者只是物理意义上的拼装,与要完成的作业任务缺乏自然和必然联系,不能有效促进或考查学生的目标行为。有些教师心里想着通过创设外部学习环境促进学生建构新知识,但所设计的情境不能持续促进学生解决问题的行为发生,这样就变成了华而不实的外衣。例如,在"生命活动的承担者——蛋白质"章节作业布置前,教师通过大量的图片展示了多种食物,让学生从中挑选出蛋白质丰富的食物,然而作业内容与这些食物关联不大。结果是让学生留恋于垂涎欲滴的美食而无暇顾及对作业任务的思考和探究。这样的情境仿佛只是给作业加了一顶标签化的"帽子",不仅无效而且具有干扰作用。

(三) 情境创设缺乏整体性

单元作业强调整体设计,相应情境素材开发和应用也应该保持连续性,并贯穿于整个作业活动过程中,明确作业任务及其完成的内在逻辑,维系学生学习的连贯性和进阶性,促进深度学习发生。

对单元作业而言,问题情境是一种资源,不是"穿靴戴帽",需要整体有序规划和合理使用。例如,有教师在设计"重力势能"主题作业时多次展示高空坠物作为问题情境。尽管高空坠物情境和重力势能有关,但单一和同质性案例会让学生感到乏味。另外,这样的"碎片化"情境更适合用在动量定理主题作业设计中,不利于学生整体把握单元大概念,影响核心素养培养。

(四) 情境创设中缺乏对学生情感的关注

大概念单元作业设计要求联系生产生活情境,但情境本身具有的复杂性必然涉及情境中人的不同境遇。如果考虑不周,创设不当,就有可能在无意间冒犯学生,侵犯学生及其家庭的隐私,由此带来伤害。例如,有英语教师在讲完"My Family"单元教学后,布置情境性作业任务:找一张家庭合影,模仿课文写一篇短文介绍家庭及成员的基本情况,并与同学进行分享与交流。这样的作业不仅有可能侵犯学生的家庭隐私,更有可能对离婚或单亲家庭、社会经济地位偏低家庭的学生,造成心理上的不适和伤害。

重视与改进情境创设,已经成为教师在设计单元作业时的努力方向。但必须明白,不是所有作业任务都需要或都有适宜情境。如速算、化学元素周期表等一些简单纯粹、需要重复记诵或练习的知识技能,未必一定要联系情境。否则,徒增教师作业设计负担以及学生的认知负荷,反倒影响学生的学习体验。

三、情境创设原则

在大概念单元作业设计中,常用情境创设方法主要有以下八种:通过生活现象创设问题情境、结合试题材料创设问题情境、结合知识应用创设问题情境、结合科学史创设问题情境、结合直观的示意图创设问题情境、通过探究实验创设问题情境、从学生的前概念引出新问题创设问题情境、结合主题知识创设问题情境。在大概念单元作业设计中重视情境性,要求教师的情境创设以促进学生的全面发展为主旨,符合学生的认知基础、实际需求和相应条件,将促进学生需要解决的问题嵌入其中,丰富学生的情感体验。

（一）目标指向性

单元作业是有目的、有计划、有组织的能动学习任务，相应的作业目标就是活动所期待得到的学习结果。只有针对目标创设情境，才能让学生在兴奋之下有所思、有所想，产生解决问题的动力，进而完成目标需要的学习成果。

从组成结构上看，情境包括背景、任务、问题三个部分。其中，以具体情境为背景，教师从中发掘和设计作业任务，学生通过去情境化抽象出具体问题；从价值追求角度来看，情境化作业承载了对学科知识、学科素养、学科能力的考查。以人教版高中化学选择性必修1"盐类的水解"单元作业设计为例，进行列表分析（见表12-3）。

表12-3 作业中情境、任务、问题要素分析

情　　境	作业任务	基本问题
生活中常见的美食——油条	制作油条的各种成分的配置方案	油条进入油锅后为什么会突然膨大？

作业目标是依据盐类的水解原理解释、分析和解决生产、生活中的实际问题。大概念理解是：变化与平衡。在大概念单元作业中，基本问题搭建了单元目标和作业任务之间的桥梁，对其的回答和解决成为重要的评价载体，因此作业情境和基本问题高度契合。通过对单元作业情境三大显性要素的分析，可以呈现情境的完整性，表明高质量的作业情境与学习任务和基本问题之间紧密联系。单元作业中的核心任务是：学生在完成寻找油条进入油锅后会膨大的原理任务基础上制定材料的配置方案，利用盐类的水解原理知识工具，分析解决实际问题中学生学科知识、学科素养、学科能力培养情况（见表12-4）。

表12-4 情境作业中学科知识、学科素养、学科能力水平案例分析

学 科 知 识	学 科 素 养	学 科 能 力
掌握盐类的水解原理	宏观辨识与微观探析 变化观念与平衡思想 科学态度与社会责任	应用实践:分析解释 依据盐类的水解原理解释、分析和解决生产、生活中有关的实际问题

(二) 属性的真实性

以真实情境建构的知识是可靠的,以真实情境建构的价值是值得的,以真实情境建构的方法是能够迁移的。核心素养的本质特征是真实性,大概念意涵指向学生真正的理解。因此大概念单元作业情境的创设和嵌入也应该是能够反映真实生活世界对学生学习的要求,是能重复或模拟个体接受"检验"的工作场所或生活情境。这里的"真实"一是指生活中已经存在的事实、事件;二是指在逻辑上是成立的、"逼真的";三是指学生能够接受的、建立在学生最近发展区上的、能够引发学生情绪体验的。那种随意简化、牵强附会的作业情境往往是肤浅、刻板、不完整的,无助于作业预期目的的达成。"工业流程图"是中考二轮复习阶段的重要专题,研制和应用实际工业流程较为复杂烦琐,教师在设计时如果只留下与问题有关的流程,简化某些过程,那么学生研习工业流程时会面临很多困惑,相应的作品也会因脱离实际生产,缺乏真实性,而没有实际参考价值。

地理是一门兼具综合性与区域性特征的实践性学科,地理现象的形成和地质变迁过程通常发生在某一空间情境中。地理学科能力和空间思维能力通常内含在真实的地理问题解决过程并表现在学科实践中,一般要借助于户外真实地理环境加以考察。这也是在高中地理课程标准和教材中,要提供丰富的野外考察内容和素材的初衷。教师可以根据地理核心素养和教学目标设计野外考察单元实践作业,促进学生将不同区域的地理事物或者同一区域的地理要素进行比较,进而使学生理解和建构大概念"不同地理事物或要素在地理空间上的整体性、差

异性"。

在学习湘教版高中地理选择性必修1第二章"地表形态的变化"时,可设计野外研学考察任务、野外褶皱构造观察作业方案。[1]

1. 考察地点:浙江省平阳县九凰山。

2. 考察目标:

(1) 识别常见岩石,提高关键信息的收集能力和观察能力;

(2) 实地寻找九凰山山体是否有明显的褶皱和断层形态,培养空间思维能力;

(3) 实践辨识九凰山独特的地表形态,推测形成过程中主要内外力作用情况,提高学科实践能力和素养。

3. 作业核心任务:通过小组分工合作方式开展实地地理特征考察,整理考察材料并撰写考察报告,小组代表利用课件、汇报或写论文(可选择)展示考察成果。其中表现性任务包括:

(1) 褶皱考察。找出存在明显褶皱形态的山体部位,观察该处褶皱构造的层级构造,给出判断依据和分层主要原因。

(2) 断层考察。找出典型断层形态的山体部位,学会辨识地垒与地堑构造。

(3) 采集标本。沿途采集常见的花岗岩、砂岩、页岩等岩石。

(4) 绘制简图。用铅笔绘制褶皱和断层地形剖面示意图。

(5) 影像记录。用手机、相机、录像机等对活动进行多角度记录。

考察前将方案发给学生并做详细解读,使学生明确目标,掌握流程,选择方法和工具等。具体考察作业方案见图12-1。

(三) 功能的整体性

新课程方案和各学科课程标准(2022年版)都强调加强单元整体设计。单元作业也应该在同一主题语境下进行整体设计,这样不仅契合课标倡导的理念和要

---

[1] 金开任,叶文媛.指向地理空间思维的实践类作业设计[J].教学与管理,2021(16):54-56.

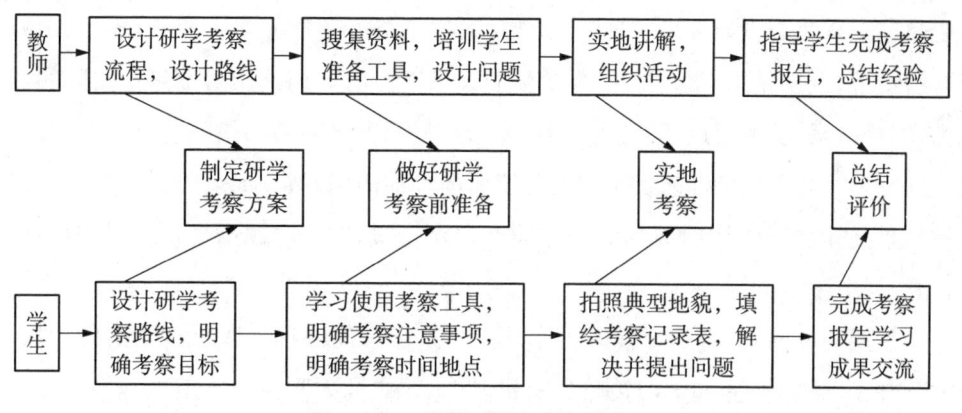

```
教师 → 设计研学考察 → 搜集资料，培训学生 → 实地讲解， → 指导学生完成考察
       流程，设计路线    准备工具，设计问题    组织活动      报告，总结经验
            ↓              ↓                    ↓              ↓
         制定研学        做好研学             实地           总结
         考察方案        考察前准备           考察           评价
            ↑              ↑                    ↑              ↑
学生 → 设计研学考 → 学习使用考察工具， → 拍照典型地貌，填 → 完成考察
       察路线，明    明确考察注意事项，    绘考察记录表，解    报告学习
       确考察目标    明确考察时间地点      决并提出问题        成果交流
```

图 12-1 野外研学考察活动流程

求，也有助于提高作业的趣味性和有效性。因此，嵌入其中的情境也应该加以整体设计，发挥整体功能：作业前发挥导入作用；完成作业过程中不断产生新的情境问题，把学生的思考和探究引向深处；促进学生在作业完成后完善成果和反思等。并能从整体上助力学生发现知识、促进新旧知识相互作用、形成正确的大概念理解并纳入已有的知识体系。贯穿于整个作业过程的情境创设，要能够反映现实生活的复杂性，把作业中问题解决所需要的条件隐含其中，引导学生进行判断、分析、探索、迁移创新等心智活动，同时能展现学生使用所学知识、技能完成复杂任务的能力。这样的情境要能增加学生目标行为的表现性，促进深度学习发生，使得学习成果和表现得到准确评价。

译林版牛津初中英语七上第四单元"Finding your way"的单元内容涉及认识方向方位的词句表达、指路问路的情境交流、邀请与指路语篇的输入与输出等。学生经过单元学习，内化并建构语言知识。教师设计的作业任务为：根据单元学习内容，就陪伴前来我校参观的美国学生埃迪和哈勃游览风景名胜"方山"的情节写一篇记叙文。要求以单元教学目标为统领，融入核心素养目标，用一个有始有终的完整情境复习和训练单元知识与技能；随着情节的发展，通过完成一系列任务培养学生听、说、读、看、写的语言技能。在这一单元作业设计中整体性语境需要通过一系列情境导入来实现。① 例如,通过介绍主题情境的大背景,导出人物,开启情节;利用情节的发展,培养学生的阅读能力和如何使用语篇进行交际的能力;结合语境,学生通过"读""看""听"和"说"复习巩固问路和指路的词句表达;通过"听"和"读"来理解和掌握不同的语调所蕴含的语用知识;通过"说"来进行恰当的情景交际,综合利用本单元所学语言和语用知识,围绕主题语境,结合所给写作范式,写出邀请信等。

系列情境导入,将单元整体化、结构化,充分体现课程主题、语篇、语言知识、文化知识、语言技能和学习策略的有机融合,在主题人物情节不断发展丰富的过程中,在训练学生听、说、读、看、写综合语言技能的同时,培养学生的语言能力、文化意识、思维品质和学习能力。通过学习理解、应用实践、迁移创新等活动,落实对学生核心素养的培养。

在"素养立意"的单元作业中,学生应该对一个真实情境中的问题进行探究,并产生相应的解决方案。但实践中这种表现结果因缺乏丰富的"背景信息"而失真,使呈现的产品和表现模式缺乏学科味。单元作业情境可以是关于"我"的一些有趣或困惑的事情,可以是"我的家庭、社区"里的直接影响学生的事件,也可以是关于"我和他人的"具有社会或国际意义的事例。情境的呈现方式可以是文字资料和图片,也可以是视频等电子媒介。但无论是上述何种情境和以何种方式呈现,教师都必须思考以下问题:

- 学生是否能从这些情境中发现有价值与激励作用的作业内容?
- 通过所设计的情境,学生有可能提出、延伸或解决哪些生活中的实际问题?
- 基于这些情境及其内含的问题,学生能否开展学科实践,甚至跨学科解决生活中的真实问题并在此过程中展示对学科大概念和跨学科概念的概念性理解?
- 这个问题情境在生活中有可能发生或存在吗?可行性如何?

---

① 殷康梅.新课标视域下的初中英语情境化作业设计研究[J].试题与研究,2023(19):109-111.

第十三章 单元作业表现性评价方案设计

评价方案是单元作业设计的重要环节。大概念单元作业评价方案需要澄清评价的目的和类型,明确评价环节和步骤,研制评价框架和技术。

一、单元作业评价方案特点

(一) 单元作业评价方案的指向性

核心素养是人才培养的核心竞争力,国际组织和各国政府都高度重视,并致力于核心素养评价的研究与实践,尝试开发不同测试标准和评价工具,运用多元化评价方法开展素养评价。OECD 的大型国际评价项目 PISA,基于全民终身学习的理念,聚焦科学、数学、财经、阅读等素养和关键能力的考查;美国 21 世纪技能合作组织研制了学科核心素养指标体系与表现样例等,促进适应社会发展需求的人才培养。为了规范教育教学评价工作的开展,我国出台了一系列有关教育监测与评价的政策文件。《国家义务教育质量监测方案(2021 年修订版)》《义务教育质量评价指南》《普通高中学校办学质量评价指南》等指出,要紧扣课程标准,系统挖掘影响学生发展质量的关键因素,扭转重知识轻素质的倾向,引导学生注重提高自身综合素质,促进学生德智体美劳全面发展。[1]

---

[1] 中华人民共和国教育部. 教育部等六部门关于印发《义务教育质量评价指南》的通知[EB/OL]. (2021-03-04). http://www.moe.gov.cn/srcsite/A06/s3321/202103/t20210317_520238.html.

作业作为重要的学习活动如同人类实践一样是有目的性的。开发大概念单元作业评价方案也有目的指向性：其一判断单元教学目标的实现程度；其二通过诊断学生作业情况，研判教师的教学设计和学生学习活动设计的成效，以便加以改进和完善；其三，按照评价即学习的理念，通过评价更好地促进学生创造性学习。理想的评价方案以促进学生学习为基本使命，鉴于学习目标的达成是一个长期过程，应该以学习过程评价为主体。但实践中很多教师受限于教学时间和工作量考量，往往在完成一个单元教学任务后开展测试评价，借用获取的数据分析教学设计的效果，这样的评价方案呈现终结性评价特征。因此，大概念单元作业应该实施形成性评价和终结性评价有机结合，以达成核心素养发展目标。

无论是将核心素养界定为在特定情境中综合运用知识、技能和方法解决问题的高阶能力，还是在真实情境中灵活表现的德性的能力，都意味着素养是在真实表现性任务中得以体现与发展的，标准化测验对这些高阶、复杂能力的评价无能为力。单元作业要求强化素养导向，着力推进评价观念、方式方法改革，注重对学习过程的观察、记录和分析；加强对话交流，促进师生双向自我总结、反思改进意识和能力；围绕证据和典型的行为表现，关注学生真实的进步，推进表现性评价。[①] 这些理念肯定了表现性评价对发展核心素养的价值，意味着以表现性评价为代表的形成性评价成为素养本位课程体系的主要评价方式。但如何设计与实施表现性评价，成为素养立意的单元作业评价改革的关键问题。

（二）单元作业评价方法的多元化

素养导向的课程和教学评价要求评价方式的多元化，相应的评价方案的类型也应该是多元化的，以便实现两者的有效对接。对单元作业评价设计而言，评价是检测作业目标是否达成的方法和手段，评价结果是作业设计方案调整和后续作业安排的主要依据。单元作业指向大概念理解和应用，相应的评价既要关注学生

---

① 中华人民共和国教育部.义务教育课程方案(2022年版)[M].北京：北京师范大学出版社,2022:14-15.

课时作业的完成情况,也要对学生完成整体单元作业的进展和存在问题进行诊断和反馈。因此,评价不仅要通过单元作业明确学习结果,还要关注学生的作业学习过程及其不确定性。

单元作业无论是学科内的还是跨学科的,都不是以知识覆盖为中心的,而是聚焦高阶能力的培养。学生在单元学习或作业过程中不可能掌握所有瞬息万变的学习信息和具备开展自适应学习的条件,因此教师要整合单元和课时主题,精心设计指向知识本质的概念性理解,并将重心放在作业探究上,以便实现深度理解主题意义和单元大概念,进而促进知识迁移和创新。单元作业评价是指向深度理解的评价,是教师使用经过深思熟虑的、有针对性的表现性任务来评估概念性理解、关键知识和技能,也就是通过学生在概念层面迁移知识和技能的表现来开展和实现的。

单元作业评价方案和方法本身没有优劣之分,但存在是否适合的问题。教师应该根据评价任务,结合评价目标和情境加以选择和设计。教师可以参照学习结果和评价方法的组合框架[①](见表13-1)设计大概念单元作业评价方案。

表 13-1 学习结果和评价方法组合框架

学习结果	评 价 方 法			
	选择性评价	论述式评价	表现性评价	交流式评价
知识和观点	考查知识点的掌握	测量学生对知识点之间关系的理解	不适合评价这种学业目标	可以提问、评价回答,并判断其掌握程度,但费时费力
推理能力	评价某些推理形式的应用	对复杂问题解决的书面描述可以考察推理能力	观察学生解决问题的能力或通过成果推断其推理能力	要求学生出声思考或通过讨论问题来评价推理能力

---

① Richard J. Stiggins. 促进学习的学生参与式课堂评价(第四版)[M]. "促进教师发展与学生成长的评价研究"项目组,译. 北京:中国轻工业出版社,2005:77.

续 表

学习结果	评价方法			
	选择性评价	论述式评价	表现性评价	交流式评价
表现性技能	评价表现性技能的理解,但不能评价技能本身	可以评价表现性技能的理解,但不能评价技能本身	可以观察和评价这些技能	适合评价口头演讲能力以及学生对技能表现的基础知识的掌握
产生成果的能力	评价创造产品能力的认识和理解	评价产品创造的背景情况,简短论文可以评价写作能力	评价创造产品的步骤是否清楚,以及产品本身的质量	评价程序性知识、合格作品特点知识,但不能评价作品质量
情感倾向	选择性问卷可以探测学生的情感情绪	开放性问卷可以测量学生的情感	根据行为和产品推断学生情感情绪	通过和学生交流,了解其情绪情感

在大概念作业设计中,教师可以尝试结合多种评价方法构建一套既包括单元教学各个阶段又能涵盖知识技能和概念素养两个维度的评价体系(见图13-1)[①]。这个体系以学科核心素养为基本指向,评价维度和形式多元,覆盖学习全过程,体现综合性和多元化特点,重点聚焦大概念的形成和素养发展,并使之可观察、可评价,可展示学生在作业设计和完成中的素养进阶发展过程。

二、表现性评价方案设计思路

(一) 转换评价方案设计的思考方向

在单元作业设计之前,教师像评估员一样思考作业的表现性评价方案设计,

---

① 章巍,等.未来教师的大概念教学设计[M].北京:机械工业出版社,2022:123.

第十三章 单元作业表现性评价方案设计

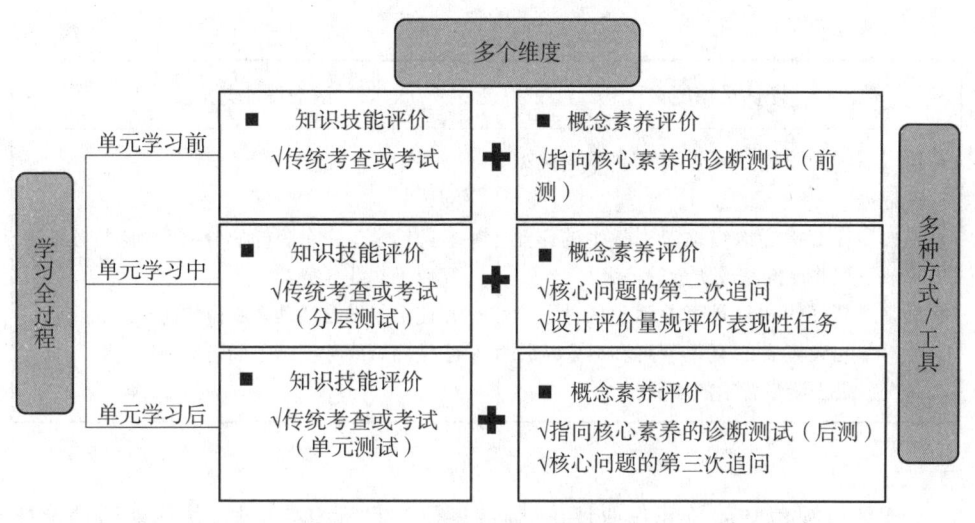

图 13-1 大概念全方位评价体系

在开展基于证据的评价活动时,要防止因忽略对学生作品和表现的思考,使单元作业目标和它们隐含的评价之间的联系隔离开来,破坏了评价的完整性,影响评价的客观性和公平性。因此,关键是区分评估员和活动设计者两种途径的差异(见表 13-2)。

表 13-2 两种思考评价的路径[①]

评估员角度	活动设计者角度
• 什么是揭示目标达成的充分证据? • 根据既定目标明确单元作业中需要设置什么样的表现性任务,以便聚焦作业过程?	• 在作业主题下,什么样的活动有趣和富有吸引力? • 学生希望围绕作业主题做什么样的项目? • 基于单元作业内容,教师应该进行什么样的

---

① 格兰特·威金斯,杰伊·麦克泰格. 追求理解的教学设计(第二版)[M]. 闫寒冰,宋雪莲,赖平,译. 上海:华东师范大学出版社,2017:170.

续 表

评估员角度	活动设计者角度
• 阶段一中的预期目标需要哪些不同类型的证据? • 应按照什么指标恰当地考查学生的作业完成过程并评价完成质量的等级? • 教师所开展的评价是否展示和区分了学生对单元大概念的真正理解和科学应用情况? 是否清楚背后的原因?	测试? • 教师给学生一个怎样的分数,才能指明师生完成了作业任务? • 作业中的学习活动开展得如何? • 学生测验或考试结果如何?

评估员视角开展单元作业评价,强调评价和目标有效对接,使作业活动设计和完成作业的策略、工具、资源指向科学评价。活动设计者视角开展评价,从作业完成过程来看是合理的,但有可能导致评价证据不足,靠"运气""假探究"部分达成作业目标,而非通过精心设计的"真行为表现"理解和应用单元大概念。

(二) 确定评价方案设计方式

大概念单元作业评价是一个连续统一体,不是一次快照,而是收集大量有价值的纪念品和图片等剪贴簿或档案袋,不是仅评判正误的过程,而是运用各种方法和形式收集大量证据的过程。这个连续统一体在规模上从简单到复杂,在范围上包括短期和长期,在情境上从非真实到真实,因此评价框架应该从非结构化到结构化,在内容上应该包括非正式检查、观察和对话、测验和考试成绩、问答和表现性任务等。其中,非正式检查包括提问、观察和有声思维等,一般不需要打分和评定等级,是及时反馈的主要手段。作业本身既是学习任务也是测试和考察方式,内容包括对事实性知识、信息和技能的评价,以及趋同的、有统一答案的简答和问答,一般是保密的、可以打分的。开放式问答要求学生根据自己的理解进行分析和综合判断,而不是回忆知识、准备特定答案或作品等,一般是劣构的、需要应用一些策略和步骤,并根据一定标准和指标加以评判。表现性任务对接生活中的真实事件,需要一个探究过程,从而形成一定的产品和具体表现,要求学生在任务完成中扮演主要角色和发挥作用,依据单元作业目标和标准对任务本身和完成质量进行判断,发掘学生素养提升状况。

素养导向的课程与教学改革提倡教学评一体化设计和实施,这意味着评价环节不再是一个独立的环节。同时,学生发展核心素养是通过问题解决过程得以培养,相应的评价应该嵌入课程与教学设计和实施过程,通过"表现""作品"等证据开展。嵌入表现性评价一般通过两种途径,嵌入学期课程纲要和嵌入单元学习设计。这样设计既符合逆向设计要求,也可以促进表现性评价检测目标功能的落实。嵌入表现性评价的单元学习设计按照相同思路:提炼并明确本单元教学中学生需要掌握的关键学习结果(主要是单元大概念的理解和应用),设计能检测这些关键结果的表现性评价(通过表现性任务和测试进行),分解表现性任务将其镶嵌于学习过程中。评价设计和单元教学设计同步进行,不能分离,发挥表现性评价统领教学的设计功能,否则就会增加教师的设计负担。单元作业作为重要的学习活动,其评价方案的研制应该聚焦嵌入式过程评价和单元练习或试卷(见图 13-2)。

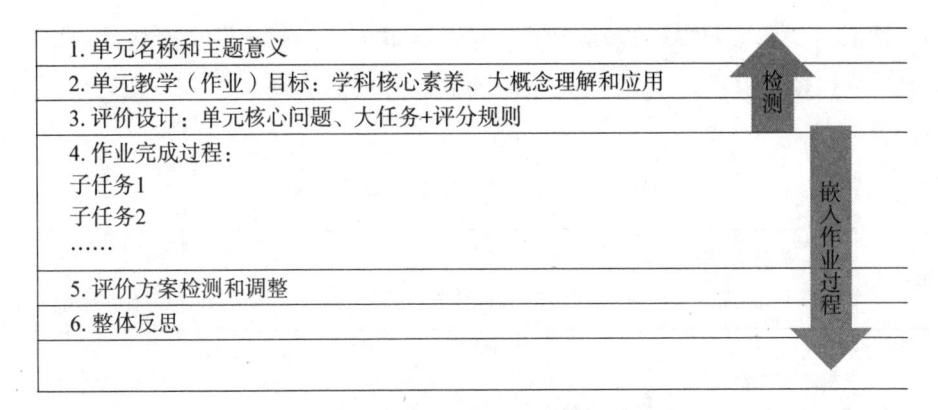

1. 单元名称和主题意义
2. 单元教学（作业）目标：学科核心素养、大概念理解和应用
3. 评价设计：单元核心问题、大任务+评分规则
4. 作业完成过程： 子任务1 子任务2 ……
5. 评价方案检测和调整
6. 整体反思

↑ 检测　↓ 嵌入作业过程

图 13-2　嵌入表现性评价的单元作业设计

大概念单元作业评价作为单元设计的有机构成,需要与单元教学目标和任务、学习经历与反思等形成有效联结。美国斯坦福大学 NGSS 评价项目(Stanford NGSS Assessment Project)与我们设计单元作业评价任务支持素养本位的单元设计的理念、目标和路径基本一致,为教师将表现性作业评价嵌入整个作业设计乃至单元教学设计提供借鉴。

NGSS 评价项目通过将教学评价嵌入单元教学,并使两者同步,借助表现性任务示例支持学生学习、教学指导、监测学习进展,指向学生达成标准所设立的课程目标,从而创建一个连贯的美国《新一代科学教育标准》评价体系。在该项目中,组织单元评价的时间线的过程,就是将单元评价转化为课时的评价任务,将核心任务分解成各个子任务的过程。学生遵循单元作业评价中的这条清晰连贯的时间线,理解和建构大概念,获得完整的学习经历。教师在设计和实施单元作业评价时需要重点聚焦以下三方面:首先要特别关注学生在单元作业过程中的心智发展情况,以及完成作业后获得的团队产品和个人产品及其内含的知识层次;其次,基于学生开发产品或解决问题的思路和相应的步骤,将表现性任务具体化和序列化,帮助学生建构知识库、工具库和策略库等,从而让学生更好地体验一个从现象、案例、情境到问题解决的进阶性学习历程。再次,在学生完成系列评价任务过程中,为他们提供系列提示、反馈、工具和指导,通过情境设计和铺垫,促进学生作出书面或口头回应,更好地理解和应用情境条件回答或解决基本问题,形成概念性理解。该项目提供的"生态系统"单元评价的建议时间线见表 13-3。

表 13-3 表现性评价时间线设计[①]

第一天	第一部分 & 第二部分: 任务介绍,阅读金枪鱼资源卡 1 并讨论问题,完成计算机模拟的教程和计算机模拟的

[①] 林秋雨,周文叶.单元设计中的评价:以表现性评价促进"教-学-评"一致——以斯坦福大学 NGSS 评价项目为例[J].上海教育,2021(32):30-35.

续　表

第二天	第一阶段(全班),并回答学生产品工作表中的问题(两人一组)
第二天	第三部分 & 第四部分： 使用电脑完成计算机模拟的第二阶段 & 第三阶段(两人一组)
第三天	第五部分： 制定捕捞计划(个人)
第四天	第六部分： 从同伴那里得到反馈,修改和完善方案,完成金枪鱼捕捞计划方案

该项目要求教师制订单元教学指南(见表13-4),重点围绕以下四个方面思考和完善单元设计的其他各要素:(1)通过什么方式介绍单元教学评价和内容要点,以便促进学生积极主动地完成情境任务,并做好相应的准备工作？包括心理、工具、策略等方面;(2)从整体视角思考将评价嵌入单元教学需要哪些具体的指导和组织活动等？如材料和资源开发和整合、思路开发和方法选择等,并鼓励学生通过合作探究来完成个人作品等;(3)从学习视角思考学生需要哪些脚手架、情境铺陈等才能完成学习任务？如引导学生借鉴专家们关于建模思想、改编文本的技能等,形成科学决策和问题解决策略,通过提供正向或反向反馈、规范活动设置等改进策略;(4)通过分析学生的产品以及与学生的对话等表现证据明确教学阶段性评价应该注意哪些具体方面？如收集学生在讨论创造性问题解决和创新性产品等方面的具体表现和证据,反映的学生优势和存在的问题;强化处理表现证据的科学方法,并据此调整教学和评价方式。

表 13-4　教师教学指南示例[1]

学生活动	教　学　建　议
介绍单元评价	● 介绍重点:面向全体学生告知评价要求和标准 ● 重要解读:全体学生一起学习计算机模拟,然后两人一组完成计算机模拟相关任务,利用小组完成的工作来完成自己的作业产品 ● 特别警示:在完成合作学习时所有学生都需要操作变量 ● 小贴士:在讨论引言时注意复习一些子概念,如灭绝、种群、稳定、变化等,以及认为可能给学生带来困惑的术语
……	……

三、表现性评价实施

作业过程就是通过完成学习任务实现问题解决的过程,问题解决应该沿袭一定的程序和步骤。对作业进行评价和诊断应以程序化思维展开。我们以人教版高中英语必修第一册第四单元"Natural Disasters"为例,探讨如何将表现性评价嵌入大概念单元作业并加以整体设计。

（一）确立大概念和单元作业目标体系

在精准设计理念下,大概念单元作业目标像是射箭场的靶心,只有定位清晰,箭才有方向,才能精准发射。

本单元主题是自然灾害,探讨在"人与自然"主题下当人类面临自然灾害威胁时,应掌握防灾知识,树立防灾意识从而提高生存能力。整个单元教材内容包括六个板块,六种文体题材,六个语篇(教材主体部分四个,练习册部分两个),所涵

---

[1] 林秋雨,周文叶. 单元设计中的评价:以表现性评价促进"教-学-评"一致——以斯坦福大学 NGSS 评价项目为例[J]. 上海教育,2021(32):30-35.

盖的主体语篇和主要教学内容见表13-5。单元语篇包括通过反常现象认识灾害发生过程和由此带来的危害、通过及时采用科学的措施应对灾难和深度反思灾害发生原因以及如何防患于未然三方面,显性内容包括通过各种文体表达灾害的征兆、种类、特点、原因以及应对灾难的知识、技能与行为等。教师在进行单元作业整体设计时还应探究各部分内容之间的内在关联以及修辞方法的应用和表达效果等隐性内容,明确单元主题的意义是灾害和灾害教育,分析各板块内容所传递的人文性知识并加以整合,从育人角度提炼课程育人价值,分析整个单元内容学习对学生成长的意义。学生在初中阶段已经对自然灾害形成初步认知,但鉴于生活情境的复杂性,有必要教会他们掌握应具备的科学的认知、行为和态度,以便更好地适应未来不确定的社会生活。因此,教师在单元设计时应重构单元目标和内容。

表13-5 "Natural Disasters"单元语篇内容

语篇	类型	主题意义	主要活动
1	新闻报道(听力板块)	认知自然灾害并掌握新闻播报特点	播报自然灾害
2	报告文学(阅读板块)	感受报告文学魅力,树立防震减灾意识,增强民族自豪感	描述自然灾害(唐山大地震)
3	采访(听力板块)	掌握应对灾害的知识和技能,并提供安全指导	介绍地震自救知识、技能和科学态度
4	新闻报道(阅读板块)	正确定位文中基本信息,掌握概要写作思路和方法	为东南亚海啸写概要

续 表

语篇	类型	主题意义	主要活动
5	记叙文（阅读板块）	掌握应对灾难的行为和态度,阐述人性光辉	领略旧金山火灾描述手法
6	论说文（阅读板块）	探讨人类命运共同体理念和责任担当	领略中国国际救援队风采

通过语篇分析和解读并结合学生生活经验,本文挖掘的课程育人目标为:"引导学生理解自然灾害,掌握面对灾难应具有保护生命的科学认知、行为和态度,成为有社会责任感的人。"提炼的单元大概念为"灾害无情,人有情",三个子概念分别是:灾害可怕但可认知;科学的行为和态度可以减少灾难;人类应该敬畏大自然。单元概念和课程育人目标之间的关系(见图13-3)。

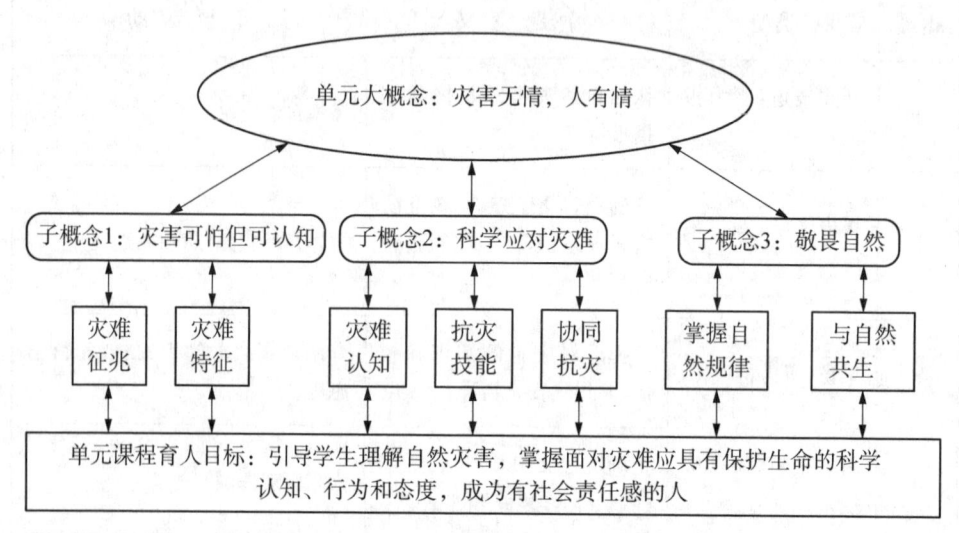

图13-3 单元大概念和课程育人目标之间关系

这一观念体系的建构围绕主题意义的探究,整合英语学习内容,融合发展学生的语言能力、文化意识、思维品质和学习能力,通过深挖单元主题内涵的课程育人价值,依托所构建的大概念体系,引导学生了解自然灾害,树立防患意识,形成灾难面前敬畏生命的道德情感和价值观,进而成为有理想、有本领、有担当的时代新人。

《普通高中英语课程标准(2017年版2020年修订)》的内容标准提出:掌握实用类正式文体和口语语篇结构、特征和行文风格,多模态语篇的呈现形式和手段,以及比喻、夸张等修辞手段在语篇中的表意功能及常见用法。高中英语学业质量水平三指出:能通过书面方式再现想象的经历和事物,对事实、观点、经历进行评论;能根据需要创建不同形式的语篇。[①] 参照课程标准中相关规定,围绕单元主题意义,基于大观念将各语篇内容联系起来,结合学情分析和教材研读,梳理单元内各语篇的子主题,提炼小观念并在它们之间建立显性关联,共同指向单元大观念学习要求,为形成以英语单元大观念为统领的单元教学目标绘制蓝图。这一单元的学习目标经历课标要求、大观念提炼、教材分析三个过程,研制的单元目标和课时安排见表13-6。

表13-6 单元子概念、单元作业目标体系和课时安排

单元子概念	单元目标	语篇和课时
子概念1	解读报告文学和新闻报道语言和行文风格,了解不同灾害的基本特点和危害	语篇1和4;2课时
子概念2	分析记叙文文本特征,掌握防震知识和技能,丰富应对灾难的知识储备	语篇2和3;2课时

---

① 中华人民共和国教育部.普通高中英语课程标准(2017年版2020年修订)[S].北京:人民教育出版社,2020:38-51.

续表

单元子概念	单元目标	语篇和课时
子概念3	理解采访等信息表达方式,分析火灾中人们行为的科学性,形成正确的人生观和价值观	语篇5;1课时
	挖掘论说文内容、语言和行文风格,探讨人类命运共同体的理念,理解并能够阐释责任和担当的内涵	语篇6;1课时
	应用所学不同文体的内容、语言风格及其修辞手段的知识和技能完成相应作品,为人们防灾、抗灾提供指导	制作灾害生存手册;1课时

通过分析发现,上述目标关注学生在任务中的反应,让学生通过"真做事"来表现出自己的学习过程和结果,因而所开发的表现性评价目标需要满足以下标准:

1. 包含多个维度的学习成果;
2. 是可检测、可观察、明确的表现;
3. 支持学生对真实情境的意义建构;
4. 是单元教学中的学习重点。

(二) 设计表现性任务

真实作业任务植根于学生的学习需求,是驱动学生完成作业的有效方式,为学生的学习点燃了探究之火。而一项好的真实任务,也是一项考试诊断任务,应该包括任务情境、任务角色、任务受众、任务作品或表现等要素。任务情境指某项学习任务是在什么背景、处境下出现和完成的。人物角色指完成作业任务的学生,且在学习任务设计和完成中他们担任多重角色。任务受众指作业任务是为谁而完成,谁来受益。为自己的家庭、社区,还是自己的学校。任务作品或表现指作

业任务需要完成怎样的作品,或呈现什么活动表现。在大概念单元作业中表现性作业任务设计需考虑以下原则:

1. 要求学生进行知识的建构;
2. 要求学生综合应用各种知识、技能;
3. 要求学生展现出所要考查的表现过程与结果;
4. 要求任务本身应尽量真实。

实践中,单元作业评价包括两部分:单元整体评价和每个作业活动效果的评价。单元整体评价要涵盖核心要素、作业各个环节以及相应的学习活动,明确学生整个单元的学习效果和目标达成度。"Natural Disasters"这一单元整体评价要点包括:

(1) 能用单元提供的语法结构描述文中提出的各类自然灾害的基本情况、原因、危害等;

(2) 掌握不同新闻报道、报告文学等文体特征;

(3) 清楚面对灾难威胁时应采用正确的行动,秉持科学的态度等;

(4) 通过语篇理解大概念"灾害无情,人有情",学会与自然和谐相处,并形成正确的生命观。

但单元整体学习目标的达成建立在每个课时中每个学习活动目标完成的基础上。因此,教师要通过课堂观察、口头回答、作业展示、思维导图、小组活动,平时表现记录、档案袋等评价工具,收集过程性评价证据,通过单元测试、阶段测评、期中考试以及学生自评和同伴互评等方式收集过程性评价证据。这些证据要和单元目标相匹配,确保单元学习目标、目标达成路径以及评估证据始终保持一致,从而保证教学设计和实施始终指向学科核心素养,促进课程育人目标的达成。

(三) 评分规则的设计

评分工具是用来衡量学生在完成任务过程中的表现及其成果的标准、规则和测量手段。其中,标准是一把能够帮助师生评估且反馈作业完成和学习进步的尺子。在大概念单元作业评价中,记录和衡量学生作业过程表现水平的工具有很多,包括核查表、等级量表、整体性评分规则、分析性评分规则等。其中,整体性评分规则适用于单元作业整体学习任务的表现评价,分析性评分规则对学生通过作业达成素养的表现描述最具体。

和表现性任务一样,评分规则需要基于评价的素养和标准一致性的要求,指向大概念理解和应用的最终预想的学习成果(完成任务的表现)进行逆向设计。鉴于单元作业中需要解决的问题及其相应任务的复杂性,对学生完成任务的表现的评判应当从不同维度加以描述;由于学生本身的差异性和作业过程中表现的多样性,具体表现水平的评定必须考虑学生的不同水平层级。因此,教师进行大概念单元作业评价可以参照双向细目表方式从不同维度对不同水平的表现进行文字描述。

在单元作业的评分规则开发过程中,每个任务都匹配了指向学习目标的评分标准,多维度检测学习目标达成情况。教师可以借鉴等级量表开发评分规则,对学生完成作业任务的表现程度进行评价,引导学生自评、生生互评,方向和标准明晰,有助于学生充分了解作业完成过程和效果。每个任务都从不同维度对学生的表现进行评价,每一项要素都单独评分,再总体积分。同时每个任务都有对应的评分规则,任务与规则之间保持一致。

就"Natural Disasters"这一单元作业评价设计而言,教师应关注学生是否形成了有关这一主题背后承载的意义,对概念体系形成相应的概念性理解,并整合性地运用语篇中的新知识结构,富有逻辑性地表达个体对自然灾害的新认知以及如何珍爱生命的举措,体认敬畏生命和自然的育人价值;通过表现性任务设计以及评价量规的开发,观察、分析课堂生成情况,监测学生对单元大观念的理解过程,并及时指导和反馈,实现以评促教、以评促学;根据单元目标,将最后语篇:"制作灾害生存手册"作为单元整体评价任务,设计评价量规,评价学生的单元学习效果(见表13-7)。

表 13-7　单元整体评价任务和量规

评价指标 （10分）	标　准　描　述	评价等级（包括自评和互评两部分）
内容要点 （4分）	● 涵盖不少于三种灾害(0.5分) ● 分类介绍所列灾害的特点、发生原因和由此带来的灾害(1分) ● 分类介绍应对灾难所应具备的安全自救知识与必备技能(1.5分) ● 整体阐释在应对灾难时人们应持有的正确行为和态度(1分)	优秀：4分（完全覆盖要点） 良好：2~3分（基本覆盖要点） 一般：0~1分（主要要点缺失） 自评得分（　　） 互评得分（　　）
语言应用 （2分）	● 表达清楚、正确(0.5分) ● 语言地道(0.5分) ● 长短句结合(含有定语从句)(1分)	优秀：2分（达到要求） 良好：1.5分（基本达到要求） 一般：1分（存在明显问题） 自评得分（　　） 互评得分（　　）
版面设计 （2分）	● 幅面适切(0.5分) ● 文字、图表搭配匀称(0.5分) ● 着色合理(1分)	
情感表达 （2分）	● 感召力强(1.5分) ● 不会引发负面情感(0.5分)	

教师研制的评价规则和诊断标准必须基于单元教学目标和核心任务，具有可读化、可视化、个性化分层的特点。

可读化：指让所有学生都能读懂，理解描述的内涵和重点。

可视化：指让每个维度和标准都能看得见，摸得着，具体清晰，可以检测。

个性化分层：指根据学生的学力差异，制定作业评价标准，指向他们的最近发展区。

按照"以终为始"原则，教师应在设计单元任务开始前，把诊断标准发给学生，在师生的共同研读中答疑解惑，帮助每个学生都能熟知、理解任务诊断的成功要求。这样，使学生不但能够成为任务的参与者，更能够成为任务的评估员，在学习中随时能够查漏补缺，进行自我诊断和调整。

参考文献

中文文献

[1] R. M. 加涅. 教学设计原理[M]. 皮连生,庞维国,等,译. 上海:华东师范大学出版社,1999.

[2] Richard J. Stiggins. 促进学习的学生参与式课堂评价(第四版)[M]. "促进教师发展与学生成长的评价研究"项目组,译. 北京:中国轻工业出版社,2005.

[3] T. 胡森,T. N. 波斯尔斯韦特. 教育大百科全书:教学[M]. 丛立新,等,译. 重庆:西南师范大学出版社,2011.

[4] Wiggins, G. & McTighe, J. 重理解的课程设计(第3版)[M]. 赖丽珍,译. 台北:心理出版社,2011.

[5] 巴克教育研究所. 项目学习教师指南——21世纪的中学教学法(第2版)[M]. 任伟,译. 北京:教育科学出版社,2008.

[6] 美国巴克教育研究院项目式学习计划. 项目式学习指导手册:每个教师都能做PBL(中学版)[M]. 潘春雷,陆颖,译. 北京:中国人民大学出版社,2023.

[7] 鲍文亮,李贝贝,周雯,韩佳睿. 大概念统领下单元作业的设计与实践——以"氧化还原反应和离子反应"单元为例[J]. 化学教学,2023(1).

[8] 布鲁纳. 布鲁纳教育论著选[M]. 邵瑞珍,等,译. 北京:人民教育出版社,1989.

[9] 陈桂生. "作业"辨析[J]. 上海教育科研,2009(12).

[10] 陈嘉映. 哲学·科学·常识[M]. 北京:中信出版社,2018.

[11] 辞海编辑委员会. 辞海 1999年版缩印本(音序)[M]. 上海:上海辞书出版社,2002.

[12] 崔允漷. 教学目标——不该被遗忘的教学起点[J]. 人民教育,2004(Z2):16-

245

18.

[13] 崔允漷.论大观念及其课程意义[J].上海课程教学研究,2015(10).

[14] 崔允漷.学科核心素养呼唤大单元教学设计[J].上海教育科研,2019(4):1.

[15] 孙希旦.礼记集解[M].北京:中华书局,1989.

[16] 董瑶瑶,刘启蒙,刘坚.学科项目学习作业的内涵、设计与实施[J].中小学教师培训,2023(1):34-39.

[17] 杜威.我们如何思维(第2版)[M].伍中友,译.北京:新华出版社,2015.

[18] 顿继安,何彩霞.大概念统摄下的单元教学设计[J].基础教育课程,2019(18).

[19] 格兰特·威金斯,杰伊·麦克泰格.追求理解的教学设计(第二版)[M].闫寒冰,宋雪莲,赖平,译.上海:华东师范大学出版社,2017.

[20] 郭华.深度学习及其意义[J].课程·教材·教法,2016,36(11):25-32.

[21] 温·哈伦.以大概念理念进行科学教育[M].韦钰,译.北京:科学普及出版社,2016.

[22] 姜琦.现代西洋教育史[M].北京:商务印书馆,1935.

[23] 杰罗姆·范梅里恩伯尔,保罗·基尔希纳.综合学习设计[M].盛群力,等,译.福州:福建教育出版社,2015.

[24] 金开任,叶文媛.指向地理空间思维的实践类作业设计[J].教学与管理,2021(6):54-56.

[25] 金亚素.历史项目化学习的作业实践[J].中学历史教学参考,2022(3):45-49.

[26] 科林·马什.初任教师手册(第2版)[M].吴刚平,何立群,译.北京:教育科学出版社,2005.

[27] 彼得·昆兹曼,法兰兹·彼得·布卡特,等.哲学百科[M].黄添盛,译.南宁:广西人民出版社,2011.

[28] 李臣之,孙薇.发展主义作业观[J].课程·教材·教法,2013,33(07).

[29] 李刚,吕立杰.大概念课程设计:指向学科核心素养落实的课程架构[J].教育发展研究,2018(Z2):35-42.

[30] 李刚.大概念课程与教学:从理论到实践[M].北京:社会科学文献出版社,2022.

[31] 李学书,范国睿.国际预科证书课程体系中创新素养的理论和实践研究[J].课程·教材·教法.2015,35(12):109-115.

[32] 李学书,胡军.大概念单元作业及其方案的设计与反思[J].课程·教材·教法,2021,41(10).

[33] 李学书.如何基于课程标准设计作业:从命题走向指导框架[J].复旦教育论坛,2014(6):22-27,49.

[34] 林崇德,杨治良,黄庭希主编.心理学大辞典(上)[M].上海:上海教育出版社,2003.

[35] 林恩·埃里克森,洛伊斯·兰宁.以概念为本的课程与教学:培育核心素养的绝佳实践[M].鲁效孔,译.上海:华东师范大学出版社,2018.

[36] 林秋雨,周文叶.单元设计中的评价:以表现性评价促进教学评一致——以斯坦福大学 NGSS 评价项目为例[J].上海教育,2021(32):30-35.

[37] 刘徽.大概念教学:素养导向的单元整体设计[M].北京:教育科学出版社,2022.

[38] 刘娜."学习任务"设计的类型、原则与方法[J].基础教育课程,2023(2):4-10.

[39] 刘彦江.浅谈作业布置的六性[J].教学与管理,2002(16):45.

[40] 吕立杰.大概念课程设计的内涵与实施[J].教育研究,2020:41(10):53-61.

[41] 美国科学教育标准制定委员会.新一代科学教育标准[M].叶兆宁,等,译.北京:中国科学技术出版社,2020.

[42] 邵朝友.大观念导向的单元教学设计——模式与技术[M].上海:华东师范大学出版社,2022.

[43] 盛群力,等.布卢姆认知目标分类修订的二维框架[J].课程·教材·教法,2004(9):90-96.

[44] 王蔷,周密,蔡铭珂.基于大观念的高中英语单元整体教学设计[J].中小学外语教学(中学篇),2021,44(01).

[45] 王天一,夏之莲,朱美玉.外国教育史(上册)[M].北京:北京师范大学出版社,1984.

[46] 王维维.以表现性评价理念撬动作业改革——以初中语文作业设计为例[J].基础教育课程,2022(17):69-75.

[47] 王学男,赵江山."双减"背景下作业设计的多维视野和优化策略[J].天津师范大学学报(社会科学版),2022(2):38-44.

[48] 王一粟,范良火.从情境视角分析我国最新高中数学教科书的数学应用特征[J].课程·教材·教法,2023(5):109-116.

[49] 文艺,崔允漷.语文学习任务究竟是什么?[J].课程·教材·教法,2022(2):12-19.

[50] 吴刚平,郭文娟,李凯.课程与教学论[M].上海:华东师范大学出版社,2023.

[51] 夏雪梅.项目化学习设计:学习素养视角下的国际与本土实践[M].北京:教育科学出版社,2018.

[52] 谢翌,杨志平.大作业观:主要内涵与实践路径[J].课程·教材·教法,2022,42(01).

[53] 徐洁.基于大概念的教学设计优化[M].上海:华东师范大学出版社,2022.

[54] 殷康梅.新课标视域下的初中英语情境化作业设计研究[J].试题与研究,2023(7):109-111.

[55] 张丹妮,李润洲.基于大概念的小学艺术素养教学——以小学美术教学为考察中心[J].课程·教材·教法,2023(3):154-159.

[56] 张丰.聚焦任务的学习设计——作业改革新视角[M].北京:教育科学出版社,2023.

[57] 张华.论学科核心素养——兼论信息时代的学科教育[J].华东师范大学学报(教育科学版),2019,37(01).

[58] 张华,任燕,廖伟.小学大观念教学:设计与实施[M].北京:教育科学出版社,2023.

[59] 章巍,等.未来教师的大概念教学设计[M].北京:机械工业出版社,2022.

[60] 赵德成.什么样的作业是好作业:作业设计新理念[J].课程·教材·教法,2023(6):45-53.

[61] 郑桂华.义务教育语文学习任务群的价值、结构与实施[J].课程·教材·教法.2022,42(8):25-32.

[62] 中华人民共和国教育部.义务教育课程方案(2022年版)[M].北京:北京师范大学出版社,2022.

[63] 钟启泉.能动学习:教学范式的转换[J].教育发展研究,2017,37(08).

[64] 周文叶,毛玮洁.表现性评价:促进素养养成[J].全球教育展望,2022,51(5):94-105.

[65] 朱丽·斯特恩,等.可迁移的学习:为变化的世界设计课程[M].屠莉娅,等,译.杭州:浙江科技出版社,2023.

英文文献

[66] Bang, D., Park, E., Yoon, H, et al. The Design of Integrated Science Curriculum Framework Based on Big Ideas[J]. Journal of the Korean Association for Science Education, 2013,33(5):1041-1054.

[67] Boo, H. K. Teaching the big ideas in chemistry[J]. Teaching and Learning, 2001,22(1).

[68] Bruner, J. The Process of Education[M]. Cambridge, MA:Harvard University Press, 1960.

[69] Buck Institute for Education. What is PBL[EB/OL]. (2016-02-21)[2022-

09-08]. http://www.Bie.org/about/what_pbl.

[70] Charles, R. I. Big Ideas and Understandings as the Foundation for Early and Middle School Mathematics[J]. NCSM Journal of Educational Leadership, 8(1).

[71] Clark, E. Designing and Implementing an Integrated Curriculum: A Student centered Approach[M]. Brandon, Vermont: Holistic Education Press, 1997.

[72] Cooper, H. Synthesis on Research of Homework[J]. Educational Leadership, 1989,47(3).

[73] Erickson, H. L. Stirring the Head, Heart, and Soul: Redefining Curriculum and Instruction[M]. Thousand Oaks, CA: Corwin Press, 2001.

[74] Fisher, D., Frey, N. & Hattie, J. Visible learning for litery, grades K-12: Implementing the practices that work best to accelerate student learning[M]. Thousand Oaks, CA: Corwin, 2001.

[75] Fosnot, C. T. & Dolk, M. Yong mathematicians at work: Constructing number sense, addition, and subtraction[M]. Portsmouth, NH: Heinemann, 2001.

[76] Hawthorne, K. A., Bol, L. & Pribesh, S. Can Providing Rubics for Writing Tasks Improve Developing Writers' Caliberation Accuracy?[J]. The Journal of Experimental Education, 2017(4):689-708.

[77] Linn, R. L., Baker, E. L., & Dunbar, S. B. Complex, Performance Based Assessment: Expectations and Validation Criterial[J]. Educational Researcher, 1991,20(8):15-21.

[78] McTighe, J. & Wiggins, G. Essential questions: Opening doors to students understanding[M]. Alexandria Viginia: ASCD, 2013.

[79] Meyer, M. R., Dekkert, Q. Context in mathematics curricula[J]. Mathematics teaching in the middle school, 2001(9):522-527.

[80] National Council of Teachers of Mathematics. Principles and Standards for

School Mathematics[M]. Reston, VA: Author, 2000.

[81] National Research Council. A Framework for K‒12 Science Education: Practices, Crosscutting Concept, and Core Idea[M]. Washington, D C.: The National Academies Press, 2011.

[82] Olson, J. K. Concept-Focused Teaching: Using Big Ideas to Guide Instruction in Science[J]. Science and Children, 2008(12).

[83] Phenix, P. H. Realms of Meaning: A Philosophy of the Curriculum for General Education[J]. British Journal of Educational Studies, 1964(3): 102‒103.

[84] Smith, C., Wiserm, M., Anderson C W, et al. Implications of Research on Children's Learning for Standards and Assessment: A Proposed Learning Progression for Matter and the Atomic-Molecular Theory[J]. Measurement: Interdisciplinary Research and Perspectives, 2006, 4(1‒2): 1‒98.

[85] Stiggins, R. J. Design and Development of Performance Assessemnts[J]. Educational Measurement: Issues & Practice, 1987, 6(3):33‒42.

[86] Whiteley, M. Big ideas: A Close Look at the Australian History Curriculum from a Primary Teacher's Perspective[J]. Teaching History, 2012, 46(3).

后 记

作业自从教育诞生之日就存在了,并为世人所熟知。读过书,上过学的人们应该都做过作业,它是学校、家庭和社会的连接点,是教学和评价相结合的支撑点,是影响学生学业成就和兴趣的关键点,成为体现学校育人观和教师专业水平的"名片"。学生时代,我没有感觉到作业的压力,总是觉得作业不够做,于是在经济条件允许的情况下会自觉买些练习题做,当时的动机是提高成绩。十年间从事中小学教师这一职业的经历,让我发现总有些学生不认真完成作业,偶尔也发现有学生请人代写或抄袭作业的现象。成为一名研究者后,通过观察和了解,我发现作业已成为了一种学业负担,成为社会讨论的热点,甚至愈演愈烈。网络上还经常可以见到一些因作业而导致的极端例子,甚至给师生之间、孩子和家长之间带来互相伤害。于是乎,学生创作的"作业歌"、学校高举的"轻负高质"大旗、学者们"不留书面作业"的呼吁等进入我的视野。相应地,解决作业问题成为国家和地方教育当局颁布一系列政策的规划对象,甚至上升到国家大政方针层面。这些所见、所闻和亲身体验聚集在一起,成为我持续关注作业设计的动力。

近年来,无论民间有关作业减负的呼声,还是各级各类政策规定,无不体现出人们对作业的理性反思与热情建构。其深层内涵反映的则是对作业理论价值取向的讨论,以及对实践中存在问题的批判与矫正。从历史发展的角度系统梳理西方有关作业及其设计的思想和理论可以发现,不同专家的作业设计思想和观念可分为"作业即游戏活动""作业即教学巩固""作业即学习活动""作业即评价任务"四种典型的类型。而从支撑分类的基础上看,主要包括教学论和课程论两种视角。新中国成立以来,教育领域的作业及其设计也沿袭着上述两种视角进行研究和实践。

20世纪50年代,作业因应教学内容的"政治化"和"劳动化"需要,自然很少人关注"双基论"。1952年教育部颁布的《小学暂行规程(草案)》将小学阶段教育目的规定为德智体美全面发展,智育则强调"使儿童具有读、写、算的基本能力和社会、自然的基本知识"。《中学暂行规程(草案)》就把培养学生的"现代科学的基础知识和技能"作为培养目标。1963年版十年制中小学曾提出教学(包括作业)应避免片面强调联系实际而削弱基础知识和基本技能现象,并将其视为教材编制和作业布置的指导思想。改革开放后的教学计划、教学大纲和教科书突出强调学科"双基"教学,作业作为教学的最后环节主要以课时为单位、以书面式文本形式进行,关注对基础知识和基本技能的巩固和检测。

鉴于"双基"目标作业模式存在的局限和挑战,结合社会发展对教育发展的需求,我国教育界开始认识到作业仅仅关注基础知识和基本技能是远远不够的,尤其是在应试教育裹挟下,作业容易沦为死记硬背和题海战术的俗套模式。新世纪初,我国启动新一轮基础教育课程与教学改革,提出课程与教学目标应在知识与技能、过程与方法、情感态度价值观三个维度上进行整合的政策定位。作业作为教学最后一个环节的地位没有改变,但"能力本位"的作业设计成为重要趋向。

随着一些国际和国家核心素养框架的颁布,课程与教学改革进入核心素养时代,其目的是要培养学生健全人格、创新思维、全球视野和社会责任等。智能时代带来学习资源扩展、教学技术手段更新、师生交往深入、个性化教学实施,课程需要整合,教学需要单元设计,教材需要基于核心素养进行修订。特别是数字化转型带来的数字化课程的发展,使得传统纸质作业面临新的挑战,同时课程逐渐由"三维目标"培养指向"核心素养"培养,相应地,作业也必须超越以往的"双基"目标和"三维"目标,坚持学科素养导向,以大概念为统领,以主题为抓手进行大概念单元设计,促进事实性层面上能"知道"(knowing)、概念层面上能"理解"(understanding)、技能和过程层面上能"操作"(doing)的整合,达成"能力本位"向"素养立意"转型。

我对作业及其设计的关注和研究,也随着课程与教学改革主题的变迁而处于调整和呈现之中。这本书的出版凝结了我对不同时期作业内涵和功能演进的理解,不止于理想和理念,不陷于现实和实践,不限制自己和他人的想象和批判,不低估设计者和实施者的智慧和创造性,也从不放弃自己的教育立场和教育期待。因此,这不是一本"正确"的书,是一本"可能"的书,更是一本"期待"的书。期待读者通过阅读本书能在内心深处激起一波波涟漪,积极行动起来,为学生减负和教育强国建设贡献自己的智慧。

由于学识和时间精力受限,粗糙和错误在所难免,恳请读者提出批评指正,共同探讨如何通过高质量作业设计,实现教育教学提质增效的目标。

最后,诚挚感谢华东师范大学出版社邀约撰写拙作,以及责任编辑刘佳的精心策划和写作过程中给予的专业指导,使得这份不成熟的思考得以面世。还要感谢拙作中引用文献作者的学术智慧,以及上海市虹口区教育学院胡军副院长、南通市教育科学研究院邢晔主任等提供的精彩而真实的案例。在这匆匆的人世和孤寂的写作历程中,你们的理解和支助鼓足了我砥砺前行的勇气。